beck**'**sche reihe

W0099934

bsr

Kriegsgeschichte ist heute eine moderne historische Disziplin und längst nicht mehr nur eine Geschichte der Waffentechnik oder eine Chronik von Schlachten. Sie beschäftigt sich mit dem Wandel der Kriegführung, zeigt, wie Kriege in der Geschichte Gesellschaften beeinflußt und verändert haben – und ihrerseits von politischen, gesellschaftlichen, wirtschaftlichen und mentalitätsgeschichtlichen Entwicklungen beeinflußt worden sind. Michael Howard hat mit seinem Überblick, der vom Mittelalter bis ins 21. Jahrhundert – bis zum «Krieg gegen den Terror» – reicht, ein vorbildliches Werk der Geschichtsschreibung zu einem sensiblen Thema vorgelegt. Gerade in einer Zeit, in der alles darauf ankommt, neue Kriege zu verhüten und vorhandene Konflikte zu deeskalieren, ist dieses sehr gut lesbare, differenzierte und kluge Buch ebenso lehrreich wie bedeutend.

Sir Michael Howard lehrte bis zu seiner Emeritierung als Professor für Geschichte in Oxford. Er gilt international als einer der bedeutendsten Fachleute für Kriegsgeschichte.

Michael Howard

Der Krieg in der europäischen Geschichte

Vom Mittelalter bis zu den neuen Kriegen
der Gegenwart

Verlag C.H.Beck

Aus dem Englischen übertragen von Karl Heinz Siber.

Titel der Originalausgabe: *War in European History*,
Oxford University Press, Oxford, New York, 1976,
aktualisierte Auflage 2009.
© 1976, 2009 Michael Howard.

Die erste Auflage der deutschen Ausgabe erschien 1981 bei C.H.Beck.

Für die deutsche Ausgabe der 2., aktualisierten und erweiterten Auflage
wurde die Literaturliste von Professor Marian Füssel, Göttingen,
übersetzt und erweitert.

2., aktualisierte und erweiterte Auflage. 2010
© der deutschen Ausgabe: Verlag C.H.Beck oHG, München 1981, 2010
Satz, Druck u. Bindung: Druckerei C.H.Beck, Nördlingen
Umschlagabbildung: Deutsche Soldaten und Maultier
mit Gasmasken während des Ersten Weltkriegs an der Westfront,
Foto, 1917, © akg-images
Umschlaggestaltung: malsyteufel, Willich
Printed in Germany
ISBN 978 3 406 60633 5

www.beck.de

Inhalt

Vorwort

Dieses Buch war zunächst für ein englisches Lesepublikum gedacht, und ich muß mich deshalb bei meinen deutschen Lesern für jedwede insulare Verzerrung der Perspektive entschuldigen, die sich eingeschlichen haben mag. Berufshistoriker werden freilich sogleich erkennen, wieviel ich dem großen deutschen Gelehrten Hans Delbrück schulde, der als erster die Militärgeschichte systematisch im Rahmen ihres sozialen und politischen Bedingungsgeflechts untersucht und damit unser Wissen nicht nur über militärische Vorgänge, sondern auch über den gesamten geschichtlichen Prozeß, von dem sie ein Teil waren, einen Schritt weiter gebracht hat.

Zur Zeit Delbrücks wurde die Militärgeschichte in ganz Europa quasi unter Ausschluß aller anderen Sektoren der historischen Totalität untersucht. Populäre Geschichtswerke und Schulbücher rückten die dramatische und heroische Rolle in den Vordergrund, welche bestimmte Militärführer bei der Gestaltung der Nationalstaaten gespielt haben, die noch zu Beginn unseres Jahrhunderts als das vermeintlich höchste und erstrebenswerteste Resultat des politischen und ethischen Fortschritts angesehen wurden. Diese Einstellung war ein höchst wirksamer Faktor im Denken der Generation, die den Ersten Weltkrieg ausgefochten hat, und sie trug ihren Teil auch zur Nährung der verschiedenen Formen von Faschismus bei, die zum Zweiten führten. Es überrascht wenig, daß nach dieser zweifachen Katastrophe als Reaktion gegen jene militaristische Interpretation der Vergangenheit ein allgemeines Umdenken einsetzte, und daß diese Reaktion sich am stärksten in Deutschland bemerkbar machte, dem Land, in dem der Militarismus so ausgeprägt gewesen war und die unglückseligsten Auswirkungen gezeitigt hatte.

Allein, ein Mangel an Verständnis für die Bedeutung militärischer Ereignisse und Vorgänge für den geschichtlichen Verlauf wäre ein ebenso großer Fehler wie der Versuch, ihnen zuviel Gewicht beizulegen, und könnte gleich unheilvolle Konsequenzen nach sich ziehen. Es sollte heute möglich sein, zu einer ausgewogeneren Sicht der Dinge zu gelangen, und der Autor hofft, daß die vorliegende kurze Einführung in eine reiche und komplexe Thematik mithelfen kann, dem Leser eine solche Sicht nahezubringen. Vielleicht ermuntert sie ihn auch, sich eingehender mit dem Thema zu beschäftigen und zu eigenen Schlußfolgerungen vorzudringen.

Oxford, im Dezember 1980   Michael Howard

Vorwort zur zweiten Auflage

Vor etwas über dreißig Jahren wurde dieses Buch zum ersten Mal veröffentlicht. Zu dieser Zeit begann sich die «Militärgeschichte» aus ihrer Isolation – in die sie Historiker, insbesondere britische Historiker, geschickt hatten – zu lösen, in der sie sich fast ein Jahrhundert lang befunden hatte. Die Beschäftigung mit der Geschichte des Krieges war bis dahin populärwissenschaftlichen Schriftstellern und Militärhistorikern vorbehalten, deren Anliegen überwiegend didaktisch war: Sie wollten unveränderliche «Prinzipien des Krieges» bzw. Entwicklungslinien als Anleitung für eine künftig effizientere Kriegführung herausarbeiten.

Lediglich zwei Universitäten in England – Oxford und etwas später auch London – beschäftigten sich ernsthaft mit dem Thema; in Buchhandlungen wurde – und wird leider immer noch – die Militärgeschichte strikt getrennt von den allgemeinen Geschichtswerken eingeordnet.

Die Erfahrungen aus zwei Weltkriegen – und nicht zuletzt die Erfahrungen der Historiker, die daran teilnahmen – konnten jedoch allmählich ins Bewußtsein rufen, wie nutzlos eine solche Trennung für Spezialisten und Generalisten gleichermaßen ist. Spezialisten, die die Kriegführung losgelöst von ihrem sozialen, kulturellen, politischen und ökonomischen Umfeld untersuchten, fehlte der grundlegende Schlüssel zu deren Verständnis. Generalisten dagegen konnten nicht verstehen, wie sich Gesellschaften entwickelten, wenn sie den Einfluß des Krieges, in den diese meist ständig involviert waren, auf deren Wirtschaft, auf den politischen Überbau und oft ihr gesamtes kulturelles Leben außer acht ließen.

Ursprünglich hatte ich beim Schreiben dieses Buches im Sinn – und das war auch die Absicht des Verlags, der es in Auftrag gab –, einen kurzen Überblick über die Entwicklung des Krieges in der europäischen Geschichte zu bieten. Bald mußte ich jedoch mit Schrecken feststellen, daß ich mir eine sehr viel anspruchsvollere Aufgabe aufgehalst hatte: nämlich die europäische Gesellschaft als Ganzes zu skizzieren. Glücklicherweise beschäftigten sich immer mehr meiner Kollegen in London, Oxford und vor allem in den Vereinigten Staaten mit der Thematik «Krieg und Gesellschaft», und so konnte ich im Austausch mit ihnen wertvolle Erkenntnisse gewinnen, welche – für sie erkennbar, wenngleich auch nicht mit der ausdrücklichen Anerkennung verbunden, die sie verdient hätten – in das vorliegende Buch Eingang gefunden haben. So verdanke ich es größtenteils der – uneingestandenen – Beiträge meiner Kollegen, daß dieser Text dreißig Jahre lang einer kritischen Prüfung standhielt, und der Verlag es somit wagte, das Buch im großen und ganzen unverändert wieder aufzulegen; lediglich ein neues Schlußkapitel habe ich angefügt. Ein echtes Desiderat war allerdings eine vollständig aktualisierte Literaturliste; zu großem Dank bin ich Patrick Rose, von der Abteilung Militärgeschichte des King's College London, verpflichtet, der diese erstellte.

April 2008   Michael Howard

1. Die Kriege der Ritter

«Die Anfänge Europas», daran hat uns kürzlich ein Fachmann für die Geschichte des Mittelalters erinnert, «sind auf dem Amboß des Krieges zurechtgehämmert worden.»[1] In der Tat ist «Krieg» eher noch ein zu mildes Wort für die Kennzeichnung der Verhältnisse auf dem europäischen Kontinent, wie sie sich gestalteten, nachdem die labile Pax Romana unter den großen Wanderungszügen der Völker zusammengebrochen war: der Goten und Wandalen aus dem Osten, der Moslems aus dem Süden und – als letzte und verheerendste – der Wikinger aus dem Norden. Nahezu 600 Jahre lagen zwischen den ersten Barbareneinfällen im 4. Jahrhundert und dem Ende des 10. Jahrhunderts, als die letzten der eingedrungenen Völker entweder assimiliert oder wieder zurückgedrängt worden waren. Dann begannen die Völker Europas ihrerseits, sich auszudehnen, zunächst ostwärts und anschließend, nachdem sie die Kunst der Navigation erlernt hatten, süd- und westwärts. Während einer ebenso langen Zeitspanne, wie sie unsere heutige Zeit vom 13. Jahrhundert trennt, gab es daher in Europa «Frieden», wie die Gläubigen in den christlichen Kirchen ihn so aufrichtig erflehten, nur in ganz ausnahmsweisen und stets gefährdeten räumlichen und zeitlichen Enklaven. Es überrascht kaum, daß hier ein vollständiges gesellschaftliches Organisationsmuster entstand, das es den Völkern Europas erlaubte, unter solchen Bedingungen zu überleben: ein Organisationsmuster, das spätere Generationen von Historikern mit dem Ausdruck «Feudalismus» belegten.

Die quasi-nomadischen Kriegervölker folgten einander, prallten zusammen und gingen ineinander auf wie die Wogen einer stürmisch bewegten See. Auf die Goten und andere Eroberervölker folgten jene fränkischen Stämme, die, lose unter der Führung der Merowinger-Familie vereint, im 8. Jahrhundert die von Süden her nach Frankreich eindringenden Moslems zurückwerfen und – unter den Karolingern Anfang des 9. Jahrhunderts – ein kurzlebiges westeuropäisches Großreich errichten sollten. Die Gebiete östlich des Rheins sahen sich dann beinahe hundert Jahre lang den Angriffen der Magyaren ausgesetzt. Für einen noch längeren Zeitraum hatten die Küstengebiete Nord-, West- und Südeuropas – und auch das Binnenland, so weit, wie die Flüsse schiffbar waren – unter den Plünderungszügen der skandinavischen Wikinger zu leiden, die meist als Räuber und Zerstörer, manchmal auch als Siedler kamen. So eroberten und besiedelten sie zu Anfang des 10. Jahrhunderts die Normandie. In den folgenden zwei Jahrhunderten dehnten die nun christianisierten und straff feudal organisierten Normannen, die anerkannten Meister der Kriegskunst in Europa, ihr Herrschaftsgebiet aus, eroberten das angelsächsische Königreich England und vertrieben die Moslems aus Süditalien und Sizilien; und schließlich verlagerten sie Ende des 11. Jahrhunderts die Stoßrichtung ihrer Invasion weg von Europa und begannen, als ihre Antwort auf den Ersten Kreuzzug, nach Asien vorzudringen. Zu gleicher Zeit und mit demselben christlichen Sendungsbewußtsein ging die Kriegerkaste in Deutschland, nachdem sie die Magyaren nach Ungarn zurückgedrängt hatte, daran, die deutschen Grenzen wieder nach Osten zu verschieben und die heidnischen Slawen zu unterwerfen, zu kolonisieren und zu bekehren.

Der Feudalismus war eine Antwort sowohl auf wirtschaftliche als auch auf militärische Erfordernisse. Der Rückgang des wirtschaftlichen Verkehrs infolge der nachhaltigen Unterbrechung des historischen Mittelmeerhandels durch die moslemischen Araber brachte es mit sich, daß zu Anfang des 9. Jahrhunderts Geld in Europa knapp geworden und daher Grund und Boden die einzige Quelle von Wohlstand war. Außerdem machte die Vielfalt der Bedrohungen, derer die Karolinger sich zu erwehren hatten, eine möglichst große Beweglichkeit ihrer Kräfte erforderlich – eine mindestens ebensolche Beweglichkeit, wie sie die Wikinger dank ihrer wendigen Schiffe oder die Magyaren mit ihren robusten kleinen Pferden besaßen. Nur das Pferd konnte eine solche Beweglichkeit gewähren. Und nachdem im 8. Jahrhundert bei den Franken der Steigbügel in allgemeinen Gebrauch gekommen war, konnte das Pferd nicht mehr bloß als Transportmittel, sondern auch zum Kampf benutzt werden.[2] Geschwindigkeit konnte in Stoßkraft umgesetzt werden. Der Speer brauchte nicht mehr geworfen, sondern konnte als Lanze angelegt und in den Körper des Gegners gerammt werden. Ein solchermaßen bewaffneter Reiter besaß gegenüber einem zu Fuß Kämpfenden einen ebenso absoluten Vorteil wie tausend Jahre später ein Schütze mit einem Hinterladergewehr gegenüber einem nur mit einem Speer bewaffneten Feinde. Und in beiden Fällen erwuchs aus militärischer Überlegenheit mit Notwendigkeit politische Vorherrschaft.

So war im 8. und 9. Jahrhundert der einzige ernstzunehmende Krieger – der einzige *miles*, der zählte – der bewaffnete Reiter, der Ritter. 866 forderte der Enkel Karls des Großen, Karl der Kahle, als er seine obersten Lehnsmannen zu den Waffen rief, daß sie beritten erscheinen sollten, und so hielten sie es von da an immer. Es war dies der Anfang eines kostspieligen Eskalationsprozesses, wie er uns aus heutiger Zeit nur allzu vertraut ist. Beim Zusammenstoß zweier Ritterheere beruhte der militärische Vorteil – wie später im Panzer- oder Flottenkrieg – auf einer Kombination von Reichweite, Schutzpanzerung und Geschwindigkeit. Größere Reichweite resultierte aus längeren und daher auch schwereren Lanzen. Dem Schutz diente eine eiserne Rüstung. Diese bestand zunächst aus einem vom Halse bis zum Knie reichenden Panzerhemd, das für sich allein bereits ein teurer Ausrüstungsgegenstand und nach dem Pferd selbst der wertvollste Besitz des Ritters war. Was die Geschwindigkeit betraf, so mußte sie bei der Auswahl des Pferdes gegen die immer schwereren Lasten abgewogen werden, die es zu tragen hatte; so wurden Pferde gezüchtet, die besonders tragfähig, ausdauernd und durchschlagskräftig im Augenblick des Angriffs waren. Für einen längeren Feldzug benötigte der Ritter mehr als ein solches Pferd, und außerdem brauchte er jemanden, der ihm half, seine immer umfangreicher werdende Ausrüstung – Lanze, Schwert, Helm, Schild – zu handhaben und zu transportieren; zuallermindest benötigte er einen Schildträger oder Knappen, darüber hinaus meist noch einen Pferdejungen, einen weniger schwer gerüsteten Reiter, der ihm als Späher und

Leibwächter diente, und ein oder zwei Fußsoldaten als Wachposten. Dem einzelnen Ritter wuchs also ein «Gefolge» zu, eine Mannschaft von bis zu einem halben Dutzend Männern, ähnlich der Besatzung eines großen Kampfpanzers. Das Ganze war eine sehr aufwendige und kostspielige Angelegenheit.

Die Beherrschung dieser schweren Waffen und des Pferdes im Kampf bei voller Rüstung war nichts für Amateure; und wer von der Hand in den Mund lebte, konnte sich eine so teure Ausrüstung kaum leisten. So war das Kriegführen im 10. Jahrhundert zu einem Geschäft für wohlhabende Spezialisten geworden, die sich von früher Jugend an darin übten. Woher bezogen sie freilich die wirtschaftliche Sicherheit, die es ihnen ermöglichte, sich der Ausbildung ihrer kriegerischen Fertigkeiten zu widmen? Vorwiegend aus dem Grund und Boden, den sie als Lehen erhielten und für den sie als Gegenleistung ihrem Lehensherren Gefolgstreue versprechen mußten. Dieses «Lehenswesen» bildete das Fundament der feudalen Gesellschaftsordnung. Sie ruhte auf den drei Säulen der militärischen Spezialisierung, des Grundbesitzes (im Sinne des Lehens) und der persönlichen Verpflichtung. In diesem Rahmen entwickelte sich eine grundbesitzende Kriegerkaste, die keine Verpflichtung kannte außer der, ihrem Lehensherren eine bestimmte Anzahl von Tagen während des Jahres für den Kriegsdienst zur Verfügung zu stehen. Zum Schutze ihres Grundbesitzes bauten sie sich Burgen. Deren Standort war normalerweise so gewählt, daß sie einen wichtigen Zugangsweg beherrschten, und sie besaßen in der Regel einen «Bergfried», in dem der Ritter mit seiner Familie leben konnte, sowie Nebengebäude für sein Gesinde; das Ganze war von einer hohen Außenmauer umgeben, die durch Zinnen gegen eine Ersteigung von außen geschützt und durch einen wassergefüllten Burggraben abgeschirmt war. Die Burgen des Mittelalters waren Symbole der Macht, und im Zentrum der Kriegführung stand meist der unmittelbare Kampf um ihren Besitz.

Die Nachkommen dieser Kriegerkaste – ein paar hundert Familien, deren Mitglieder beständig untereinander heirateten, und die ebenso beständig durch Emporkömmlinge aufgefrischt wurden – sollten in Europa bis ins 16. Jahrhundert hinein den größten

Teil des Grund und Bodens beherrschen, bis ins 18. Jahrhundert politische Herrschaft ausüben und bis in unsere Zeit hinein zumindest Reste einer gesellschaftlichen Vorrangstellung behaupten. Waffen und einen Helmbusch zu tragen und einen Schild mit Symbolen zu besitzen, die auch in der Hitze der Schlacht auf den ersten Blick zu erkennen waren, diese Dinge wurden in der europäischen Gesellschaft für eine Spanne von tausend Jahren zum Symbol des Adels. Und das sind sie, wie immer man darüber denken mag, noch immer. Allerdings war es im Mittelalter Symbol einer *Funktion* und insofern für alle erreichbar, die diese Funktion erfüllten. Der Adel war noch keine hermetisch abgeschlossene, auf Vererbung beruhende Kaste; die kriegerische Laufbahn stand den Tüchtigen und Talentierten offen.

Nachdem ein Mann sich durch seine militärischen Fähigkeiten in den Adelsstand emporgearbeitet hatte, war er freilich gehalten, einem bestimmten Verhaltenskodex gemäß zu leben. Sehr rasch erweiterte sich die Kriegerfunktion um einen nahezu abgottartig-zeremoniellen Aspekt. Vieles «Mittelalterliche» sehen wir heute noch durch die rosarote Brille der Legendenbildung des 15. Jahrhunderts; damals wurde die gesamte Welt des «Rittertums» mit einem falschen Glorienschein, dem Abendrot einer im Bewußtsein ihres eigenen Vergehens stehenden Gesellschaft geschmückt.[3] Der Begriff der «Ritterlichkeit» jedoch, der sich im Grunde auf nichts anderes bezog als auf das Verhaken der *chevaliers*, der Ritter, war gewiß älteren Ursprungs – er stammt mindestens aus der Zeit der Minnesänger, deren in der Morgendämmerung der europäischen Literatur im 12. Jahrhundert entstandene Poesie nicht nur die Tugenden der Tapferkeit rühmte, sondern auch die der Ehre, der Sanftmut, der Höflichkeit und, im ganzen gesehen, auch der Keuschheit. Der Ritter mußte nicht nur ohne Furcht, sondern auch ohne Tadel sein. Das Rittertum war eine Lebensauffassung, von der Kirche in ihren Zeremonien sanktioniert und kultiviert, bis sie von der kirchlich-religiösen Ordnung der Klöster fast nicht mehr zu unterscheiden war. In der Tat waren die im 12. Jahrhundert gegründeten Ritterorden – die Orden der Templer, der Johanniter und der Deutschritter – bewußt gewissen Mönchsorden nachgebildet. Schwertgürtel und Sporen

machten den Ordensritter ebenso eindeutig kenntlich wie die
Tonsur den Mönch und den Priester; und in den mythischen Gestalten eines Parzival oder Galahad verschmolzen Priester und
Ritter zu einer untrennbaren Einheit, ebenso hingebungsvoll,
ebenso heilig: eine Verkörperung des Ideals, das das mittelalterliche Christentum anstrebte.

Diese bemerkenswerte Mischung aus germanischem Krieger
und römischem *sacerdos* lag der ganzen mittelalterlichen Kultur
zugrunde. Die Kirche nahm die Kriegerkaste von Anfang an in
ihren Schoß auf und segnete sie: Da die Ritter das Christentum
gegen die Übergriffe heidnischer Moslems, Magyaren und Normannen verteidigten, blieb ihr kaum etwas anderes übrig. Die
Kirchenmänner – Bischöfe, Äbte – übernahmen zusammen mit
dem ihnen von den Königen, die sie krönten, zu Lehen gegebenen Land sehr gerne militärische Verpflichtungen und zeigten
selten viele Skrupel, zu den Waffen zu greifen, solange sie damit
nicht geradezu Blutvergießen anrichteten – und das kam beim
Streitkolben, dieser nützlichen Waffe, selten vor. Zu gleicher Zeit
machten sie – mit zunehmendem Erfolg, als die Barbareneinfälle
verebbten – den Versuch, Kriegführung und christliche Moral
zu einer Art von Übereinstimmung zu bringen. Begriffe wie *jus
ad bellum* und *jus in bello* hatten wenig Bedeutung in einem Augenblick, in dem die Normannen wie ein zerstörendes Feuer über
das Land hereinbrachen, und ebenso schwer fiel es den Männern
der Kirche, sie auf aggressive Moslems anzuwenden, die ihrerseits
fanatisch entschlossen waren, die Ungläubigen zu bekehren oder
aber auszulöschen, wo immer ihr Schwert sie erreichen konnte.
So ergab es sich, daß im Krieg gegen das Heidentum alle Mittel
erlaubt waren, und Ritter konnten sich sogar Absolution von
ihren Sünden verschaffen, indem sie sich in diesem Krieg auszeichneten. Im 12. Jahrhundert führten die Deutschritter unter
der Schirmherrschaft der Kirche einen Kreuzzug gegen die Slawen und Wenden Osteuropas, der praktisch einem Ausrottungs-
krieg gleichkam.

Anders verhielt es sich jedoch, zumindest im Prinzip, was
Kriege zwischen Christen und Christen anging. Solche Kriege
waren eine beklagenswerte Sache, und die Kirche beklagte sie so

regelmäßig und so erfolglos, wie sie es in der Folge stets getan hat. Aber die christlichen Theologen stimmten darin überein, daß bestimmte Kriege «gerecht» seien; grob gesprochen solche, die im Namen eines rechtmäßigen Herrschers für eine gute Sache geführt wurden. Es war kein Wunder, wenn eine seit Generationen zum Kriegführen erzogene Kriegerkaste in Zeiten, da es an äußeren Feinden fehlte (und selbst wenn dies nicht der Fall war), sich untereinander zu bekämpfen begann. Angesichts des Fehlens einer von allen anerkannten Autorität, welche die Macht besessen hätte, Schiedssprüche zu fällen und durchzusetzen, wäre es wahrscheinlich auch in einer weit weniger kriegerischen Gesellschaft zu bewaffneten Auseinandersetzungen gekommen. Das Gewebe der Rechte und Obliegenheiten, der Pflichten und Schuldigkeiten, die das feudale Lehenswesen beinhaltete, nährte endlose Streitigkeiten, und in Ermangelung eines klaren und durchsetzbaren Gesetzessystems konnte es nicht ausbleiben, daß die Menschen ihr Recht aus eigener Kraft zu erkämpfen versuchten.

Die Entscheidung in solchen Kraftproben wurde als Gottesurteil hingenommen, und während des größten Teils des Mittelalters hatte jeder Ehrenmann das Recht, für seine Ansprüche zu kämpfen. Erst allmählich kam, unter dem Einfluß römischer Rechtsbegriffe, eine Unterscheidung von «Privatkriegen» zwischen Einzelpersonen und «öffentlichen Kriegen» zwischen Fürsten auf, und erst nach und nach setzte sich ein Gefühl für die Unrechtmäßigkeit von «Privatkriegen» durch. Man gelangte zu der Auffassung, daß bei einem solchen *guerre couverte* die Gemeinschaft möglichst wenig Schaden erleiden dürfe: Ein Mann mochte im Kampf seinen Widersacher töten, aber er sollte sich nicht durch Brandstiftung oder Plünderung an dessen Eigentum vergreifen. Beim «öffentlichen Krieg» waren die Grenzen nicht so eng gesteckt. Hier konnten Gefangene gemacht und als Geiseln gehalten werden; das Eigentum des Feindes war rechtmäßige Kriegsbeute; der Bevölkerung konnte Tribut auferlegt werden. Grundsätzlich waren nicht nur Geistliche, sondern auch landbestellende Bauern von Plünderungen und Brandschatzung ausgenommen. Aber dieses Verschonungsgebot galt nicht, wenn sie im Verdacht standen, dem Kriegsgegner «Hilfe und Billigung» zukommen zu lassen, und dieser Verdacht war gewöhnlich gegeben. Und schließlich gab es eine noch schrecklichere Form des Krieges, die zumeist bei Belagerungskriegen praktiziert wurde, wenn die belagerte Festung sich weigerte, dem Verlangen nach Kapitulation nachzukommen: den *guerre mortelle*, bei dem nicht nur das Eigentum, sondern auch das Leben der Unterlegenen der Willkür des Eroberers ausgeliefert war.

Bis zum 14. Jahrhundert hatten die die Kriegführung regelnden Gesetze und Beschränkungen eine ausführliche, in einem umfangreichen Schrifttum niedergelegte und im ganzen Bereich des westlichen Christentums einigermaßen einheitliche Form gefunden. Die Regeln leiteten sich teilweise vom kirchlichen Einfluß, teilweise von der wachsenden Anerkennung römischer Rechtsgrundsätze und teilweise von der förmlichen Niederlegung dessen ab, was die unersetzlichen Fachleute in dieser Materie, die «Rechtsanwälte» des Rittertums, die Herolde, in Jahrhunderten an praktischen Grundsätzen entwickelt hatten. Ehrengerichte in ganz Europa verschafften diesen Regeln Geltung; man sah in ihnen weniger ein positives Rechtssystem oder einen aus humanistischen Beweggründen bewußt aufgestellten Kanon von Geboten und Einschränkungen, als vielmehr einen sozialen Verhaltenskodex: Hier war festgelegt, was ein Ritter tat und was er nicht tat. Unter gewissen Umständen war etwa das Abschlachten von Gefangenen erlaubt (wenn zu Beginn der Schlacht durch Wort oder Zeichen der *guerre mortelle* erklärt worden war), unter anderen nicht. Es wurde nicht grundsätzlich als Unrecht betrachtet, ebensowenig, wie Frauen und Kindern *eo ipso* irgendeine besondere Immunität zuerkannt wurde. Wenn sie sich in einer Festung befanden, die, nachdem sie eine Kapitulationsforderung zurückgewiesen hatte, im Sturm genommen wurde, kamen sie unter das Schwert, und die Verantwortung für ihren Tod lag eindeutig beim Festungskommandanten, der durch seine Weigerung zu kapitulieren ihr Schicksal verschuldet hatte.

Die zunehmende Kodifizierung der Gesetze der Kriegführung beruhte indes weniger auf der Suche nach irgendwelchen christlichen, gesetzmäßigen oder ritterlichen Moralgrundsätzen, als vielmehr auf einer davon ganz unabhängigen Entwicklung: der wachsenden Kommerzialisierung des Krieges.[4] Geiselnahmen zur Erpressung von Lösegeld und Plünderung waren bald nicht mehr angenehme Nebenprodukte, sondern wurden für eine zunehmende Zahl kriegführender Parteien zum Hauptzweck ihrer Feldzüge. Der Sold, für den Männer sich anmustern ließen, war stets gering, aber der Gewinn, der sich bei einem Feldzug herausschlagen ließ, konnte groß genug sein, das Glück eines Mannes zu machen. Unter diesen Umständen war es wichtig zu wissen – wollte man in geordneter Weise Krieg führen und Frieden schließen –, welche Kriegsbeute wann gemacht werden konnte und wie sie verteilt werden sollte; welche Lösegelder gefordert werden konnten und wer berechtigt war, sie zu fordern. Die Hoffnung auf solche legitimen Belohnungen für gehorsam geleistete Dienste, für tapfer auf sich genommene Risiken und für geduldig ertragene Prüfungen war am Ausgang des Mittelalters das Hauptmotiv der Männer, die sich zu einem Feldzug meldeten. Schon im Rahmen einer streng feudalistischen Ordnung konnte der Krieg für Angehörige aller Gesellschaftsklassen eine durch und durch vom kommerziellen Söldnergeist geprägte Angelegenheit sein.

Der Feudalismus war, woran uns die Mediävisten beständig zu erinnern bemüht sind, auf jeden Fall weder einheitlich, noch schloß er andere Lehens- und Dienstsysteme innerhalb Europas aus. Es könnte von Nutzen sein, einen Blick auf einige seiner abgewandelten Formen zu werfen.

In Frankreich, wo das Lehenssystem seinen Ursprung nahm, führte die Unfähigkeit der späten Karolinger, für einen wirklichen anstatt nur scheinbaren Schutz ihrer Gebiete vor den Normannen zu sorgen, zu einer Delegierung der realen Macht in die Hände der formell dem Herrscher untertanen «comtes» (von lateinisch *comites*, «Gefolgschaft»), die sich in erbberechtigten und damit praktisch unabhängigen Lehen wie Hainault, Flandern, der Bretagne oder der Provence einrichteten und sich immer weniger um die Treuepflicht kümmerten, die sie ihrer Krone schuldeten, einer Krone, die indes nicht über die Mittel verfügte, ihre Untertanen zur Einhaltung ihrer Verpflichtungen zu zwingen. Zu ihrem eigenen Schutz mußte die Krone, sofern sie es konnte, nicht nur auf Ritter des Hofes, sondern auch auf besoldete Truppen, auf Soldaten, zurückgreifen. Darunter mochten Ritter ohne Landbesitz und ohne Beschäftigung sein – und von dieser Kategorie gab es eine wachsende Zahl, je mehr die allmähliche Befriedung Europas fortschritt und seine Bevölkerung zuzunehmen begann; oder berittene Krieger mit sparsamerer Ausrüstung als die Ritter, bekannt als *servientes* oder Feldwebel; oder Fußsoldaten, die abschätzig – oder vielleicht leutselig? – *fanti*, Buben, genannt wurden; oder es mochten Fachleute im Gebrauch jener wunderbaren Errungenschaft der Technik des 12. Jahrhunderts, der Armbrust sein, die man gewöhnlich aus Italien oder der Provence engagieren mußte.

All dies erforderte Geld; aber im Gefolge der wirtschaftlichen Erholung, die im 12. Jahrhundert stattfand, sammelte sich Geld in größerer Menge und in breiterer Streuung in den Händen von Kaufleuten und Geistlichen, und selbst von gewissen Angehörigen des Adels, die bürgerliche Gepflogenheiten annahmen und es vorzogen, anstelle ihrer militärischen Dienste bares Geld zu liefern. So war der französische König Philipp II. Augustus zu Beginn des 13. Jahrhunderts in der Lage, ein ansehnliches stehendes Heer gegen seinen Vetter Johann, den König von England, aufzustellen, dessen Versuche, durch eine Erweiterung seiner königlichen Rechtsprechungs- und Besteuerungsbefugnisse seine eigene unabhängige militärische Schlagkraft zu verstärken, ihm Probleme und Nachteile einbrachten – nicht etwa von seiten Philipps, sondern von seiten seiner eigenen in Runnymede versammelten Barone.

In Südeuropa stellten sich die Dinge weitaus komplexer dar: teilweise wegen des beständigen Krieges gegen die islamischen Araber in Spanien und Süditalien, teilweise weil im Mittelmeergebiet die Geldwirtschaft nie ganz verschwunden war und früher als anderswo wieder zur vorherrschenden Form wurde. Die Ritter waren dort sowohl unabhängiger als auch käuflicher. In Südfrankreich besaßen sie ihre eigenen Machtbastionen und erkannten keinen Herren über sich an. Die hochmütige Unabhängigkeit des kastilischen Adels (man beachte den vielsagenden Namen Kastilien – «Land der Burgen») war schon im Mittelalter in ganz Europa wohlbekannt. Im wegsameren Katalonien gelang es den

Grafen von Barcelona besser, die Botmäßigkeit auch ihrer entfernteren Vasallen zu erzwingen, und sie trieben, unterstützt von einer fanatisch militanten Kirche, die *reconquista* Mittel- und Südspaniens von den arabischen Eroberern mit größerer und gleichmäßiger Geschwindigkeit voran.

In Italien vermochten sich inmitten des ländlichen Adels unabhängige Stadtgemeinden zu behaupten und die feudalistischen Einflüsse abzuwehren, die von den Karolingern in der Lombardei im Norden und später von den Normannen im Süden ausgingen; und Kaufmann und Grundherr, Stadtbewohner und Bauer, sie alle griffen ohne Unterschied zu den Waffen, als magyarische Übergriffe aus dem Norden und moslemische Angriffe von der See her das Land bedrohten. Der Militärdienst umfaßte alle. Die Städte wurden von eigenen Bürgermilizen verteidigt. Der soziale Status hing, wie anderswo auch, von der Bewaffnung ab, die sich der einzelne leistete; aber in Italien gab nicht so sehr die Form des Besitzes als vielmehr der Wohlstand den Ausschlag für die Art der Ausrüstung.

Im 12. Jahrhundert waren die Eindringlinge endgültig von der italienischen Halbinsel vertrieben, abgesehen von den Normannen, die Sizilien und Süditalien ihrer strengen und effektiven Herrschaft unterworfen hatten. Aber militärische Gewohnheiten, die sich in 500 Jahren gebildet hatten, starben nicht so leicht ab. Der Konflikt zwischen Papst und Kaiser gegen Ende des 11. Jahrhunderts provozierte eine anhaltende, die italienische Gesellschaft spaltende Fehde, aus der sich zwischen Stadt und Stadt, zwischen Familie und Familie größere und kleinere Bürgerkriege entwickelten, die das Land zu einem Paradies für berufsmäßige Landsknechte und Glücksritter machten, glücklicherweise ohne das wirtschaftliche Wachstum zu hemmen, das es ihren «Arbeitgebern» ermöglichte, sie weiterhin zu bezahlen.

In Deutschland entwickelte sich der Feudalismus entlang des Rheins ebenso intensiv wie in Nordfrankreich, und der Mythos des Rittertums war hier ebenso stark wirksam wie anderswo in Europa. Weiter im Osten jedoch setzte sich der an die Kriegsdienstpflicht gebundene Grundbesitz – ebenso wie die Kriegführung zu Pferde – langsamer durch. Die germanischen Stämme der

Sachsen, Franken und Sueben waren noch immer, wie ihre Vorfahren zur Zeit des Tacitus, freie Bauernvölker, die zu Fuß mit Streitaxt und Speer kämpften, bis im 10. Jahrhundert der Schock der Magyaren-Einfälle kam: Horden berittener Bogenschützen, die durch die norddeutsche Tiefebene gen Westen stürmten. Verspätet zogen die Germanen mit ihren westlichen Vettern gleich, entwickelten eine berittene Streitmacht und als deren Unterbau ein entsprechendes Gesellschaftssystem und errangen unter Heinrich und Otto von Sachsen jene Siege bei Merseburg (933) und auf dem Lechfeld (955), die zur Ablösung der Karolinger durch die Dynastie der Ottonen führten und Otto selbst die Kaiserkrone eintrugen. In der Folge begleiteten einige Angehörige des neuen Feudaladels ihre kaiserlichen Herren bei deren ruinösen Abenteuerzügen nach Italien. Andere traten dem neuen Kreuzzugsorden, den Deutschrittern, bei und zogen auf der Suche nach Abenteuern, Land und Erlösung für ihre Seele gen Osten in die Ebenen und Wälder Kurlands, Polens und Preußens, um mit dem Segen einer nachsichtigen Kirche zu rauben und zu morden. Sie machten sich zu Herrschern über diese Länder und sollten in der europäischen Geschichte noch von sich reden machen.

Was England betrifft, so führten die normannischen Invasionen des 9. und 10. Jahrhunderts dazu, daß die angelsächsischen Könige den *fyrd*, die Verpflichtung aller freien Männer, Waffen zu tragen, durch ein Lehenssystem ergänzten, das in etwa dem ihrer karolingischen Zeitgenossen jenseits des Ärmelkanals entsprach. Indes war es die normannische Eroberung, die dadurch, daß sie das gesamte Land unter die Verfügungsgewalt der Krone stellte, ein ebenso entwickeltes System feudaler Lehen und Pflichten ermöglichte, wie es anderswo in Europa anzutreffen war. Die normannischen Könige ersetzten die sächsischen Thane durch eigene Vasallen, die zur Erfüllung ihrer Aufgabe als Besatzungsmacht in einem fremden Land jene großen Burgen errichteten, die bis in unsere heutige Zeit erhalten geblieben sind.

Vom militärischen Standpunkt aus betrachtet waren jedoch sowohl die Dynastie der englischen Normannen als auch ihre Nachfolger hoffnungslos überfordert: Es galt nicht nur, die eng-

lischen Einheimischen unter Kontrolle zu halten und die Grenzen des eigenen Herrschaftsbereichs nach Schottland und Wales
hinein auszudehnen, sondern auch die angestammten Rechte auf
dem europäischen Festland zu bewahren. Die Kriegsdienstpflicht
der Vasallen – *servitium debitum* – bildete die Grundlage der
normannischen und später der angevinischen Heere des 11. und
12. Jahrhunderts; aber die 60 Tage im Jahr, auf die diese Dienst-
pflicht gewohnheitsmäßig beschränkt war, reichten nie aus, eine
Streitmacht zu versammeln und sie zum Kampf aufs Festland
hinüberzuschicken, noch weniger, um die rebellischen schotti-
schen und walisischen Bergstämme zur Botmäßigkeit zu zwingen. Mit Feudalismus allein war es, kurz gesagt, nicht getan. Die
Könige von England mußten improvisieren. Sie heuerten Landsknechte vom europäischen Festland an. Sie vergrößerten ihre
Militärausgaben. Sie verschärften die feudalen Leistungspflichten
durch Pfändung von Ritterlehen und gestatteten den Vasallen,
sich gegen bares Geld von ihren Verpflichtungen freizukaufen,
Geld, mit dem die Könige Söldnertruppen aufstellen konnten.
Sie schlossen mit ihren eigenen Vasallen Verträge über die Bereit-
stellung von Kriegern gegen bare Zahlung; und sie rekrutierten,
insbesondere für Kriege im eigenen Land (d. h. auf der britischen
Insel) durch Gestellungsbefehl aus der ansässigen Bevölkerung
Fußtruppen.

Ein Teil dieser Fußtruppen bestand aus Bogenschützen, deren
militärischer Wert sich in den Guerillakämpfen gezeigt hatte, die
Edward I. zu Ende des 13. Jahrhunderts in den Bergen von Wales
hatte bestehen müssen. Bei dieser Art der Kriegführung war die
schwere Kavallerie nach Ritterart nur von geringem Wert. Die
gepanzerten Ritter waren darauf trainiert, gegen ihresgleichen zu
kämpfen und ungeschützte Fußtruppen auf offenem Gelände zu
überrumpeln, auf dem auch ihre berittenen Gegner normalerweise den Kampf suchten. In Wales jedoch bekamen sie es mit
einem Gegner zu tun, der nicht von einer militärischen Aristokratie ihres eigenen Zuschnitts angeführt wurde; und die Waliser
waren auch kein Volk von Eroberern, die es in ihr Ursprungsland
zurückzuwerfen galt, sondern sie verteidigten ihre eigene bergige
Heimat. Ihre Krieger versetzten den königlichen Truppen emp-

findliche Schläge, stellten sich aber selten zum offenen Kampf. Die Auseinandersetzung ähnelte eher einem Jägerspiel als einem Krieg zwischen Christen: Die Fußtruppen wurden als Treiber eingesetzt, um die Waliser aus ihren Verstecken zu scheuchen, und Schützen mit weitreichenden Langbogen erlegten die fliehenden Feinde selbst noch aus großer Distanz. Scharfschützen mit Langbogen erwiesen sich auch als wertvolle Waffe in der offenen Feldschlacht – als Artillerie im herkömmlichen Verständnis –, um die feindlichen Reihen schon bei deren Ansturm durcheinanderzubringen, ehe ihnen die Ritter im direkten Kampf den Gnadenstoß versetzten. Diese Technik wurde mit gutem Erfolg zu Anfang des 14. Jahrhunderts in den Kriegen gegen die Schotten angewandt. Die Rolle der Artillerie hatten zwar seit dem 12. Jahrhundert die Armbrustschützen eingenommen; aber in der Zeit, die ein Armbrustschütze für einen Schuß benötigte, konnten mit dem sechs Fuß messenden Langbogen fünf oder sechs Pfeile abgeschossen werden, die am Ende des 14. Jahrhunderts immerhin auf 350 Meter tödlich wirken konnten. Gewiß entfalteten solche Pfeile nicht die gleichen zerstörerischen Wirkungen wie ein Armbrustbolzen, aber sie hatten doch die Kraft, Panzerhemden zu durchschlagen.

Das stellte sich jedenfalls bei der denkwürdigen Schlacht von Crécy 1346 heraus. Sieben Jahre zuvor war Edward III. nach Frankreich übergesetzt, um seine Ansprüche auf die französische Krone durchzusetzen – es war eine jener nicht endenden Thronfolgestreitigkeiten, die den europäischen Adel noch weitere vier Jahrhunderte lang in Atem halten sollte –, wobei er sich auf ein sündteures, deutschen Duodezfürsten abgemietetes Söldnerheer stützte, das er durch Anleihen bei den Hanse-Kaufleuten finanzierte. Der König von Frankreich war klug genug, einer Entscheidungsschlacht auszuweichen; Edwards Verbündete zogen sich, als ihm das Geld ausging und er kein neues auftreiben konnte, nach Hause zurück. 1346 waren ihm für seinen Feldzug nur noch so wenige Ritter übriggeblieben, daß er sie, als er der großen Übermacht des französischen Heeres gegenüberstand, absteigen ließ und sie in die Reihen der Bogenschützen stellte, deren Kampfesmut und Standfestigkeit sie stärken sollten, wie sie es in den

Kriegen gegen die Schotten gelernt hatten. Das Bemerkenswerte an der Schlacht von Crécy war nicht so sehr die Verheerung, die die Bogenschützen in den Reihen der französischen Reiter anrichteten – nach zuverlässigen Berichten wurden mehr als 1500 Franzosen getötet, wogegen die Engländer um die 100 Mann verloren –,[5] sondern die Tatsache, daß sie überhaupt lange genug verharrten, um Schaden anzurichten: daß sie nicht, wie es die Infanterie in den Kriegen des Mittelalters normalerweise tat, beim ersten Angriff der feindlichen Reiter flohen.

Crécy war nicht die erste Schlacht, bei der ein feudales Reiterheer von Fußtruppen besiegt wurde. 1302 hatten sich die Bürger von Courtrai mit Pike und Speer erfolgreich der Angriffe der berittenen Krieger des Grafen von Flandern erwehrt. Aber es war die demütigende Niederlage von Crécy, die die französischen Ritter, die standardsetzende Avantgarde der westlichen Welt, zu einer kritischen Revision ihrer Ausrüstung und ihrer Taktik zwang. Sie ersetzten ihre Panzerhemden durch Rüstungen aus Metallschuppen – einem Material, das sich sowieso weit besser zu Wohlstand und Status bezeugender dekorativer Gestaltung eignete; und sie gingen dazu über, die eigentliche Schlacht zu Fuß zu bestreiten. Dies taten sie einerseits mit Rücksicht auf die Verwundbarkeit ihrer Pferde, andererseits wegen der wachsenden Kosten, die die Unterhaltung eines voll ausgerüsteten «Gefolges» für jeden einzelnen Reiter erforderte; teilweise allerdings auch aus Gründen ihrer Ritterehre: Ohne Pferd konnte kein Ritter sein Heil in der Flucht suchen, es galt, standzuhalten und zu kämpfen. Solange die französischen Ritter so *standen* und kämpften, erzielten sie gewisse Erfolge. Wenn sie jedoch selbst angriffen, wurde der Schutz, den ihnen ihre Rüstung vor Pfeilen bot, von der Einschränkung der Beweglichkeit und des Gesichtsfeldes aufgehoben, die sie mit sich brachte, und die Engländer vermochten infolgedessen zwei weitere Siege zu verbuchen: 1356 in Poitiers und – am eindrucksvollsten – 1415 in Agincourt, wo sie wahrscheinlich fünftausend Franzosen töteten (davon tausend, die in ihre Gefangenschaft geraten waren), während sie selbst nur ein paar hundert Mann verloren.[6]

Zu Beginn des 15. Jahrhunderts hatte es sich erwiesen, daß ein Krieger in voller Rüstung und mit allen seinen Helfern sowohl auf dem Schlachtfeld untauglich als auch in der Unterhaltung zu teuer war. In dem Maße indes, wie die Nützlichkeit der Ritter abnahm, wuchs ihre Anmaßung. Ihre Rüstungen wurden zu überladenen Prunkstücken, ihre Turniere zu immer teureren Großveranstaltungen, und sie ließen ihren sozialen Status immer eifersüchtiger durch eine heraldische Überlieferung behüten, die sich um so mehr auf Statusfragen konzentrierte, je weniger sie mit militärischen Funktionen zu tun hatte. In bewußter Nachahmung der großen Ritterorden des 12. Jahrhunderts wurden neue Orden gegründet: Der Hosenbandorden, der Bath-Orden oder der Orden der Ritter vom Goldenen Vlies, waren die dekadenten, wenn auch dekorativen Nachfolger der Templer und Johanniter und der großen spanischen Kampfbünde. Höchst bemerkenswert ist, daß sie alle sich beharrlich mit dem Gedanken einer Wiedereroberung Jerusalems trugen – selbst nachdem die osmanischen Türken auf ihrem Vormarsch die letzten Bastionen der Kreuzfahrer im östlichen Mittelmeerraum erobert hatten und ihre Stützpunkte im Westen zu bedrohen begannen. Die Wiedereroberung Jerusalems war in der Tat eines der nebelhaften Ziele, die Karl VIII. von Frankreich vorschwebten, als er 1494 nach Italien marschierte.

Es war nicht die französische Ritterschaft, die die Engländer schließlich wieder auf ihre Insel zurückwarf, so eindrucksvoll es Jeanne d'Arc auch gelang, sie zu mobilisieren. Es war eine andere Berufsgruppe, eine, die überhaupt keinen achtbaren sozialen Status genoß und für deren Angehörige es beinahe schon unbescheiden war, sich Soldaten zu nennen: die Kanoniere.

Die Verwendung hoch brennbaren Materials – «griechischen Feuers», wie es eher unbestimmt genannt wurde – für kriegerische Zwecke war sowohl von den byzantinischen als auch von islamischen Heeren schon seit längerem erprobt worden, gewöhnlich beim Belagerungs- und Seekrieg und in Form von Feuerbällen, die durch Katapultvorrichtungen abgeschossen wurden. Den Vorgang umzukehren und die Verbrennung oder Verpuffung selbst als Mittel zum Abschuß von Geschossen zu verwenden, war eine schwierigere und gefährlichere Angelegenheit, die neben anderen Dingen einen hohen Standard in der Kunst der Metallgießerei voraussetzte, einer Technik, die in den westlichen Ländern ironischerweise im Dienste der denkbar friedfertigsten Sache, der Glockengießerei, entwickelt wurde. Von der Kirchenglocke zur Kanone war nur ein kleiner Schritt, und er scheint zu Beginn des 14. Jahrhunderts getan worden zu sein. Darstellungen der ersten Experimente – mit großen Mörsern, die nur einmal pro Tag abgefeuert werden konnten, oder mit *ribauldequins* (Bündel von Rohren, primitive Vorläufer der *mitrailleuses*), infernalischen Apparaten, die von den Handwerkern des Mittelalters liebevoll in Gestalt von Drachen und Teufeln geschmiedet wurden – finden sich, zuweilen in phantastischer Ausmalung, in den frühesten gedruckten Büchern. Im 15. Jahrhundert waren die ausgefallensten Schöpfungen verschwunden, und die beiden Waffentypen, die in den folgenden 500 Jahren zusammen die Kriegführung beherrschen sollten, begannen sich in klar erkennbarer Gestalt herauszuschälen: die Kanone und die Handfeuerwaffe. Diese Waffen wurden ebenso erbittert angegriffen wie heute das Napalm, nicht nur, weil sie in ihren Wirkungen unmenschlich waren, sondern weil sie den Krieg entwürdigten, indem sie das Leben des edlen Ritters in die Hände des gemeinen und niedrigen Soldaten legten. Aber wie heute betrachteten auch damals diejenigen, die sich über den Gebrauch solcher Waffen im feindlichen Lager beklagten, eben diesen Gebrauch als zwingendes Argument dafür, auch die eigenen Heere damit auszurüsten.

Die neu aufgestellten französischen Armeen des 15. Jahrhunderts nahmen beide Waffentypen in Gebrauch und benutzten sie wirkungsvoll im Kampf gegen eine englische Streitmacht, in der die Einführung vergleichbarer Neuerungen an einer Mischung aus militärischer Nostalgie und politischer Zerstrittenheit scheiterte. Wenn es zur Schlacht kam, genügten einige Artilleriesalven zu Beginn, um die Reihen der Bogenschützen zu lichten und den Rittern den Vorstoß zur feindlichen Frontlinie zu ermöglichen, wo dann Mann gegen Mann kämpfen konnte. Von einem allgemeineren Gesichtspunkt aus gesehen, entwickelten die Könige von Frankreich für den Belagerungskrieg ein System der Artillerie, unter dem die die englischen Besitzungen in Frankreich schützenden Burgen in Schutt und Asche versanken. Die militärische Vorherrschaft der Engländer, die Europa noch zu Ende des 14. Jahrhunderts geprägt hatte, war fünfzig Jahre später vollständig dahingeschwunden; und auf die Bogenschützen von Crécy und Agincourt blickte man wie auf eine kuriose Fußnote der Geschichte zurück.

Die Zukunft sollte Fußtruppen einer anderen Art gehören. Die einfachste Waffe, mit der ein Fußsoldat für den Kampf gegen eine Kavallerie ausgerüstet werden kann, ist der Speer; und wenn die Speere lang genug, die Reihen dicht genug geschlossen sind und die Moral der Männer stark genug ist, dann kann eine solche Truppe fast unbezwingbar sein, es sei denn, es gelänge, sie durch irgendeine Art des Geschützfeuers aufzubrechen. Die mazedonische Phalanx ist die älteste Infanterieformation, die uns durch die Überlieferung verbürgt ist. Die Überlegenheit der Kavallerie im Mittelalter war ebenso eine moralische und gesellschaftliche wie eine technische gewesen. Entwickelt aufgrund ihrer Mobilität und ausgestattet mit einer totalen gesellschaftlichen und wirtschaftlichen Vormachtstellung, besaß sie jahrhundertelang praktisch ein Monopol auf militärische Aktionen. Fußtruppen waren lediglich ein Hilfsinstrument, auf das man verächtlich herabblickte. Aber die Grenzen der sinnvollen Einsatzfähigkeit der Kavallerie, die schon im 13. Jahrhundert sichtbar geworden waren, als die Dynastie der Plantagenets versucht hatte, ihre Herrschaft auch über das walisische Bergland auszudehnen, offenbarten sich hundert Jahre später noch deutlicher, als das Haus Habsburg die Hände nach der Schweiz ausstreckte.

Die ursprüngliche Kampfwaffe der Schweizer war nicht die Pike, mit der sie berühmt wurden, sondern eine einfache Streitaxt, eine etwas über zwei Meter lange Hellebarde, mit der sie die österreichischen Ritter, ihre Rüstungen durchschlagend, niedermetzelten, nicht nur 1315, als sie sie bei Morgarten einschlossen, sondern auch 1339 bei Laupen und 1386 bei Sempach in offener Feldschlacht. Das bestätigt die Auffassung, daß das Wiederaufkommen der Infanterie weit eher moralischen und daher gesellschaftlichen Faktoren geschuldet war als irgendwelchen technischen Neuerungen. Die Pike kam ein wenig später auf, zur rechten Zeit, um die Siege der Schweizer über die Ritter von Burgund 1476 und 1477 zu ermöglichen. Um diese Zeit hatten die Schweizer Pikeniere gelernt, nicht nur wie ein riesiger unverwundbarer Igel in Abwehrstellung zu verharren, sondern sich auch zu bewegen: die Phalanx ihrer oft mehrere tausend Mann starken «Schlachthorde» vorwärts zu schieben und alles niederzuwalzen, was so unklug war, sich ihnen in den Weg zu stellen. Nachdem sie die Unabhängigkeit ihrer eigenen Kantone sichergestellt hatten, gingen sie dazu über, ihre «Horden» an benachbarte Staaten zu vermieten – ein natürlicher Vorgang für ein Land, dessen spärliche Weidewirtschaft seine wachsende Bevölkerung nicht mehr ausreichend ernähren konnte.

Allein, an der Kampftaktik der Schweizer war nichts, das andere nicht hätten kopieren können. Ihre süddeutschen und österreichischen Nachbarn, die ähnlich arm und nicht weniger kriegerisch waren, begannen eigene sogenannte Landsknechtsheere aufzustellen. Von denen der Schweizer unterschieden sie sich lediglich dadurch, daß sie sich aus einem breiteren sozialen Spektrum rekrutierten: Der Adel trug keine Bedenken, sie nicht nur aufzustellen und zu befehligen, sondern auch selbst in ihren Reihen zu dienen. «Den Spieß zu tragen» wurde für den deutschen Edelmann, wie auch später für den englischen, zu einer vollkommen annehmbaren Form der militärischen Betätigung. Was Spanien betraf, so hatte dort die schwere Kavallerie schon wegen des Fehlens von Tierfutter niemals einen bedeutenden Bestandteil der christlichen Heere gebildet, die den schleppenden Prozeß der *reconquista* vorantrieben; und es bereitete den spanischen Königen kein Problem, die armen, aber stolzen kastilischen Adeligen als Infanteristen für ihre Truppen zu rekrutieren.

So waren gegen Ende des 15. Jahrhunderts «Schlachthorden» oder «Bataillone» von Pikenieren zu einem notwendigen Bestandteil jeder ernstzunehmenden Streitmacht geworden; und ihnen wurden zunehmend Truppenteile zur Seite gestellt, die aus mit Handfeuerwaffen, insbesondere mit «Hakenbüchsen» oder Arkebusen ausgerüsteten Männern bestanden. Die Arkebuse war, zusammen mit ihrer Nachfolgerin, der Muskete, in den folgenden zwei Jahrhunderten *die* Feuerwaffe der Infanterie. Das Zeitalter der Infanterie war gekommen.

Ebenso auch, wie wir gesehen haben, das der Artillerie, einer Artillerie freilich, die aus schweren und sperrigen Geschützen bestand, zu deren Transport bis zu 40 Zugpferde nötig waren. Und paradoxerweise waren es Infanterie und Artillerie, die dem Pferd wieder einen Platz auf dem Schlachtfeld verschafften. Die Infanterie, die mit ihren Pfeilen oder einfach mit ihrem Beharrungsvermögen von Crécy an den Sturmangriff zu Pferde unmöglich gemacht hatte, konnte jetzt durch Infanterieangriff oder Artilleriefeuer aufgerissen werden. Ein Reiterangriff im richtigen Augenblick war unter gewissen Umständen also doch noch möglich, und selbst wo dies nicht der Fall war, konnte eine mit Feuerwaffen ausgerüstete Kavallerie jetzt als bewegliches Schützenkorps dienen. Aber eine solche Kavallerietruppe war etwas ganz anderes als die alten feudalen Ritterheere, in denen jeder Mann nach eigenem Gutdünken angegriffen und dabei ebenso seine persönliche Ehre wie den gemeinsamen Sieg im Auge gehabt hatte; sie war eine Waffe, die, mit anderen Waffen kombiniert, wie andere Waffen auch dem Schlachtplan und dem Willen eines kommandierenden Generals gemäß eingesetzt werden konnte.

Die Wandlung vollzog sich langsam. Die französischen *gens d'armes*, die sich zwischen 1494 und 1529 an den italienischen Kriegen beteiligten, sahen sich selbst gewiß als Ebenbilder der *chevaliers* aus den Erzählungen von Amadis de Gaul und Ariost, die ihre Lieblingslektüre waren. Sie versuchten Anachronismen wie den Kampf Mann gegen Mann wiederzubeleben, und ihre äußere Aufmachung diente mehr der spektakulären Zurschaustellung als den Zweckmäßigkeiten des todernsten Kriegshandwerks, über dessen profane und mörderische Natur die Infanteristen und Kanoniere zu diesem Zeitpunkt längst keine Illusionen mehr hegten. Aber elegante Anachronismen sollten noch viele hundert Jahre lang ein Kennzeichen europäischer Kavallerietruppen bleiben. Selbst in unseren Tagen gibt es noch Reste davon.

Wenn die französischen *gens d'armes*, die 1494 in Italien einfielen, in ihrer Ideologie auch noch dem Feudalismus zugehörten, so war doch ihre wirtschaftliche Grundlage alles andere als feu-

dal. Wie die Landsknechte und die Kanoniere dienten sie ausschließlich gegen Bezahlung.

Wie wir gesehen haben, gab es auch schon während des Mittelalters im militärischen Bereich das Element des besoldeten Krie-
gers. Bei langwierigen Feldzügen in entfernten Regionen hatten
die Ritter und ihr Gefolge mehr Mittel benötigt, als ihr Kriegs-
herr an Naturalien bereitstellen konnte. Der Übergang von einer
zusätzlich erhaltenen Entschädigung für aus feudalen Verpflichtungen heraus geleistete Dienste zu einem allein auf Soldzahlung
beruhenden Kriegsdienst war nicht schwer zu bewerkstelligen,
erst recht nicht für eine gesellschaftliche Spezies von Männern,
die keinen anderen Zeitvertreib hatten als die Kriegskunst und
keine andere geistige Beschäftigung als das Nachdenken über dieselbe. Seit dem 12. Jahrhundert gab es für Europa keine äußere
Bedrohung mehr. Seine Bevölkerung und sein Wohlstand begannen zuzunehmen. Das Notventil der Kreuzzüge konnte zu-
sehends weniger betätigt werden, und, was am wichtigsten war,
die Zahl der verfügbaren Lehen hatte drastisch abgenommen. Wo
eine endlose Teilung von Grund und Boden rechtlich möglich
war, wie in Deutschland, ernährten die Lehen ihre Besitzer bald
nicht mehr. Wo, wie in England, die Primogenitur galt, blieb den
jüngeren Brüdern eines Erstgeborenen kaum eine andere Wahl,
als ihr Glück bei einem Kreuzzug zu versuchen oder sich als
Söldner zu verdingen. So erlebte das späte Mittelalter das Herauf-
kommen einer Klasse von Kriegsleuten, die zu zahlreich waren,
als daß sie vom Land oder von den Kriegen, die es gab, hätten
ernährt werden können; und wenn es keine Kriege gab, so neigte
diese Kriegerklasse verständlicherweise dazu, sie selbst zu insze-
nieren.

Die Existenz dieser «freien Landsknechte», die bereit waren,
ihr Schwert dem Meistbietenden zur Verfügung zu stellen, stärkte
zunächst die Macht der Fürsten – solange diese genug Geld hatten, sie zu bezahlen. Beim Beginn des 14. Jahrhunderts hatten,
wie wir gesehen haben, sowohl die Könige von England als auch
die von Frankreich ihre gesamten Streitkräfte praktisch auf Söld-
nerbasis umgestellt. Ihre Vasallen – bis hinauf zu den bedeutendsten – stellten eine durch Kontrakt vereinbarte Zahl von Söldnern

zur Verfügung. Und wenn erst einmal ein Fürst auf diese Weise während einer ganzen Feldzugssaison oder gar für mehrere Jahre eine Streitmacht unterhalten konnte, so waren seine Widersacher gezwungen, es ihm nachzutun. Das Geld konnte, wie wir gesehen haben, aus den Ablösungszahlungen stammen, die diejenigen Vasallen leisteten, deren militärische Dienste nicht benötigt wurden, oder aus Steuern und aus Zuwendungen der Kirche. Zum größten Teil jedoch mußte es dem Kreislauf des Handels entzogen werden: entweder auf dem Weg über Abgaben, über die der Fürst uneingeschränkt verfügen konnte, oder über von Kaufleuten gegebene Kredite oder über spezifische Kontributionen, die von den Vertretungskörperschaften der Städte und von anderen wirtschaftlich produktiven Klassen geleistet wurden – gewöhnlich im Austausch für gewährte Vergünstigungen oder Privilegien. Auf diese Weise begannen Parlamente, Ständeversammlungen, Vertretungsorgane der nichtmilitärischen und nichtadeligen Gruppen der Gesellschaft ein gewichtiges Wort darüber mitzusprechen, ob ein Fürst in der Lage war, einen Krieg zu führen.

Aber früher oder später ging immer das Geld aus, oder der Krieg ging zu Ende, und die Soldaten (wie wir sie nun zutreffend nennen können) wurden brotlos. Sie besaßen keinen eigenen Grund und Boden, zu dem sie hätten zurückkehren können; oft hatten sie tatsächlich nicht einmal ein Zuhause, in dem sie zurückerwartet wurden. Ihre «Kompanie» (*con pane*, «Brotgemeinschaft»), eine Organisation, die sie mit den notwendigsten Lebensmitteln und mit einer Arbeitsstelle versorgte, war ihre einzige Zuflucht.

In Italien, wo die Investiturkriege (die eine Vielzahl kleiner Kriege umfaßten) die feudalen Bindungen hoffnungslos zunichte gemacht hatten, und wo bares Geld immer leicht aufzutreiben war, waren Söldnerhorden, die auf eigene Rechnung arbeiteten, schon im 13. Jahrhundert aktiv, sei es, daß sie regelrechte militärische Aufträge für irgend jemanden ausführten, der bereit war, sie dafür zu bezahlen, sei es, daß sie sich dem Erpresserhandwerk widmeten (hierüber mehr im 2. Kapitel). In Frankreich erreichten ihre Umtriebe hundert Jahre später einen erschreckenden Höhepunkt. Der Hundertjährige Krieg bewirkte das bis dahin massierteste Auftreten freier Landsknechtskompanien auf beiden Seiten – Glücksrittern sowohl adeliger als auch gemeiner Herkunft –, und in den Pausen zwischen den Feldzügen lebten diese Männer einfach von der Landbevölkerung. Von der Mitte des 14. bis zur Mitte des 15. Jahrhunderts zogen diese *écorcheurs* («Schinder»), wie sie mit schrecklicher Anschaulichkeit genannt wurden, ungehindert durch Frankreich und plünderten, raubten und brandschatzten in größeren oder kleineren Banden. Sie unterbrachen diese Aktivitäten nur, wenn sie von einer der kriegführenden Parteien, die ihnen regelmäßige Bezahlung garantieren konnte, wieder angeheuert wurden, was für immer kürzer werdende und immer unregelmäßiger eintretende Zeiträume der Fall war. In ihrer Verzweiflung unternahmen die französischen Könige Feldzüge in Spanien und Ungarn, nur um sie aus dem Lande zu locken. Die Lage begann sich erst am Ende des Hundertjährigen Krieges zu verbessern, als es der Krone gelang, den verzweifelten französischen Kaufleuten das Recht zur Erhebung einer speziellen Steuer, der *taille des gens de guerre* abzuringen, durch die sie die königlichen Streitkräfte auf eine geregelte finanzielle Grundlage stellen konnte. Am Ende des 15. Jahrhunderts war die *taille* zu einer ständigen Steuer geworden, für deren Erhebung die Zustimmung der Stände nicht mehr erforderlich war. Die königlichen Finanzen waren so auf eine reguläre Basis gestellt.

Das Jahr, in dem die Stände Karl VII. von Frankreich zum ersten Mal die *taille* bewilligt hatten, war 1439 gewesen. 1444 erließ derselbe König eine Reihe von *ordonnances*, durch die eine Anzahl der im Lande umherstreifenden Söldnerhorden auf Dauer in den Dienst der Krone übernommen wurden, während man die übrigen gewaltsam auflöste. Es war hier nicht mehr von feudalen Pflichten oder von Kontrakten die Rede, mit denen sich einzelne Söldnerführer gegen Zahlung einer Pauschalsumme verpflichteten, auf eigene Rechnung eine Truppe aufzustellen und zu unterhalten. Alle Offiziere wurden von der Krone ernannt (und waren damit auch richtiggehende *officiers*, Amtsinhaber); die gesamte Truppe, sowohl Offiziere als auch Mannschaften, wurde direkt von der Krone bezahlt; und sie bezog in bestimmten, ihr von der Krone zugewiesenen Städten Quartier. Das Heer bestand nun gänzlich aus Berufssoldaten, freilich war es deshalb noch kein nationales Heer: Deutsche, Schotten, Italiener, alle gehörten dieser Waffengemeinschaft an, und ihre Kampfkraft war so imposant, daß der reiche Rivale des französischen Königs, Herzog Karl der Kühne von Burgund, es 25 Jahre später für nötig erachtete, das System zu kopieren und ein Heer aufzustellen, das er sogleich in einer Reihe abenteuerlicher militärischer Unternehmungen verspielte, die ihn gegenüber den Schweizern und den Franzosen schwer ins Hintertreffen brachten; damit war für Burgund die Möglichkeit verbaut, sich als eine der großen europäischen Nationen zu etablieren, was andernfalls sehr leicht hätte geschehen können.

Die französischen Könige waren vorsichtiger. Sie rundeten im Laufe des folgenden halben Jahrhunderts durch eine kluge Heiratspolitik ihr Herrschaftsgebiet ab, vergrößerten ihren Wohlstand und bewahrten ihre militärische Stärke. Und als schließlich Karl VIII. 1494 auf der Suche nach Ruhm, Abenteuer, Macht und *virtù*, nach all diesen Idealen der Renaissance, in Italien einfiel, konnte er dies mit dem besten Heer tun, das Europa bis dahin gesehen hatte: mit Schweizer Pikenieren als Kernstück der Infanterie, mit seiner stolzen, blaublütigen Kavallerie, einem Troß von Artilleriegeschützen aus Gußbronze, die jede Burg, die belagert wurde, in Schutt und Asche legten – und mit einer wohlgefüllten Kriegskasse, aus der das gesamte Heer entlohnt wurde. In seiner Zusammensetzung unterschied sich dieses Heer nicht grundlegend von dem, das 300 Jahre später unter Napoleon zu denselben Schlachtfeldern marschierte. Die *gens d'armes* hätten es gewiß mit Entrüstung bestritten, aber die Kriege der Ritter waren vorüber.

2. Die Kriege der Söldner

Im Rückblick können wir die Streitmacht Karls VIII. als das erste «moderne» Heer bezeichnen, insofern, als sie die drei Waffengattungen in verschiedenen, der gegenseitigen Unterstützung dienenden taktischen Kombinationen enthielt und zum allergrößten Teil aus Männern bestand, die aus einer zentralen Kriegskasse besoldet wurden. In der Tat datieren die Historiker den Beginn der «Neueren Europäischen Geschichte» auf die Zeit der italienischen Kriege, die mit dem Einmarsch der Franzosen 1494 einsetzten. Dabei hatten Ende des 15. Jahrhunderts nur ganz wenige Menschen das Bewußtsein, daß ein neues Zeitalter anbrach, daß man sich, sei es im Bereich der Kriegführung oder auf anderen Gebieten, an einer historischen «Schaltstelle» befand. Eher war sogar das Gegenteil der Fall.

Im vorigen Kapitel war vom selbstbewußten Traditionalismus des späten Mittelalters und besonders der französischen Ritterschaft die Rede, die das Rückgrat der königlichen Heere bildete. Es war ein Traditionalismus, der bis zur Mitte des 16. Jahrhunderts weiterbestehen sollte – mindestens bis zum Tod der beiden Fürsten, die dieses Gefühl in ihrer eigenen Person verkörperten und um deren Streitigkeiten herum sich die gesamte europäische Politik gruppierte und polarisierte: Franz I. von Frankreich und Kaiser Karl V. Die Kriege, die die erste Hälfte des 16. Jahrhunderts erfüllten und erst in dem militärischen Patt von Câteau Cambrésis 1559 ihr Ende fanden, waren in ihren Motiven durchweg «mittelalterlich», das heißt, sie wurden ausgetragen, um persönliche Eigentums- und Thronfolgerechte der Fürsten zu sichern oder zu schützen, um ungebärdige Vasallen botmäßig zu machen, um das Christentum gegen die Türken oder die Kirche gegen Irrlehren zu verteidigen. Karl VIII. fiel in Italien ein, um die Ansprüche des Hauses Anjou auf den neapolitanischen Thron gegen das Haus Aragon durchsetzen zu helfen, das den gleichen Anspruch erhob, und in der Folge einen Kreuzzug zur Wiedereroberung Jerusalems zu führen. Sein Nachfolger Ludwig XII. von Orleans führte den Krieg weiter, um dem Anspruch seines Hauses auf das Herzogtum Mailand gegenüber den Sforza und deren kaiserlichen Schutzherren Nachdruck zu verleihen. Kaiser Karl V. erbte bei seiner Wahl 1519 diese beiden Streitfragen, die erste von seinem einen Großvater, Ferdinand von Aragon, die zweite von seinem anderen, Kaiser Maximilian; dazu eine dritte – um die Krone von Navarra – von seiner einen Großmutter, Isabella von Kastilien, und eine vierte von seiner anderen Großmutter, Maria von Burgund, um die Gebiete, die ihr Vater Karl der Kühne an den König von Frankreich verloren hatte. In allen diesen Streitfragen war sein Gegner der französische König Franz I., der auch bei der Kaiserwahl gegen ihn angetreten und unterlegen war und der nicht nur den aufbegehrenden protestantischen Fürsten Deutschlands gegen die Versuche Karls beistand, seine kaiserliche Autorität geltend zu machen, sondern auch ein stillschweigendes Übereinkommen mit den Türken unterhielt, gegen deren wirklich bedrohliche Fortschritte im Mittelmeerraum Karl vergeblich seine konzentrierten Kräfte aufzubieten versuchte. So standen hinter den Kriegen der ersten Jahrhunderthälfte noch immer persönliche Konflikte zwischen einzelnen Fürsten über Erbansprüche, keineswegs Interessengegensätze zwischen Staaten oder gar Nationen. Noch 1536 sah Karl V. nichts Befremdliches darin, seinen Rivalen zum persönlichen Duell zu fordern, und dieser nahm die Herausforderung an. Der Papst mußte eingreifen, und der Streit wurde mit einem prunkvoll arrangierten Versöhnungsschauspiel beigelegt, bei dem die beiden Herrscher einander, wie es christliche Fürsten in den vergangenen 400 Jahren wiederholt getan hatten, feierlich versprachen, ihre Differenzen durch einen gemeinsam unternommenen Kreuzzug auszulöschen.

Indes war gerade das Zusammenfallen dieser verschiedenen Konflikte von politischer und militärischer Bedeutung. Sowohl Karl als auch Franz hatten, hauptsächlich infolge der klugen dynastischen Heiratspolitik ihrer Vorgänger, Herrschaftsgebiete geerbt, die zusammenzuhalten einfach über ihre Kräfte – und die ihrer Nachfolger – ging. Karl sollte das habsburgische Erbe in die beiden handlicheren Hälften Spanien und Österreich teilen, und was Frankreich betraf, so fiel es beim Tod von Franz' Sohn Heinrich II. 1559 in einen 50 Jahre andauernden Bürgerkriegszustand zurück. Aber das Werk der Konzentration sollte nicht rückgängig gemacht werden, und aus dem Heer der miteinander wetteifernden Grafen und Herzöge schälten sich als Zentralfiguren eines neuen politischen, finanziellen und militärischen Machtsystems eine kleine Anzahl eindeutig *souveräner* Fürsten mit herausragenden Machtbefugnissen und Rechten heraus. Die Trennlinie, die diese neue Herrscherschicht nach unten abgrenzte, war zwar stark verwischt – besonders in Deutschland, wo das Spektrum von mächtigen Potentaten wie den Herzögen von Bayern und Sachsen bis zu Zwergfürsten reichte, die, wie in Schwaben oder Franken, über einen Besitz von wenigen Morgen Land geboten; was aber in dem Jahrhundert der Auseinandersetzungen, das auf den Tod Karls V. folgte, zunehmend deutlich wurde, war, daß die Beziehungen dieser Fürsten untereinander nicht mehr durch feudale Rivalitäten oder Verpflichtungen bestimmt waren, sondern durch Faktoren wirtschaftlicher und militärischer Macht, und daß diese Macht sich immer mehr in den Händen der Stärkeren konzentrierte. Nur in Deutschland konnten die Duodezfürsten überleben, weil die Habsburger zu sehr mit ihrem Kampf gegen die Franzosen oder gegen die Türken zu tun hatten, um sich ihrer anzunehmen. Selbst die Kleinstaaten der italienischen Halbinsel, von denen es schon zu Beginn des 16. Jahrhunderts kaum noch ein halbes Dutzend gab, waren gegen Ende desselben Jahrhunderts in ihrer Mehrzahl geschluckt: Nur Savoyen, Venedig und der Vatikanstaat behielten eine Souveränität, die mehr war als bloßer Schein.

Der Preis, den die Unabhängigkeit kostete, war nämlich im 16. Jahrhundert schon ein sehr hoher. Bezahlt und unterhalten werden mußten nicht nur die spektakulären Artilleriezüge, sondern auch die nicht weniger teure und nicht weniger notwendige Infanterie aus Berufssoldaten. Desgleichen Festungsanlagen, die, wie wir sehen werden, in ihrer Bauweise immer aufwendiger wurden. Derjenige Fürst, der die politische Macht besaß, Steuern von seinen Untertanen zu erheben, oder die Kreditwürdigkeit, Anleihen von den neuen Bankhäusern wie dem der Fugger oder dem der Welser zu erhalten, konnte Armeen ins Feld schicken, die die Streitkräfte weniger bemittelter Gegner in den Boden stampften. Gewiß, all dies ist leichter gesagt, als es getan war: Die Kriege Karls V. und Franz' I. gingen nur schrittweise voran, ebenso wie die Kriege, die Philipp II. von Spanien führte und die durch spektakuläre königliche Bankrotte immer wieder zum Stillstand kamen. Es dauerte bis zur 2. Hälfte des 17. Jahrhunderts, ehe die Fürsten Europas die Machtmittel und Einkünfte, die ihre Territorien boten, so weit unter ihre Kontrolle gebracht hatten, daß sie kontinuierlich ein stehendes Heer unterhalten und über längere Zeit – und mit beinahe alltäglicher Selbstverständlichkeit – Krieg führen konnten. Nichtsdestoweniger war am Ende des 16. Jahrhunderts sozusagen die Spreu vom Weizen getrennt: Es stand fest, welche Fürsten in der Lage waren, auf eigene Rechnung Krieg zu führen, und welche nicht.

Dieser Wandel spiegelte sich im Schrifttum über den Krieg wider. Von Thomas von Aquin an hatten die Schriftsteller des Mittelalters stets hervorgehoben, daß ein gerechter Krieg nur von einem souveränen Fürsten geführt werden könne, eine Lehre, die auch in jenes Handbuch für kriegerische Ritter aus dem 14. Jahrhundert, Honoré Bonets ‹Arbre des Batailles›, übernommen wurde.[1] «Ein Mann darf nicht», so schrieb Bonet, «auf eigene Faust einen anderen Mann zur Rechenschaft ziehen, der ihm Unrechtes angetan hat, sondern der Fürst muß dafür sorgen, daß beiden Männern Recht widerfährt. Aber heutzutage», fuhr er ein wenig wehmütig fort, «möchte jedermann das Recht haben, Krieg zu führen, selbst der einfache Rittersmann, und dies kann laut Gesetz nicht sein.» In der Tat blieb das Gesetz totes Papier, solange der Fürst nur über geringfügig größere Machtmittel verfügte als seine bedeutendsten Vasallen und solange kleine Barone in uneinnehmbaren Burgen unangefochten die Herrschaft über ihr eigenes Territorium ausüben konnten. Die Festigung der fürstlichen Macht setzte den, wie es die mittelalterlichen Juristen nannten, «Privatkriegen» ein Ende, und die Schriftsteller des

16. und 17. Jahrhunderts zogen eine eindeutige Trennlinie zwischen solchen Kriegen, die «vollkommene Staaten» untereinander führten, und solchen, die der Durchsetzung von Privatinteressen dienten und die, ihrer letzten feudalen Sanktionen verlustig gegangen, zu privaten Duellen oder Raubzügen herabsanken.

Die Entstehung «vollkommener» Staaten, der Aufstieg souveräner Fürsten, die von keiner höheren Autorität abhängig waren und ihre Regierungsmacht in allen Teilen des Landes geltend machen konnten, führte dazu, daß sich in ganz Europa politische Lehren verbreiteten, wie sie zuerst und seit langer Zeit in Italien vertreten worden waren, wo sich ein Staatensystem schon um die hundert Jahre früher entwickelt hatte. Diesen in nachdrücklichster Form bei Machiavelli ausgesprochenen Lehren zufolge konnten nur die Staaten allein über ihre eigenen Interessen entscheiden; gerecht war ein Krieg nach Machiavellis Worten, wenn er notwendig war, und es gab keine höhere Autorität über dem Staat, die über diese Notwendigkeit urteilen konnte. *Salus principis suprema lex.* Dieser Auffassung schlossen sich allmählich alle führenden europäischen Juristen an – Bodin in Frankreich, Gentili in Italien, Vitoria in Spanien. Wenngleich es, wie sie übereinstimmend meinten, gerechte und ungerechte Kriege, zulängliche und unzulängliche Ursachen für feindselige Handlungen gab, war der Fürst schließlich und endlich die einzige entscheidende Instanz, und gewöhnlich glaubten sich ohnehin beide Seiten im Recht.[2] Eine Versöhnung dieser Auffassungen mit älteren Konzeptionen von christlicher Einheit versuchte der große holländische Denker Hugo Grotius in seiner Studie ‹De Jure Belli ac Pacis›. Veröffentlicht im Jahre 1625, in der Mitte des achtzig Jahre währenden Krieges zwischen Spanien und den Vereinigten Provinzen der Niederlande, nahm dieses Werk die Existenz souveräner Staaten als gegeben hin, sah sie jedoch als aneinander gebunden an, nicht durch die Treuepflicht irgendeinem gemeinsamen Höheren gegenüber, sondern durch die Erfordernisse des Mit- und Nebeneinanderexistierens: durch ein aus dem Naturrecht abgeleitetes Völkerrecht, das verbindlich war ungeachtet dessen, daß es keinen Gerichtshof gab, der ihm Geltung verschaffen konnte. Dieses Recht allein entschied darüber, welche Kriegsgründe zulänglich und welche unzulänglich und welche Handlungen im Kriegsfall zulässig, welche unzulässig waren. Grotius schuf praktisch die Grundlagen einer Auffassung von internationalen Beziehungen, von Krieg und Frieden, nach der wir uns bewußt oder unbewußt noch heute richten.

Grotius schrieb 1625 aus dem eigenen Erleben eines nahezu ununterbrochenen Kriegszustands in Nordwesteuropa heraus. Anfang des 17. Jahrhunderts war dem Krieg der ritterliche Glanz, der ihm noch 100 Jahre zuvor innegewohnt hatte, vollständig abhanden gekommen: «Ich sah in den christlichen Ländern eine entartete Kriegführung, deren sich selbst rohe Völker geschämt hätten. Man greift aus unbedeutenden oder gar keinen Gründen zu den Waffen, und hat man sie einmal ergriffen, so wird weder das göttliche noch das menschliche Recht geachtet, gleichsam als ob auf Befehl die Wut zu allen Verbrechen losgelassen worden wäre.»[3] Es ist nun an der Zeit, genauer auf das Wesen dieser Kriegführung einzugehen, der Grotius gewisse Beschränkungen auferlegen zu können hoffte.

Auf ihr Hauptkennzeichen weist bereits der Titel dieses Kapitels hin. Gleich aus welchen Motiven die Kriege dieser Periode geführt wurden, ob über Erbschaftsstreitigkeiten oder, wie gegen Ende des 16. Jahrhunderts, über religiöse Glaubenskonflikte, ausgefochten wurden sie von einer weitgehend internationalen Klasse gedungener Heerführer, die auf rein kommerzieller Grundlage arbeiteten. Daran war nichts Neues, es war nur die Fortsetzung eines Prozesses, der, wie wir im vorigen Kapitel sahen, bereits im späten Mittelalter eingesetzt hatte; aber nunmehr war diese Art der Kriegführung systematisiert und vervollkommnet worden. Selbst dort, wo die feudale Ritterdienstpflicht überlebte, wie es in Frankreich im *ban* und *arrière ban* bis zum Beginn des 16. Jahrhunderts der Fall war, hatte die *noblesse* entweder ihre militärischen Neigungen verloren, oder sie zog es vor, materiellen Profit daraus zu schlagen. In der Tat war, wie wir bereits sahen, Frankreich das Land, in dem sich zuerst das Grundmuster dessen entwickelte, was dann im folgenden Jahrhundert als Berufsheer in Erscheinung treten würde. Die *gens d'armes* der im 15. Jahrhundert aufgestellten *compagnies d'ordonnance* und die ihnen entsprechenden Infanterie-»Legionen« des 16. Jahrhunderts, die Franz I. aufstellte und aus dem Thronschatz bezahlen ließ, waren nur ein kleiner Teil der Heere, die, in Frankreich ebenso wie anderswo in Europa, von militärischen Unternehmern ausgehoben, unterhalten und in die Schlacht geführt wurden, von Feldherren, die nur durch ein einziges Band mit ihrem Auftraggeber verbunden waren: durch die pünktliche und vollständige Bezahlung der vertraglich vereinbarten Summen.

Gedungene Söldnerführer dieser Art hatten auf der italienischen Halbinsel schon zwei Jahrhunderte lang Konjunktur gehabt, ehe sie nördlich der Alpen Tritt faßten. In Italien war der Adel, wie im vorigen Kapitel erwähnt wurde, infolge der durch die Investiturkriege bewirkten Zersplitterung der feudalen Strukturen auf sich selbst angewiesen, und die frühe Entwicklung einer städtisch geprägten Wirtschaft brachte den Rittern eine dankbare Kundschaft in Gestalt wohlhabender Stadtstaaten, die sich für gutes Geld ihre militärischen Dienste erkauften. Ferner gab es Truppen ausländischer Ritter, die im Gefolge deutscher Kaiser in den Süden gelangt waren oder im Brandungssog der letzten Kreuzzüge dorthin verschlagen wurden und die bereit waren, ihr Schwert jedem zur Verfügung zu stellen, der sie bezahlte, und jedem das Leben zur Hölle zu machen, der dies nicht tat. Zu den wildesten Banden dieser Art gehörte im 14. Jahrhundert die «Große Kompanie», die an die zehntausend Mann stark und von wahrhaft internationaler Zusammensetzung war; sie trat in den 16 Jahren zwischen 1338 und 1354 hervor und betrieb in großem Stil ein Geschäft, das man heute die Erpressung von Schutzgebühren nennen würde. Der «Großen Kompanie» folgte wenige Jahre später ein Heer von *routiers* nach, die nach dem Ende des Hundertjährigen Kriegs zwischen Frankreich und England 1361 brotlos geworden waren; sie ritten unter der Standarte des Engländers Sir John Hawkwood von Frankreich aus gen Süden und formierten sich zu der berühmten «Weißen Kompanie». Mochten diese Ausländer auch barbarisch sein, so fanden die Italiener doch zuweilen, daß sie als Mietlinge gewisse Vorteile gegenüber ihren einheimischen Kriegern boten, die nicht nur dazu neigten, ihre Auftraggeber zu betrügen, sondern auch selbst nach politischer

Macht trachteten. Indes, bis zum Ende des 14. Jahrhunderts hatten sich die Ausländer in die einheimische Aristokratie integriert, oder sie waren in ihre Heimat zurückgekehrt oder gestorben, und der *condottiere* war zu einer Institution geworden.

«*Condottiere*» bedeutet nichts anderes als «Vertragspartner»; der Ausdruck wurde von der *condotta* abgeleitet, dem Vertrag, den sie mit ihrem Auftraggeber schlossen und in dem die zahlenmäßige Stärke der Streitmacht, die sie zu stellen hatten, die Dauer des Dienstverhältnisses und der Tarif festgelegt waren, nach dem die Bezahlung erfolgen sollte. Es gab *condottieri* aller Schattierungen und Größenordnungen: von den Anführern kleiner Banden bis zu den Angehörigen großer Adelsfamilien wie der Gonzaga, der Este oder der Colonna, die zur Belohnung für ihre Dienste mit Land beschenkt oder belehnt wurden. Mancher konnte sich, wie Federico da Montefeltro in Urbino, als selbständiger Fürst etablieren und seinen Auftraggebern als selbständiger Partner entgegentreten, wobei die Verträge dann den Charakter von Vereinbarungen zwischen souveränen Mächten annahmen. Andere brachten es entweder zu einer politischen Vormachtstellung in dem Staat, in dessen Dienst sie traten, wie die Visconti und die Sforza in Mailand, oder sie wurden dort zu ständigen Militärberatern und zu Befehlshabern und Ausbildern der Bürgerwehren.

Die von den *condottieri* aufgestellten Truppen waren vorwiegend beritten; ihre kleinste Einheit bildete der einzelne gepanzerte Ritter mit seinem Gefolge von Knappe, Bube und Fußsoldaten mit Lanze oder Armbrust (beziehungsweise, gegen Ende des 15. Jahrhunderts, Arkebuse). Die Durchführung einer Schlacht wurde, insbesondere in den Händen von Experten wie Andrea Braccio und Francesco Sforza, zu einem ausgeklügelten Abtausch von Überraschungs- und Scheinangriffen, von taktischen Manövern und überfallartigen Attacken, von Finessen wie dem Zurückhalten von Kräften bis zum entscheidenden Augenblick. Taktik und Strategie reiften beinahe zu so etwas wie einer Kunstform heran. Die Auftraggeber jedoch forderten für ihr gutes Geld auch entscheidende Ergebnisse von einer Art, wie die *condottieri* sie ihnen zu liefern oft wenig Lust hatten. Wenn Machiavelli ihnen spöttisch bescheinigte, sie schlügen ihre Schlachten ohne Blutvergießen, so bestätigen die Tatsachen diesen Vorwurf nicht; gewiß gingen sie jedoch mit der allen Profis eigenen Vorsicht zu Werke, zumal ihre Profession große persönliche Investitionen zur Bereitstellung einer ausgerüsteten Truppe erforderte, die durch eine einzige übereilte Entscheidung möglicherweise aufs Spiel gesetzt, und die zu ersetzen einen ruinösen Preis kosten würde. Jedenfalls machten sie mit ihrer Gewieftheit und ihrer Unentschlossenheit eine schlechte Figur, als am Ende des 15. Jahrhunderts Bataillone Schweizer Pikeniere, französischer *gens d'armes* und spanischer *tercios* auf die Halbinsel einströmten und eine neue Verbissenheit und mit ihr auch einen neuen Grad des Blutvergießens auf die italienischen Schlachtfelder trugen.

Diese neue Phase war jedoch kurzlebig. Zwischen der Schlacht von Fornovo 1494 und der von Pavia 1525 kam es zu etwa einem weiteren Dutzend von Entscheidungsschlachten, aber danach verschwand der große Schlagabtausch für beinahe hundert Jahre von den Kriegsschauplätzen Westeuropas. Dafür lassen sich verschiedene Gründe anführen, beispielsweise die Weiterentwicklung des Festungswesens und der Feuerwaffen, worauf wir später zurückkommen werden; ein Faktor – und nicht der unbedeutendste – war aber auch die Ausbreitung eines militärischen Unternehmertums nach italienischem Vorbild nördlich der Alpen, und damit ging natürlicherweise der Wunsch einher, teure Gerätschaften möglichst zu schonen. Bei der Planung und Durchführung von Feldzügen trat das besonnene professionelle Kalkül an die Stelle des unbedingten Strebens nach Ruhm, das besonnene Kalkül von Männern, welche die von ihnen getätigten Investitionen in Waffen und Soldaten sich auszahlen sehen wollten, sei es, daß sie Wohlstand, politischen Einfluß oder Grund und Boden gewannen. Gewiß erforderte diese Art der professionellen Kriegführung Mut, Beharrungsvermögen und gelegentlich Opferbereitschaft; Feiglinge und Nichtskönner hatten im Kriegsgewerbe nichts zu suchen. Aber ein professioneller Feldherr bringt sich und die seinem Kommando Anvertrauten nicht in Lebensgefahr, wenn es einen anderen Weg gibt, das angestrebte Ziel zu erreichen; und das nicht unpraktischste Mittel, einen Feldzug erfolgreich zu Ende zu führen, bestand darin, ihn zu verlängern, eine Entscheidungsschlacht zu vermeiden und vom Land des feindlichen Herrschers zu leben, bis diesem das Geld ausging, seine Söldner desertierten und er zu den günstigsten Bedingungen, die er erlangen konnte, Frieden schließen mußte. Die Fahnenflucht der Schweizer aus dem Heer des Königs von Frankreich vor der Schlacht von Pavia 1525 und der Geldmangel, der die protestantischen deutschen Fürsten 1547 daran hinderte, Karl V. bei Mühlberg ein Heer entgegenzustellen, das stark genug gewesen wäre, ihn zu besiegen, illustrieren besonders nachdrücklich das beliebte Sprichwort jener Zeit: *pecunia nervus belli.*

Die allgegenwärtigsten und zeitweise auch gesuchtesten Söldner Europas waren die Schweizer, die, nachdem sie im 14. Jahrhundert mit Hellebarde und Pike die Unabhängigkeit ihrer Kantone erkämpft hatten, durch die wirtschaftliche Unergiebigkeit ihres Landes, wie wir gesehen haben, gezwungen waren, ihre militärischen Fertigkeiten in den Dienst derer zu stellen, die dafür zu zahlen bereit waren – wobei dies im Verlauf des 16. Jahrhunderts in zunehmender Ausschließlichkeit die Franzosen waren. Die Schweizer waren freilich Söldner von ganz besonderem Rang. Zunächst einmal war die Kriegführung für sie so etwas wie eine verstaatlichte Industrie. Die Aushandlung aller Verträge lag in den Händen der Kantonsverwaltungen, ebenso die Auswahl der Truppen, bei denen während der Feldzüge eine zänkische Demokratie von der Art regierte, wie man sie vielleicht bei einer erfolgreichen englischen Gewerkschaft finden kann. Dazu kam, daß die Schweizer hochspezialisierte Soldaten waren. Sie stellten ihre großen, spießbewehrten Phalangen, dazu Männer mit Schwert oder Hellebarde für den Nahkampf, und das war auch schon alles. Gewiß fügten sie später dieser Schlachtordnung ein paar Arkebusen und Kanonen zum Schutz ihrer Flanken hinzu, aber im Grundmuster blieben sie ihrer hergebrachten Technik treu. In dem Maße, wie die Schußwaffen wichtiger und die Formationen beweglicher wurden, veraltete daher die Pikenphalanx der Schweizer, unfähig, sich an neue Gegebenheiten anzupassen und daher bald in der Geschichte der Infanterie ein ebenso kurioses Fossil wie der englische Bogenschütze des späten Mittelalters. Die Kampfweise der Infanterie im 16. Jahrhundert sollte von deutschen und von spanischen Berufssoldaten geprägt werden.

Die großen Rivalen der Schweizer, die süddeutschen Landsknechte, vermochten sich leichter an die sich wandelnden Erfordernisse der Kriegführung anzupassen, und sei es nur, weil für ihre Anführer der Krieg und die mit ihm verbundenen Techniken ein rein geschäftliches Vorhaben darstellten und nicht etwa, wie der Tendenz nach bei den Schweizern, eine starre gesellschaftliche Institution. Auch die Landsknechte erwarben sich ihren Ruf mit der Pike, aber als das Schießen auf dem Schlachtfeld größere Bedeutung erlangte, stellten sie sich auch hierauf ein. Ihr Einzugsgebiet war sowohl sozial als auch geographisch breiter als das der Schweizer. Ursprünglich rekrutierten sich die Landsknechte aus dem süddeutschen Kleinadel und seinen Gefolgsleuten. Zu Beginn des 16. Jahrhunderts begannen einige dieser Ritter ihr Tätigkeitsfeld zu erweitern und vielfältiger zu gestalten, indem sie neben Pike und Schußwaffe auch Kavalleriekommandos und Artillerie aufstellten; zwar blieben deutsche Ritter – kleine Adlige ohne Land und Einkommen, die mit dem wachsenden Wohlstand und Prunk ihrer glücklicheren Nachbarn nicht mithalten konnten – bis zu jener Zeit die Hauptstützen dieser Streitkräfte, aber nach und nach zog es erfahrene Soldaten aller Klassen und aller Nationen zu ihren Fahnen. Ende des 16. Jahrhunderts war der Krieg zu einem internationalen Gewerbe geworden, und der Anteil der Adeligen in den Reihen der Söldnerheere nahm in dem Maße ab, wie die Truppen an zahlenmäßiger Stärke zunahmen und Abenteurer und Deklassierte aller Gesellschaftsschichten anzogen. Da der Söldner seine Waffen und seine Ausrüstung selbst stellen mußte, konnten die ganz Armen keine Aufnahme finden; war man aber erst einmal in Sold genommen, so besaß man als zäher, ehrgeiziger und bedenkenloser junger Mann eine gute Chance, auf der sozialen Leiter nach oben zu klettern. Mit einem regelmäßigen Sold konnte man nicht rechnen; aber wenn ein Mann unversehrt blieb von Seuchen und Schlachten, wenn er nicht von seinen Kumpanen beraubt wurde und sein Geld nicht vertrank oder verspielte, dann konnte er an Plündergut, Lösegeld

und Kriegsbeute vielleicht genug Kapital für die Gründung eines
eigenen Gewerbes zusammenraffen.

Dies war auf jeden Fall die Aussicht, die einen Mann dazu verlockte, sich als Söldner zu verdingen – ein Gewerbe, das am Ende
des 16. Jahrhunderts klassenlos, international und risikoreich geworden war. Der Söldner diente jedem beliebigen Herren: Evan-
gelische Deutsche kämpften frohgemut unter spanischer oder
französischer Flagge; italienische Spezialisten standen im Dienst
der englischen Königin oder der holländischen Republik – solange sie bezahlt wurden. Blieb ihr Sold aus, dann holten sie sich,
was sie zum Lebensunterhalt brauchten, und was sie sonst noch
bekommen konnten, von den Bauern oder Kaufleuten, in deren
Mitte sie einquartiert waren. Die Plünderung Antwerpens durch
spanische Truppen, die ihren Sold nicht erhalten hatten, im Jahre
1574 war nur das grausigste und spektakulärste Beispiel dafür,
welches Los zahlreiche Städte und Dörfer Nord- und Mittel-
europas im späten 16. und im 17. Jahrhundert traf, als die Heere
größer und schwerer kontrollierbar, ihre Besoldung unregelmäßiger wurde und sie mitsamt ihrem riesigen Versorgungstroß wie
Heuschreckenherden über das Land krochen und jede menschliche Siedlung zerstörten, die das Unglück hatte, auf ihrem Weg
zu liegen.

Nicht viele von diesen Glücksrittern brachten es zu Reichtum
und Macht großen Stils. Wie so oft, schnitten diejenigen am besten ab, die von der besten, das heißt höchsten Position aus ein-
steigen konnten. Die Männer, die den Armeen des frühen 17. Jahrhunderts ihren Stempel aufdrückten, waren von Hause aus adlig:
Marquis von Spinola, ein Genueser, der die militärischen Angelegenheiten des Königs von Spanien in den Niederlanden verwal-
tete; Graf Ernst von Mansfeld, der 1618 eine Streitmacht für den
glücklosen pfälzischen Kurfürsten aufstellte und sein Schwert
dann dem Meistbietenden zur Verfügung stellte; der böhmische
Graf Albrecht von Wallenstein, der nicht nur zum größten militärischen Unternehmer, sondern auch zum reichsten Mann Europas wurde und Gebiete von der Ostsee bis nach Böhmen unter
seine Herrschaft brachte, und dessen Industrien und Ländereien
in einer bis dahin nicht gesehenen Größenordnung Gerätschaften

und Versorgungsgüter für die kaiserlichen Armeen produzierten; oder Fürst Bernhard von Sachsen-Weimar, der zuerst für Schweden, dann für Frankreich Truppen aufstellte. Bernhards Beispiel ist besonders bezeichnend. Er wurde zum Prototyp für diejenigen deutschen Kleinfürsten, die ihren Wohlstand und ihren politischen Einfluß auf die Aushebung und Aufstellung kleiner, schlagkräftiger Heere und ihre Vermietung an mächtigere, zahlungswillige Nachbarfürsten gründeten. Mit denkbar größtem Erfolg betätigten sich auf diese Weise ein wenig später im gleichen Jahrhundert die Kurfürsten von Brandenburg und ihre Nachfolger, die Könige von Preußen.

Das interessanteste an diesen militärischen Großunternehmern war, daß es keinem von ihnen gelang, sein militärisches Gewicht in politische Macht umzumünzen. Wallenstein war am nächsten daran: Mit den riesigen Gütern, die er in Mecklenburg erwarb, hätte er, wäre er am Leben geblieben, vielleicht eine neue, legitime Dynastie begründen können, deren Besitztümer später einmal zu einem selbständigen Staat hätten werden können. Aber der Krieg währte zu lange und wogte zu unentschieden hin und her, als daß diese Protagonisten der internationalen Bühne sich als überdauernde Kräfte hätten etablieren können, und als 1648 der Friede geschlossen wurde, bestätigte dieser – vielleicht eher überraschend – als *de jure* souveräne Mächte nur diejenigen, die *de facto* schon zu Beginn der Kampfhandlungen in Deutschland dreißig Jahre früher existiert hatten.

Was ist über die Heere zu sagen, die diese Männer anführten? Im Grunde unterschieden sie sich nicht sehr von dem, das Karl VIII. 1494 nach Italien führte: Infanterie, teils mit Piken, teils mit Handfeuerwaffen ausgestattet, Kavallerie und Artillerie. Andererseits gingen in diesem Zeitraum innerhalb jeder dieser Waffengattungen so weitgehende Veränderungen vor sich, daß die Heere, die 1648 in Europa kämpften, mehr mit denen Marlboroughs und Friedrichs des Großen im 18. Jahrhundert gemein hatten als mit denen Franz' I. und Karls V. im sechzehnten. Diese Veränderungen beruhten nicht auf irgendwelchen umwerfenden technischen oder wissenschaftlichen Fortschritten, sondern eher auf kleinen Schritten nach dem Prinzip von Versuch und Irrtum, auf geringfügigen Verbesserungen in der Kunst der Waffenherstellung innerhalb eines sehr dauerhaften und begrenzten technischen Rahmens – der in seinen wesentlichen Grundlagen bis zu den industriellen Umwälzungen des 19. Jahrhunderts gleich blieb.

Die einschneidenste Erfindung des späten Mittelalters, die Handfeuerwaffe, brauchte lange, ehe sie das Geschehen auf dem Schlachtfeld zu verändern begann, und dies galt ganz besonders für die Artillerie. Gewiß hatten die schweren Geschütze auf den Belagerungskrieg einen tiefgreifenden und anhaltenden Einfluß, aber ihre Wirksamkeit als unterstützende Waffen für die Feldheere der Zeit war im Vergleich zu ihren erheblichen Kosten gering. Diese machten sich nicht nur als unmittelbare Anschaffungskosten geltend, sondern betrafen auch die problematischen Bedingungen ihres Einsatzes auf dem Schlachtfeld. Zum Transport der 18 Kanonen mit Zubehör und Bedienungspersonal, die der Herzog von Mailand 1442 stolz in die Schlacht führte, waren 522 Paar Ochsen und 227 Karren vonnöten. Die Franzosen ersetzten die Ochsen durch Pferde und die steinernen Kanonenkugeln durch eiserne, die größere Durchschlagskraft hatten, aber das Gerät als Ganzes blieb ungemein schwergewichtig. Gegen Ende des 16. Jahrhunderts ging man allgemein davon aus, daß ein einziges Geschütz 20 bis 30 Zugpferde benötigte, und weitere 40 für die zugehörigen Munitionskarren. Wie sich diese rumpelnden Kolonnen auf das Marschtempo eines Heeres auf den unbefestigten Straßen Europas auswirkten, ist leicht vorstellbar. Im Winter Krieg zu führen, war ein Ding der Unmöglichkeit.

Aber selbst wenn die Geschütze das Schlachtfeld erreichten, zahlte sich der Aufwand im Grunde nicht aus. Infolge ihrer Unbeweglichkeit mußten sie, sollten sie größtmögliche Wirkung entfalten, entweder vor der vordersten Linie der Infanterie oder in den Zwischenräumen zwischen ihren Formationen aufgestellt werden, von wo sie dann den feindlichen Truppen eine einzige donnernde Salve, einen «Gruß», entgegenschickten. Nun konnte eine solche Salve, sofern sie in die mehrere tausend Mann starken, linear aufgestellten gegnerischen Formationen einschlug, in der Tat eine verheerende Wirkung erzielen, weshalb es etwa den

Schweizern immer zuerst einmal darauf ankam, die feindlichen Geschütze zu überrennen, ehe diese ernstlichen Schaden anrichten konnten. Aber dank ihrer langen Ladezeiten und ihrer mangelnden Zielsicherheit – kombinierte Folge des Rückstoßes und des «Spiels», das die Kanonengießer vorsichtshalber zwischen dem Kaliber des Projektils und dem des Rohrs ließen – richteten sie oft gar keinen Schaden an. Wie Machiavelli ausführte: «Große Geschütze verfehlen die Infanterie unvergleichlich häufiger, als sie sie treffen, weil die Fußsoldaten ein so flaches Ziel bieten und die Artillerie so schwer auf ein Ziel einzustellen ist; sind die Kanonen auch nur ein bißchen zu hoch gerichtet, schießen sie übers Ziel; ein bißchen zu niedrig, und sie bekommen vorzeitig Berührung und gelangen nicht annähernd weit genug.» Ein englischer Autor sagte hundert Jahre später, 1604, dasselbe: «Schwere Artillerie richtet sehr selten oder nie Schaden an», solange die Infanterie «sich nach dem Abfeuern auf die Knie duckt, bis die Salve vorbeigeflogen ist.»[4] Gustav Adolf von Schweden sollte all dies ändern, wie vieles andere auch, aber das 16. Jahrhundert hindurch blieb die Infanterie die unbestrittene Königin des Schlachtfelds.

Kleine Feuerwaffen prägten dem Krieg rascher ihren Stempel auf. Gewehre waren billiger herzustellen und leichter zu handhaben als Armbrüste, und wenn sie auch keine vergleichbare Schußfolge erlaubten, so war doch ihre Trefferwirkung gegen gepanzerte Reiter nicht geringer zu veranschlagen. Anfang des 16. Jahrhunderts machte die Arkebuse der langen, schweren Muskete Platz. Diese hatte den Nachteil, daß sie eine Stützgabel benötigte und daß der Vorgang des Ladens und Abfeuerns langwierig und umständlich war; aber eine Musketenkugel konnte auf 300 Meter die stärkste Rüstung durchschlagen und leistete so unschätzbare Dienste gegen anstürmende Kavallerie. Die Engländer trennten sich erst kurz vor Ende des Jahrhunderts von ihrem geliebten Langbogen, der, wie seine Fürsprecher meinten, leichter und handlicher war als die Muskete und eine raschere Schußfolge erlaubte. Aber um einen guten Bogenschützen heranzubilden, bedurfte es eines langen und intensiven Trainings, und das war selbst in England immer seltener zu haben. Im Kampf gegen gepanzerte Reiter zogen es alle erfahrenen Feldherren vor, sich auf die durchschlagenden Schüsse der Musketiere zu verlassen.

Die Abwehr von Kavallerieangriffen war indes nicht die ursprüngliche Aufgabe der «Feuerschützen». Wie die Armbrustschützen, an deren Stelle sie traten, hatten die Gewehrschützen die Aufgabe, Unordnung und Unruhe in die gegnerischen Reihen zu bringen, ehe der große Schlagabtausch begann und sie sich hinter die schützenden Reihen der Pikeniere zurückzogen, die das wirkliche Geschäft des Kämpfens besorgten. Die Pikeniere waren es, die bereitstanden, die anstürmende Kavallerie zu empfangen, die mit der Spitze ihrer Piken die Pferde zum Stehen brachten, die Reiter mit den Haken ihrer Hellebarden herunterholten und ihnen mit dem großen Schwert den Rest gaben. Es waren die Formationen der Pikeniere, die beim Angriff vorrückten, zum Schlag der Trommel einen Schritt vor den anderen setzten und auf ihrem Weg niedermähten, was sich ihnen entgegenstellte. In allen Armeen des 16. Jahrhunderts außer einer einzigen war es der Mann mit der mächtigen Pike, der das größte Ansehen genoß.

Die Ausnahme war das spanische Heer, und da die spanischen *tercios* das 16. Jahrhundert hindurch und im ersten Drittel des 17. die Schlachtfelder Europas beherrschen sollten, war es eine bedeutsame Ausnahme. Die spanische Infanterie war in verschiedener Hinsicht ungewöhnlich. Zunächst einmal bestand sie ursprünglich aus Wehrpflichtigen: Durch den Erlaß von Valladolid wurde 1494 festgesetzt, daß jeder zwölfte Mann zwischen 20 und 45 Jahren zum bezahlten Dienst in der Heimat oder im Ausland herangezogen wurde. Diese Maßnahme war vergleichbaren Versuchen der Franzosen nachempfunden, ihren *gens d'armes* eine professionelle Infanterietruppe zur Seite zu stellen; aber während es den Franzosen trotz mehrerer Anläufe nicht gelang, vermochten die Spanier eine solide Kerntruppe geübter Berufssoldaten zu schaffen. Das von diesen gesetzte Niveau blieb bestehen, selbst nachdem das spanische Heer im späteren 16. Jahrhundert zu einer überwiegend aus Freiwilligen bestehenden Truppe geworden war. Seine Erfolge auf dem Schlachtfeld verdankten sich mindestens teilweise dem Umstand, daß es in Spanien nicht jene Tradition der schweren Kavallerie gab, von der die französischen Armeen seit den Tagen Karls des Großen geprägt waren. Die kahle Landschaft Spaniens eignete sich nicht zur Aufzucht von Kavalleriepferden. In der Zeit der *reconquista* hatte es lediglich berittene Krieger gegeben, die auf leichten, flinken Pferden allenfalls einmal ein Scharmützel lieferten. Die Tradition der spanischen Ritterschaft war nicht wie die der französischen und burgundischen ausschließlich chevaleresk im wörtlichen Sinn. Für einen jungen spanischen Adeligen war es daher keinesfalls ungewöhnlich, in die Infanterie einzutreten und in Reih und Glied zu dienen, wenn auch in den meisten Fällen wohl mit einem eigenen Diener und ein paar Pferden, die ihn und sein Gepäck auf dem Marsch trugen.

Als die Armeen Ferdinands von Aragon 1495 Neapel eroberten, um seinen Erbanspruch auf dieses Königreich zur Geltung zu bringen, verfügten sie ursprünglich nicht über die Piken und Arkebusen ihrer Gegner aus dem Norden, sondern waren, wie die Infanterie der italienischen Staaten, mit Schwert und Schild ausgerüstet. Dies brachte ihnen die Anerkennung von Bewunderern der klassischen Vorbilder wie Machiavelli ein, machte aber keinerlei Eindruck auf die Schweizer Pikeniere. Der spanische Befehlshaber Gonsalvo di Cordova paßte sich schnell an den neuen Stil an. Er beschaffte nicht nur Piken, sondern auch Arkebusen in größerer Zahl, als seine Gegner sie besaßen; und wie es Edward III. von England bei Crécy mit dem Langbogen getan hatte, verwandelte Cordova die Arkebuse aus einer den Angriff mit Störfeuer unterstützenden Hilfswaffe in eine entscheidende Verteidigungswaffe. Er bewerkstelligte dies, indem er sie in Verbindung mit mobilen Befestigungsanlagen einsetzte. Die Schlacht von Cerignola 1503 wurde zum Vorbild für viele spätere Feldschlachten. Die Spanier ließen ihre Gegner, sowohl die französische Kavallerie als auch die Schweizer Pikeniere, vergeblich gegen ihre befestigten Stellungen anrennen, und schossen sie einzeln mit ihren Arkebusen ab, bis sie so weit geschwächt waren, daß sie dem spanischen Gegenangriff nicht mehr standhalten konnten. Das triumphalste Beispiel war der Sieg Karls V. bei Pavia 1525, als Franz I. höchstpersönlich in Gefangenschaft geriet. Betrachtet

man die 31 Jahre zwischen der Schlacht von Fornovo 1494 und
der von Pavia 1525, so sieht man die Feuerwaffe in den Kämpfen
dieser Zeit aus einer reinen Hilfsrolle heraustreten und eine
zentrale und entscheidende Funktion erlangen; am Ende dieser
Entwicklung war die Arkebuse nicht mehr ein Anhängsel der
Pikenier-Formationen, vielmehr war es umgekehrt deren Hauptaufgabe geworden, die Schützen zu schützen. Dem trugen die
Spanier Rechnung, als sie 1534 ihre Infanterie reorganisierten und
in *tercios* zu je 3000 Mann aufstellten. Während es in den italienischen Kriegen die Regel war, daß auf sechs Pikeniere ein Musketier kam, war nun das Verhältnis ausgeglichen, und die Musketiere wurden als Spezialisten besser besoldet. Hier setzte ein
Prozeß ein, der damit enden sollte, daß die Pike nur noch in der
Form des Bajonetts, der auf die Muskete des Infanteristen auf-
gesteckten Stichwaffe, überlebte.

Nachdem es am Ende des 15. Jahrhunderts den Anschein gehabt hatte, als neige sich die Waagschale stark zugunsten der Offensive – mit der beweglichen Phalanx der Pikeniere, den großen
Geschützen, um die feindliche Gegenwehr wegzufegen, der Wiederbelebung des Sturmangriffs der Kavallerie –, hatte nun diese
Tendenz binnen 25 Jahren durch die Weiterentwicklung der Feuerwaffen und ihres Einsatzes auf dem Schlachtfeld eine entschie-
dene Umkehrung erfahren. Die beweglichen Truppenteile gerieten, wie es in solchen Perioden immer geschieht, an einen toten
Punkt. Die anstürmende Kavallerie sah sich nun von einem Wall
von Piken oder von Gräben und Barrikaden aufgehalten, und die
Reiter wurden von Musketieren niedergestreckt. Infolgedessen
verwandelten sie sich aus einem Instrument für den überfallartigen Angriff in eine bewegliche Schützentruppe. Das fing damit
an, daß der einzelne Kavallerist einen Arkebusenschützen als
«Soziusreiter» mitnahm. Später ermöglichte es die Erfindung des
Radschlosses, mit einer bereits geladenen Feuerwaffe zu reiten,
und eine Zeitlang verzichtete die Kavallerie auf die *arme blanche*
zugunsten der Pistole – einer Waffe, die freilich nur wirksam war,
wenn sie aus einer Entfernung von höchstens 5 Schritt abgefeuert
wurde. Um die Pistole dennoch wirksam ins Spiel bringen zu
können, entwickelte die Kavallerie die Taktik der *caracole*, bei der

eine Reiterreihe nach der anderen auf die feindliche Frontlinie
zuritt, aus nächster Nähe feuerte und dann nach links und rechts
abdrehte. Wir haben jedoch wenig Anhaltspunkte, zu glauben,
daß diese Taktik zu irgendeiner Zeit mit durchschlagender Wirkung angewandt worden ist.

All dies liefert uns zusätzliche Erklärungen für das Phänomen,
das wir bereits besprochen haben – das praktische Verschwinden
der großen Entscheidungsschlacht von den europäischen Kriegsschauplätzen in dem Jahrhundert zwischen der Schlacht von
Mühlberg 1547 und der von Breitenfeld 1631. Nennenswerte
Ausnahmen bilden lediglich die entscheidungslos abgebrochene
Schlacht beim holländischen Nieuwport im Jahre 1600 und die
allerdings sehr entscheidende Schlacht am Weißen Berg 1620, die
Böhmen als selbständigen Akteur auf der europäischen Bühne
ausschaltete. Was wir ansonsten sehen und auch noch bei der
Betrachtung der folgenden hundert Jahre sehen werden, ist eine
lange Reihe von Belagerungen, bei denen Schlachten, wenn sie
überhaupt stattfanden, nur Hilfsaufgaben für das Wesentliche,
die Einschließung bzw. Entsetzung befestigter Plätze, erfüllten.

Dies war nichts Neuartiges. Die Burg hatte die mittelalterliche
Kriegführung beherrscht, in deren Rahmen dem Belagerer ausschließlich Mittel zur Verfügung standen, die schon aus der klassischen Antike bekannt waren – Katapulte, Rammböcke, Leitern
und, als wirksamste aller Waffen, der Hunger. Die schwere Artil-
leriekanone schuf neue Bedingungen; und die Zerstörung der
Stadtmauern in Konstantinopel durch türkische Artillerie sym-
bolisierte in dieser – wie in so vieler anderer – Hinsicht das Ende
einer langen Ära in der Geschichte der westlichen Zivilisation.
Die hohen Mauern, errichtet, um dem Ansturm mit Leitern zu
widerstehen, die noch höheren Wachtürme, gebaut, um die Umgebung zu beherrschen, sie waren auf mitleiderregende Weise
wehrlos gegen die ihre Grundfesten erschütternden Kanonenkugeln. Karl VIII. mußte 1494 nur wenige italienische Festungen
belagern; der bloße Ruf, der seiner Artillerie vorauseilte, machte
sie übergabewillig.

Die Antwort wurde indes schnell gefunden. Gegen Feuer half
nur Feuer. Zunächst improvisierten die Verteidiger: Sie bauten

ihre eigenen Kanonen so auf, daß sie durch Öffnungen in den
Außenwänden schießen konnten – wie Kanonen auf einem
Kriegsschiff – um die Angreifer auf Distanz zu halten. Hatte die
Artillerie der Belagerer eine Bresche geschlagen, schütteten sie
Erdwälle auf und bemannten sie. Dann begannen sie den zwei-
schneidigen Vorteil der freien Sicht zugunsten des praktischeren
Vorteils der tiefgestaffelten Verteidigung zu opfern. «Unsere
erste Sorge ist», schrieb Machiavelli, «daß wir unsere Mauern
krumm und versetzt bauen, mit verschiedenen Wölbungen und
günstigen Empfangsplätzen, so daß der Feind, wenn er sich zu
nähern versucht, sowohl von seiner Flanke als auch von vorn her
angegriffen und zurückgeworfen werden kann.»[5] Dies führte zur
Entstehung des «Basteiengrundrisses», des Nebeneinanders vor-
springender Basteien und zurückgesetzter Mauern, so angelegt,
daß jeder Ansturm auf die Mauern oder auf eine Bastei mit Feuer
von der Flanke oder von hinten beantwortet werden konnte.
Die Mauern selbst würden niedriger gebaut, um dem feindlichen
Geschützfeuer ein kleinstmögliches Ziel zu bieten, und von innen
her mit Erdwällen verstärkt. Um die Burg herum wurde ein
Graben ausgehoben, der selbst mit Kanonen bestrichen werden
konnte und vielleicht durch weitere Außenwälle geschützt war;
und jenseits davon lag ein ebenes, kahlgeschlagenes Glacis, bei
dessen Überquerung jeder Angreifer sich dem konzentrierten
Feuer aller Verteidiger aussetzen mußte.

Zuerst im letzten Jahrzehnt des 15. Jahrhunderts von den italienischen Städten *ad hoc* improvisiert, verbreiteten sich Festungsanlagen dieser Art im Lauf der folgenden fünfzig Jahre
über ganz Europa, Gebot sowohl des öffentlichen Prestiges als
auch der militärischen Notwendigkeit – besonders wenn man italienische Fachleute wie Sanmichele oder Sangallo als Baumeister
verpflichten konnte. Ursprünglich als örtliche, städtische Verteidigungsanlagen entstanden, begannen sie sich später zu jenem
System der fortlaufenden Grenzbefestigung zu entwickeln, wie
es Vauban in Frankreich und Coehorn in den Niederlanden am
Ende des 17. Jahrhunderts aufbauten. Die Könige von Frankreich
machten Metz zu einer einzigen gigantischen Festung, die als
Sperriegel an der Einfallstraße von Deutschland ins Innere ihres

Landes ohne Übertreibung als direkte Vorläuferin der Maginot-Linie gelten kann. Die Vereinigten Niederländischen Provinzen schufen aus Wasserläufen und Festungen einen Sperrgürtel, den die Spanier achtzig Jahre lang vergeblich zu durchbrechen versuchten und der heute als eine ebenso selbstverständliche Grenze gilt wie der Ärmelkanal. Diese Festungen konnten nicht im Sturm genommen werden; und ebensowenig konnten sie von einem Heer einfach umgangen werden, denn dessen Nachschubkolonnen wären dann den Angriffen ihrer Besatzung wehrlos ausgeliefert gewesen. Sie mußten entweder weiträumig abgeschirmt werden, wofür eigens Truppen abgestellt werden mußten, so daß die Hauptstreitmacht geschwächt wurde, oder aber man mußte sie belagern, ein Vorgang, der, ohne in jedem Fall zu einer Erstürmung zu führen, sehr viel Zeit in Anspruch nahm – und für die Armeen des letzten Jahrhunderts bedeutete Zeit Geld, und Geld bedeutete, Truppen zu haben oder nicht zu haben.

Als die italienischen Kriege 1529 zu Ende waren, hatten Experten wie Pedro Navarro und Prospero Colonna die Grundzüge einer zeitgemäßen Belagerungstechnik entwickelt. Um sich vor dem Feuer der Verteidiger zu schützen, griffen die Belagerer zum Spaten. Zunächst legten sie um die Festung herum, knapp außerhalb der Reichweite der Abwehrbatterien, einen Einschließungsgraben an. Von diesem aus trieben sie Gräben in Richtung der Festung vor, und zwar in Zickzacklinien mit so spitzen Winkeln, daß die Gräben von der Festung her nicht längsseits bestrichen werden konnten. Entlang diesen Gräben wurden in Abständen verdeckte Geschütze aufgestellt. Waren die Gräben bis zum Rand des Glacis vorgetrieben, trieben Sappeure Stollen bis unter die Festungsmauern und füllten sie mit Sprengstoff; die Belagerten konterten mit eigenen Stollen und Sprengkörpern. Wenn es so weit war, fuhren die Belagerer ihre Geschütze offen auf und konzentrierten ihr Feuer auf den Punkt, wo sie eine Bresche zu schlagen planten, ließen ihre Minen hochgehen und stürmten zum Angriff. Bis es zu diesem Höhepunkt kam, konnten Wochen der Vorbereitung und des Grabenkampfes vergehen. Die Erfahrungen, die Onkel Toby in Sternes ‹Tristram Shandy› in Flandern machte – ja selbst die der Soldaten an der Westfront im Ersten

Weltkrieg –, wären den Söldnern nicht fremdartig vorgekommen, die im 16. Jahrhundert in Italien oder im 17. in den Niederlanden kämpften. Diese Art des Grabenkrieges, langwierig, gefährlich, mörderisch, sollte für mehr als 200 Jahre das tägliche Brot des europäischen Soldaten bleiben.

Dies alles – die Ausbreitung der Festungen, das Übergewicht der Defensive auf dem Schlachtfeld, die Kostspieligkeit von Söldnertruppen und die professionelle Vorsicht ihrer militärischen Führer – erklärt, warum die Kriege in Europa über hundert Jahre lang so langwieriger und unentschiedener Natur waren, warum sie schwelten wie nasses Holz, das Land, dem sie wie eine chronische Seuche anhafteten, nach und nach aussaugten und zerstörten – ein Land, das sich mit dieser Seuche gleichmütig, wenn auch verzweifelt abgefunden hatte –, warum sie niemals als Katalysatoren für die Entstehung neuer politischer Ordnungsstrukturen wirkten. Im Dreißigjährigen Krieg erreichte die Kriegführung einen Höhepunkt der Brutalität und Sinnlosigkeit; Zeugnis legen davon ab die Radierungen von Callot und die Prosa von Grimmeishausen mit ihrem schwarzen Humor. Die Söldnertruppen mußten sich, um überhaupt überleben zu können, auf Kosten der Zivilbevölkerung ernähren. Zivilisten wiederum mußten sich, wenn ihr Haus verbrannt und ihre Familie hingeschlachtet war, um überhaupt überleben zu können, als Söldner verdingen. Einen Soldaten dieser Epoche konnte man treffend als einen Mann beschreiben, der sein Leben dafür gab, etwas zum Leben zu haben. Seine Lebensbedingungen waren kein bißchen besser als die der Bauern, die unter ihm litten. Die Armeen befanden sich beständig im Zustand der Verflüssigung: Tod, Verwundung, Krankheit, Absonderung und Fahnenflucht ließen sie zusammenschmelzen; ihre Bewegungen waren nicht mehr von strategischen Gesichtspunkten bestimmt, sondern von der Suche nach noch nicht ausgeplünderten Gebieten. Es war eine Zeit, in der der Krieg sich jenseits aller rationalen Kontrolle zu verselbständigen schien, ja gar kein «Krieg» mehr zu sein schien, wenn man darunter die gewaltsame Durchsetzung politischer Ziele im Namen einer allgemein anerkannten Autorität versteht, vielmehr zu einer umfassenden, anarchischen

und sich selbst erzeugenden Herrschaft der Gewalt degene-
rierte.

Dieser Beschreibung entsprachen die Zustände in allen westeuropäischen Heeren mit einer großen Ausnahme – den Armeen
der Vereinigten Niederländischen Provinzen; daß sie eine Ausnahme bildeten, hatte einen ganz einfachen Grund: Sie wurden
regulär versorgt und regelmäßig bezahlt. Wer seine Truppen das
ganze Jahr hindurch bezahlen konnte, statt sie je nach Umständen und Notwendigkeit aufzustellen und wieder aufzulösen, der
konnte sie auch disziplinieren, trainieren, sie drillen, kurz gesagt, sie zu *Berufssoldaten* machen. Aber dazu mußte man über
ausreichende und regelmäßige Geldeinkünfte verfügen. Geld
aber in der nötigen Menge konnte nur aus dem Handel kommen.
Daher mußten, ehe der Krieg zu einer Angelegenheit für professionelle Söldnerheere werden konnte, die nicht weniger gewalttätigen Kämpfe der Kaufleute ausgefochten werden, deren
Schauplatz der ganze Globus war.

3. Die Kriege der Kaufleute

Im vorigen Kapitel wurde angedeutet, wie und warum im Europa des 16. Jahrhunderts der Reichtum eines Fürsten und seine militärischen Möglichkeiten Hand in Hand gingen: *pecunia nervus belli*, oder, wie die Fanzosen es nicht weniger lakonisch formulierten: *pas d'argent, pas de Suisses*. Zu Beginn des 17. Jahrhunderts fiel es den Fürsten jedoch zunehmend schwerer, das Geld zur Besoldung ihrer Schweizer und, in deren Nachfolge, ihrer internationalen Söldnerheere aufzutreiben. Entgegenkommende Bankiers wie die Fugger, die Welser und die Hochstetter, die Karl V. und Franz I. die Feldzüge finanziert hatten, waren von ihren zahlungsunfähigen königlichen Gläubigern in aufsehenerregende Konkurse getrieben worden.[1] Noch hatten die Fürsten nicht das bürokratische System der Steuereinziehung entwickelt, das sie zu dauerhaften Teilhabern am Wohlstand ihrer Untertanen machen sollte. Und noch hatten auch diese Untertanen nicht den Wohlstand erreicht, der zur Finanzierung jener langwierigen, sich entscheidungslos hinziehenden Kriege erforderlich war, die, wie wir gesehen haben, auf die spektakulären Kriegszüge des frühen 16. Jahrhunderts folgten. Ob ein europäischer Fürst in der Lage war, einen Krieg zu führen und damit im Besitz politischer Macht zu bleiben, hing vom 17. Jahrhundert an zunehmend davon ab, ob er Zugang zu den aus der außereuropäischen Welt zu holenden Reichtümern bzw. zu den Einkünften des Handels besaß, die sich letzten Endes auch von jenem Reichtum herleiteten.

Es herrschte in der Tat eine beständige Wechselwirkung zwischen der Ausweitung der überseeischen Handelstätigkeit der Europäer und den kriegerischen Auseinandersetzungen, die sie untereinander führten. Die wirtschaftliche Expansion lieferte neue Mittel zur Austragung dieser Konflikte, während diese wie-

derum ein nicht unwesentliches Motiv für jene Expansion bildeten. Ursprünglich jedoch war die Ausdehnung der europäischen
Handelstätigkeit jener noch älteren und noch grundlegenderen
Konfrontation zwischen den Kräften des Christentums und
denen der islamischen Welt entsprungen, die das ganze späte Mittelalter über auf der iberischen Halbinsel ausgetragen worden
war – und die auch noch im Gange war, als im 15. Jahrhundert
mit dem erfolgreichen Angriff der osmanischen Türken auf die
letzten Überreste des byzantinischen Christentums im östlichen
Mittelmeerraum und ihrem Vordringen über den Balkan bis
ins Herz Europas eine neue Phase dieses Konflikts einsetzte. Bei
aller Konzentration auf die Geschehnisse in Westeuropa dürfen
wir nicht vergessen, daß der Kampf zwischen dem Islam und dem
Christentum, diesen beiden großen kriegerischen Kulturen, in
Osteuropa erst im 18. Jahrhundert zum Stillstand kam.

Im westlichen Mittelmeerraum waren es zunächst die Portugiesen, die im Verlauf ihrer Kriege gegen die Mauren zu Beginn
des 15. Jahrhunderts in Nordafrika Fuß faßten und durch päpst-
liche Bullen die Legitimation erhielten, Sarazenen, Heiden und
andere dem Christentum feindlich gesonnene Ungläubige anzugreifen und zu unterwerfen, ihnen ihre Besitztümer und ihr
Land zu nehmen und sie selbst auf unbegrenzte Zeit zu Sklaven
zu machen. Im Rahmen eines Kreuzzuges nach mittelalterlichem
Muster schickte Heinrich der Seefahrer seine Erkundungsmann-
schaften die afrikanische Nord- und Westküste entlang auf die
Suche nach Seelen, Sarazenen, Sklaven, Gold (das er brauchte, um
weiterhin «die Herren seines Hofstaats unterhalten zu können»)
und nach jenem geheimnisvollen potentiellen Verbündeten gegen
die Ungläubigen, Priester Johannes – dem legendären christlichen
König in Afrika, der vielleicht Beistand für seinen eigenen Kampf
gegen die Heiden benötigte und der, so hoffte man wenigstens,
seinen europäischen Glaubensbrüdern zu Hilfe kommen würde,
wenn er erst einmal von ihrer Existenz erfuhr.

Die Spanier trieben, den Kampf des Christentums gegen den
Islam fortsetzend, eine kaum weniger direkte Expansionspolitik
als die Portugiesen. Die Kämpfe auf der iberischen Halbinsel hatten die kriegerische Ritterschaft Kastiliens hervorgebracht. Für

den kastilischen Ritter war der Krieg eine Lebensauffassung, ebenso die Eroberung und die Besiedlung jener Gebiete im spanischen Süden, die man durch die fortlaufende Zurückdrängung der Moslems im 13. und 14. Jahrhundert zurückeroberte. Doch am Ende des 15. Jahrhunderts war Granada, jener letzte elegante Vorposten der maurischen Zivilisation in Europa, genommen und das gesamte Gebiet Spaniens nach 700 Jahren dem Christentum zurückgewonnen. Beinahe im gleichen Moment eröffneten die Entdeckungen von Christoph Kolumbus und seinen Nachfolgern den Weg zu neuen Welten jenseits des Meeres, die sich der Eroberung durch das kastilische Schwert und der Bekehrung durch das christliche Kreuz boten. Nach fünf Jahrhunderten des religiösen Krieges konnte der kastilische Adel nicht von heute auf morgen zu einem friedlichen Dasein bekehrt werden. Gewinn, Abenteuer, Ruhm, Seelenheil und vor allem Land – all dies verlockte nun die *conquistadores* dazu, sich nach jenseits des Ozeans zu wenden. Und als sie in der Neuen Welt ankamen, eroberten sie sie auch – weniger, weil sie über Waffen verfügten, die denen der einheimischen Bevölkerung überlegen gewesen wären, sondern weil sie mit herrischem Selbstvertrauen auftraten, weil sie als geborene Reiter schnell und beweglich waren, und weil sie sich durch Zähigkeit und Fanatismus auszeichneten. Sie waren die letzten Nachkommen der kriegerischen Nomaden, die 1000 Jahre zuvor über Europa hereingebrochen waren: Nomaden, die jetzt das Kreuz mit sich führten und segeln gelernt hatten.

Es gab darüber hinaus auch eher weltliche Rivalitäten im Mittelmeerraum: zwischen den Kaufleuten der Levante und Italiens einerseits, die über ein komfortables Monopol für den einträglichen Seiden- und Gewürzhandel mit dem Orient verfügten, und denen des westlichen Mittelmeers andererseits, die eifrig jede Gelegenheit wahrnahmen, dieses Monopol zu durchbrechen. Die Expeditionen der Portugiesen entlang den afrikanischen Küsten, ursprünglich von Heinrich dem Seefahrer in der Absicht initiiert, das Christentum zu verbreiten, hatten spätestens nach 1480 das neue, ausdrückliche Ziel, einen zweiten Handelsweg nach Osten zu finden und den Anschluß an den Handelsverkehr des Indischen Ozeans herzustellen; und dies gelang im letzten Jahr des

15. Jahrhunderts Vasco da Gama. Der Handel an den Küsten des Indischen Ozeans, der seit alter Zeit bestand und sehr rege war, lag fest in den Händen von Arabern und Indern, die auf Eindringlinge schlecht zu sprechen waren. Es ist kaum anzunehmen, daß die Portugiesen sich an der Westküste Indiens hätten festsetzen und halten können – geschweige denn auf der malayischen Halbinsel und auf den Gewürzinseln des indonesischen Archipels, wo sie im Lauf der folgenden zwei Jahrzehnte mit erstaunlicher Geschwindigkeit Fuß faßten –, hätten sie nicht über jenes so überzeugende Argument oder vielmehr Instrument verfügt, jene *ultima ratio mercatorum* und auch *regum*: die Kanone.

Die Kanone war, wie wir gesehen haben, nur ein einzelnes Element der Entwicklung des Landkrieges in der Epoche der Renaissance, und zwar bei weitem nicht das wichtigste. Aber für die Entwicklung des Seekriegs spielte sie eine entscheidende Rolle. Bis zum 15. Jahrhundert war der Krieg zur See nur eine Spielart des Landkrieges gewesen. Bei einer Schlacht war es das erklärte Ziel, am feindlichen Schiff anzulegen, es zu entern und seine Mannschaft zu überwältigen. Das beste Kriegsschiff war daher, wie in der ganzen Antike, die mit Rudern ausgestattete Galeere, die im Antrieb unabhängig von Wind und Gezeiten war und bewaffnete Kräfte an Bord hatte, die das feindliche Schiff entern und kapern konnten. Handelsschiffe, die einen möglichst großen Laderaum benötigten und daher als Segler gebaut wurden, waren windabhängig, vergleichsweise unbeweglich und daher als Kriegsschiffe ungeeignet, es sei denn im Kampf gegen ein anderes Handelsschiff. Als im 14. Jahrhundert die ersten leichten Kanonen aufkamen und die Segler sich damit ausrüsteten, geschah dies vermutlich, um sich bei Angriffen anderer Segelschiffe besser verteidigen zu können. Diese Kanonen waren Hinterlader, die eine steinerne Kugel ein paar hundert Meter weit schleudern konnten, und als solche eine wertvolle Ergänzung zu den Armbrustschützen, aber auch nicht mehr. Wie die Armbrustschützen waren auch sie auf hohen Aufbauten an Bug und Heck des Schiffes aufgestellt, so daß sie auf die Decks der feindlichen Schiffe und nötigenfalls, sollte es zu einem Enterversuch kommen, auf das eigene Deck hinabfeuern konnten.

Dann jedoch kam im 15. Jahrhundert das schwere Geschütz auf. In einem einzigen Stück aus Bronze gegossen, hielt es weit stärkere Ladungen aus und konnte Geschosse größeren Kalibers abfeuern. Eine 60pfündige Eisenkugel konnte noch auf eine Entfernung von mehr als 300 Metern nicht nur Menschen zerfetzen, sondern auch Masten knicken, Takelwerk zerstören und Deckböden durchschlagen. An den Bordseiten aufgestellt und auf einmal abgefeuert («Breitseite»), konnten diese Geschütze ein Schiff sogar zum Sinken bringen. Sie waren zu schwer, als daß man sie hätte auf dem Bug- und Heckaufbau aufstellen können, aber wozu dies überhaupt tun, wenn man mit konzentriertem Geschützfeuer den Feind ohnehin daran hindern konnte, sich zu nähern und einen Enterversuch zu machen? Daher wird verständlich, daß die Feuerkraft im Laufe des 16. Jahrhunderts, wie zu Lande, so auch zur See allmählich an die Stelle des massierten Sturmangriffs trat. Im 17. Jahrhundert war sie zur See wie zu Lande zum beherrschenden Element der Kriegführung geworden. Mit Kanonen, die auf einem ebenen Unterdeck in Reihe aufgestellt waren, konnte sich selbst ein Handelsschiff gegen eine Kriegsgaleere, bei der Geschütze nur an Bug und Heck unterzubringen waren, halten oder gar durchsetzen. Das führte dazu, daß sich für längere Zeit der Unterschied zwischen Kriegsschiffen und Handelsschiffen nahezu völlig verwischte. Er sollte sich im 18. Jahrhundert wieder herstellen, als die Geschützbestückung zum entscheidenden Moment wurde und die Kriegsschiffe so viele Geschütze tragen mußten, wie ihre Decks fassen konnten, wollten sie ihren Platz in der Schlachtordnung behaupten; aber vorerst einmal waren die Verhältnisse so, daß es sich kaum lohnte, ein Schiff überhaupt auslaufen zu lassen, wenn es nicht zugleich Ladung transportieren *und* kämpfen konnte. Es war eine Epoche, in der Krieg, Entdeckung und Handel nahezu austauschbare Ausdrücke waren.

Es war nur natürlich, daß ein Schiff, das in unbekannte Gewässer segelte, um unbekannte Völker zu entdecken und mit ihnen Handel zu treiben, bewaffnet auslief, und ebenso natürlich war es, wenn die ersten Handelspioniere die Stützpunkte, die sie sich errichtet hatten, durch den Bau von Festungen schützten, sei es vor ihren europäischen Rivalen oder vor unvorhergesehenen Meinungsänderungen seitens ihrer einheimischen Handelspartner, und unabhängig davon, ob sie die Absicht hatten, Gebiete zu besetzen. Das portugiesische Kolonialreich im Osten bestand zunächst lediglich aus verstreuten Handelsstützpunkten. Aber die Portugiesen mußten ihre Besitzungen und Verkehrswege ebenso schützen wie die Spanier ihr Reich in der Neuen Welt mit seinen riesigen binnenländischen Besitzungen; und dies galt für die Portugiesen erst recht, als ihre europäischen Konkurrenten anfingen, ihnen auch auf hoher See und jenseits der Meere feindselig gegenüberzutreten. Denn nicht nur der Krieg zwischen Christen und Ungläubigen konnte in die Welt getragen werden, sondern auch der Krieg zwischen Christen und Christen; und wenn die Katholiken Spaniens und Portugals in einer Mischung aus religiösem Fanatismus und Habsucht, gleichermaßen auf der Jagd nach Seelen wie nach Gold, die Hände nach der östlichen und der Neuen Welt ausstreckten, dann konnten dies ihre protestantischen Feinde ebenso, zumal als in der zweiten Hälfte des 16. Jahrhunderts aus den dynastischen Konflikten in Westeuropa die großen Religionskriege hervorgingen.

Es wäre wahrscheinlich ohnehin nur eine Frage der Zeit gewesen, bis Abenteurer aus dem nordwestlichen Europa den Spaniern und Portugiesen ihr Monopol streitig gemacht hätten. Denn hier waren weitgehend die gleichen gesellschaftlichen Kräfte am Werk, die auch die kastilischen Adeligen dazu getrieben hatten, ihr Glück jenseits der Meere zu suchen. Die innere Befriedung beraubte die weniger begüterte Ritterschaft ihrer traditionellen Beschäftigung: des Kriegführens; die Geldentwertung machte es ihr unmöglich, den gewohnten Lebensstandard aufrechtzuerhalten; die Erbgesetze sorgten entweder dafür, daß der Grundbesitz einer Familie durch stete Teilung in unrentable Parzellen zerfiel oder daß er dem ältesten Sohn vorbehalten blieb und die jüngeren darauf angewiesen waren, ihr Glück, wenn nicht mit dem Verstand, so mit dem Schwert zu machen. Dies waren in Mitteleuropa die Männer, die zu Söldnerführern wurden. Diejenigen, die in Reichweite der Küsten lebten, die Kleinjunker aus der Normandie, der Bretagne, aus Devon, Cornwall, Holland und Zeeland, Provinzler, die in großem Abstand von den Königshöfen lebten und ohnehin viel zu arm waren, um dort ihr Glück machen zu können, wandten sich der Seefahrt zu. Es war vermutlich die gleiche Kombination historischer Kräfte, die diese Männer dem Protestantismus zuneigen ließ; und die Tatsache, daß sie überzeugte Protestanten waren, machte es ihnen zu einer gerne übernommenen Pflicht, in «privater» Mission die Monopole zu brechen, die Spanier und Portugiesen mit Billigung und Unterstützung des Papstes beanspruchten. Die französischen Religionskriege, der Befreiungskrieg der Niederlande, die Erinnerung an die Marianischen Verfolgungen in England, all dies war für den hugenottischen, holländischen oder englischen Kleinadel Motiv genug, Schiffe auszurüsten; und wenn sie auch nicht immer einen Kaperbrief vorweisen konnten, so doch in jedem Fall Kanonen, so daß sie es wagen konnten, verbotenen Handel und Schmuggel von und nach Spanisch-Westindien zu treiben oder gar kurzerhand spanische Schiffe zu kapern. Bei den Familien Westenglands wurden, wie K. R. Andrews es so nett gesagt hat, «die Begriffe Protestantismus, Patriotismus und Profit praktisch gleichbedeutend».[2] Das gleiche hätte sich über den Kleinadel von Zeeland und die *Hobereaux* von La Rochelle und Umgebung sagen lassen. Solide Geschäftsleute, geachtete Höflinge, ja die Königin von England selbst, alle waren sie bereit, in diesem Gewerbe mitzumischen, das im letzten Drittel des 16. Jahrhunderts zu einer höchst ergiebigen Goldgrube wurde. Und als sich 1580 die Krone Portugals mit der Spaniens vereinigte, wurde auch das gesamte portugiesische Weltreich von Westafrika bis Ostindien zur Jagd freigegeben.

Die Jäger waren zunächst einmal die Holländer. Für die in einem mit wachsender Bitterkeit geführten Befreiungskampf gegen die spanischen Armeen stehenden Vereinigten Provinzen waren die verstreuten und nur unzulänglich geschützten portugiesischen Besitzungen im wahrsten Sinne des Wortes Gold wert. Den Handel des portugiesischen Reichs an sich zu bringen, bedeutete nicht nur, daß man der spanischen Krone eine dringend benötigte Reichtumsquelle abschnitt, sondern auch, daß man dem eigenen Land die Mittel zur Fortführung seines Kampfes lieferte. Die frühen holländischen Handelsexpeditionen nach Ostindien in den 90er Jahren des 16. Jahrhunderts warfen Dividenden von bis zu 400 Prozent ab. 1602 wurde die Ostindische Kompanie gegründet, die nach und nach die Portugiesen von den meisten ihrer Handelsstützpunkte am Indischen Ozean und in Ostindien verdrängte. Der zwölf Jahre während Waffenstillstand mit Spanien von 1609 bis 1621 war für die holländischen Pionierkaufleute in der Tat eine unwillkommene Unterbrechung ihrer ansonsten ungestörten erfolgreichen Fischzüge. In dem Augenblick, als es damit zu Ende war, gründeten sie eine Westindische Kompanie, um mit ihr das geschlossene Handelssystem aufzubrechen, das die Portugiesen in den hundert Jahren davor im südatlantischen Raum aufgebaut hatten. Die Hauptelemente dieses Systems waren der Kauf von Gold und Elfenbein in Westafrika, der Transport von Sklaven – unter barbarischen Bedingungen – von Afrika nach Brasilien, wo sie auf den Zuckerrohrplantagen arbeiteten, und der Import des dort gewonnenen Zuckers nach Europa. Die Holländer ließen sich auf brasilianischem Boden in einen unklugen und langwierigen Landkrieg gegen die Portugiesen ein, der sie sehr teuer zu stehen kam; als Portugal sich aber 1640 wieder von der spanischen Krone löste und um Frieden ersuchte, legten sowohl die Ostindische als auch die Westindische Kompanie Einspruch gegen einen Friedensschluß ein. Die Direktoren der ersteren begründeten dies damit, daß «die Ehrenwerte Kompanie durch den Kampf gegen die Portugiesen groß geworden war und sich aus diesem Grunde nun ein Monopol über den größten Teil des Seehandels in Asien gesichert hatte; und daß sie mit einem durchschnittlichen jährlichen Gewinn zwischen 7 und 10 Millionen rechnete; und daß dieser genannte Gewinn, wenn es ihnen gestattet würde, in derselben Weise weiterzumachen, von Jahr zu Jahr steigen würde.»[3] Für die Holländer war der Krieg, wie für andere Kaufleute jenes Zeitalters, eine erfreulich gewinnträchtige Sache.

Wir dürfen freilich den Beitrag, den diese überseeischen Unternehmungen zum wachsenden Wohlstand der Holländer im 17. Jahrhundert leisteten, nicht überschätzen. Nur 0,2 Prozent aller holländischen Handelsschiffe waren am Ostindienhandel beteiligt, und das westindische Abenteuer war den soliden Amsterdamer Ratsherren nie ganz geheuer.[4] Die Hauptdomäne des holländischen Handels war noch immer die Ostsee, und der innereuropäische Handel war für ihre Wirtschaft so wesentlich, daß sie auch während der ganzen Dauer ihres 80jährigen Krieges gegen Spanien ungerührt fortfuhren, auf ihren Schiffen den Nachschub zu transportieren, mit dem die Spanier die Kriegsflotte versorgten, die den spanischen Handel vor den holländischen Angriffen schützte. Dies versetzte die Holländer in die Lage, das Geld zu verdienen, mit dem sie die Streitkräfte finanzierten, die ihre Grenzen gegen die spanischen Truppen verteidigten. Es war ein Wechselverhältnis, das den Zeitgenossen ebenso rätselhaft erschien wie der Nachwelt, aber es funktionierte zur beiderseitigen Zufriedenheit.

Dennoch, der holländische Überseehandel war unbestreitbar gewinnträchtig: Nach 1634 zahlte die Ostindische Kompanie regelmäßig zwischen 12½ und 50% Dividende. Und zusammen mit anderem trug dies zu dem Wohlstand bei, der die Vereinigten Provinzen zu einer so erfreulichen Oase in der Einöde machte, die Europa durch den Dreißigjährigen Krieg geworden war; ein Wohlstand, der den Holländern hinter ihren Grenzflüssen und Festungen Sicherheit verschaffte, der sie in die Lage versetzte, ihre Truppen zu bezahlen, zu disziplinieren und zu professionalisieren, und der ihnen den Neid neuer habgieriger Seemächte eintrug, die in ihrem Kielwasser Kräfte sammelten.

Als verständige Kaufleute neigten die Holländer dazu, ihre Geschäfte dort zu machen, wo sie leichtes Spiel hatten; so brachen sie sich nicht die Zähne an den immer imposanteren Festungen aus, die die Spanier auf den Philippinen oder in Westindien errichteten. Denn die Spanier waren im Gegensatz zu den Portugiesen kein Händlervolk. Die Konquistadoren waren nach Mexiko und Peru gegangen, um sich dort niederzulassen, um zu missionieren und zu herrschen, und ihre Besitzungen lagen zu weit im Landesinneren, als daß sie sich durch Übergriffe ketzerischer Seefahrer hätten bedroht fühlen müssen. Aber sie waren auch gekommen, um nach jener weit edleren Verkörperung des Reichtums zu suchen, die die Wunschträume eines an Geldmangel leidenden mittelalterlichen Europa angeregt hatte – nach Gold. Und wenn sie davon auch nicht sehr viel fanden, so fanden sie doch Silber in bis dato unvorstellbaren Mengen, Silber, mit dessen Hilfe Spanien eine Generation lang Europa beherrschen und das die Wirtschaftssysteme der westlichen Länder von Grund auf verändern sollte.

Die Flotten, die diese wertvolle Fracht nach Europa brachten, reizten für nahezu hundert Jahre die Gier der Feinde Spaniens, nicht nur wegen des verlockenden Wertes, den sie selbst darstellten, sondern weil man, indem man ihnen den Weg verlegte, den Spaniern offenbar ihre wirtschaftliche Schlagader abbinden konnte. Dies war die Strategie, die Männer wie Hawkins und Essex der Königin Elisabeth so beredt nahelegten: «Der Schaden, den unser Staat ihm (dem König von Spanien) zuzufügen versuchen sollte», mahnte Essex, «besteht darin, ihm seine Schatzschiffe abzujagen, wodurch wir ihm den Lebensnerv abschneiden und mit seinem eigenen Geld Krieg gegen ihn führen.»[5] Aber dies war viel leichter gesagt als getan. Für den Holländer Piet Heyn war es ein, freilich wohlverdienter, Glücksfall, als er 1628 die gesamte spanische *flota* bei Mantanzas zu überraschen und zu kapern vermochte und dadurch Spaniens Kredit in Europa und seinen Karibikhandel auf Jahre hinaus kaputtmachte. Aber ansonsten erwiesen sich die sporadischen, riskanten, schlecht geplanten und glücklosen Versuche einer ganzen Legion von Freibeutern verschiedensten Gepräges, angefangen von Hawkins, angesichts der wohlüberlegten professionellen Sorgfalt, mit der die Spanier ihre Silbertransporte schützten, als vergeblich. Nur noch einmal, dreißig Jahre später, wurde die Schatzflotte überrumpelt: 1657, als sie der überlegenen professionellen Planung und der organisierten Flottenmacht von Admiral Robert Blake zum Opfer fiel.

Die wirklichen Gewinnmöglichkeiten lagen, was Westindien betraf, im Schmuggel und in der Seeräuberei. Den Freibeutern des 16. Jahrhunderts folgten im 17. Jahrhundert in der Karibik praktisch fest niedergelassene Piraten, die unter jeder Flagge, die ihnen zupaß kam, handelten und raubten. Die ersten englischen und französischen Siedlungen in der Karibik waren nichts weiter als Stützpunkte, von denen aus ihre Freibeuter operieren konnten. Die Holländer lieferten ihnen Schiffsausrüstungen und technisches Wissen und boten für ihre Ware einen sicheren Markt. Engländer und Franzosen ließen sich auch weiter nördlich, in Kanada, Neuengland und Neufundland nieder, und ihre Auseinandersetzungen in diesen unerschlossenen Breiten lieferten den innereuropäischen Reibungen des frühen 17. Jahrhunderts zusätzlichen Zündstoff. Vorläufig jedoch, für weitere hundert Jahre, blieb die Karibik im Zentrum der Aufmerksamkeit; denn allmählich wandten sich Engländer und Franzosen vom Schmuggel ab und – in erbittertem Konkurrenzkampf untereinander und gegen die Holländer – der Kultivierung einer neuen Reichtumsquelle, dem Zucker, zu.

Die Holländer waren, wenn sie einmal in das Handelssystem einer konkurrierenden Macht eingebrochen waren, gewöhnlich bereit, ihren Gewinn mit jedem, selbst mit ihren Todfeinden, zu teilen, solange für sie noch etwas abfiel. Engländer und Franzosen hingegen bemühten sich, geschlossene, antagonistische, einander ausschließende Handelssysteme aufzubauen, von denen, wie sie glaubten, das eine nur auf Kosten des anderen florieren konnte. Wie der französische Minister Jean-Baptiste Colbert 1670 in erfrischender Offenheit an Ludwig XIV. schrieb: «[Euer Majestät] hat es unternommen, einen Geldkrieg gegen alle Staaten Europas zu führen, sie hat bereits Spanien, Italien, Deutschland, England und einige andere erobert, wo dieser Krieg großen Mangel und Not hervorgerufen hat, und hat sich durch ihre Ausplünderung bereichert. Nur Holland fehlt noch …»[6] In seinen Augen konnte Frankreich nur auf den Trümmern seiner Rivalen zu Macht und Reichtum emporsteigen. Und diese Lehre wurde in der zweiten Hälfte des 17. Jahrhunderts überall in Europa zum Dogma.

Nach dem Ende des Dreißigjährigen Krieges wurde daher aus der Verbindung von religiösem Eifer, räuberischer Beutegier und ehrlichem kommerziellen Gewinnstreben, die in den zwei Jahrhunderten davor als bewegendes Motiv hinter den Expansionsbemühungen und maritimen Rivalitäten der Europäer gestanden hatte, eine systematische und unverhüllte Auseinandersetzung zwischen einzelnen Staaten um die Vorherrschaft im Welthandel – eine Auseinandersetzung hauptsächlich zwischen Holländern, Engländern und Franzosen. Die Beherrschung des Handels wurde deswegen als wünschenswert angesehen, weil der Handel neben dem Wohlstand einzelner Kaufleute auch die Macht des Staates erhöhte – und diese Macht konnte, setzte man sie zum Schutz und zur Förderung des Handels ein, wiederum mehr Wohlstand schaffen. «Welche Nation auch immer», schrieb ein Engländer 1651, zur Zeit des ersten Navigation Act, «den stärksten Handel und die größte Zahl von Schiffen in Bewegung zu setzen und aufrechtzuerhalten vermag, sie wird die Vorherrschaft auf den Meeren gewinnen und behalten und daher auch über den größten Herrschaftsbereich unter allen Nationen der Erde gebieten.»[7] Und die Nation, die, besonders nachdem der Westfälische Friede von 1648 ihren achtzigjährigen Krieg gegen Spanien beendet hatte und sie sich ungestört auf die Seefahrt konzentrieren konnte, über den größten Anteil am Handel und die größte Zahl von Schiffen zu verfügen schien, war die holländische.

Zwischen den Holländern und Engländern bestand, wenigstens in den Augen der Zeitgenossen, ein direkter und unüberbrückbarer Interessenkonflikt. Streitereien über Fischrechte oder Fragen des Vorrangs auf hoher See waren bloße Vorwände. Das Hauptmotiv geht aus dem General Monck zugeschriebenen Satz hervor, mit dem er auf die Frage geantwortet haben soll, mit welcher Begründung man eine Kriegserklärung gegen Holland rechtfertigen solle: «Es kommt nicht auf diesen oder jenen Anlaß an. Was wir wollen, ist ein größerer Anteil an dem Handel, den jetzt die Holländer haben.»[8] So kam es auf dem beengten Raum der Nordsee zu drei Seekriegen, in denen die holländische und die englische Flotte aufeinandertrafen – unter dem Strich ohne entscheidendes Ergebnis – und ihre ersten Lektionen in einer durchdachten Strategie und Taktik des Flottenkriegs lernten: taktisch, wie man blutige Nahgefechte vermied, die keine eindeutige Entscheidung brachten, sondern statt dessen in Schlachtlinie Stellung behielt und so die Wirkung der Kanonen maximal zur Geltung brachte; strategisch, welchen Wert die Seeblockade als Mittel zur Ausübung direkten Drucks auf Regierung und Volk des Feindlandes besaß.

Die Franzosen ließen nicht lange auf sich warten: «Nur Holland fehlt noch», hatte Colbert in der von uns bereits zitierten Denkschrift bemerkt, «und es kämpft mit großen Reserven: seinem Handel mit dem Norden, der ihm so viele Vorteile gewährt und seinen Flotten und seiner Seefahrt ein so hohes Ansehen verschafft; seinem Ostindienhandel, der ihm jedes Jahr 12 Millionen in bar einbringt; seinem Handel mit Cadiz und mit Guinea und mit einer unendlichen Zahl anderer Partner, worin seine Stärke besteht und ruht ... Dieser Krieg, der nur durch Geist und Kraft entschieden wird und bei dem der Siegespreis die Schädigung der mächtigsten Republik Europas sein muß, kann kein rasches Ende finden. Oder, um es besser zu sagen, er sollte eines der Hauptanliegen Eurer Majestät Ihr ganzes Leben lang sein.»

Es ist denkbar, daß Colbert absichtlich eine betont militärische Sprache führte, um die Aufmerksamkeit eines Königs zu erringen, der den Krieg als «die würdigste und angenehmste Beschäftigung des Herrschers» betrachtete, aber er stellte in freilich verschärfender Ausdrucksweise lediglich fest, was sowohl bei den Staatsmännern als auch bei den Kaufleuten des ausgehenden 17. Jahrhunderts im allgemeinen als ausgemacht galt: daß der Handel eine Form des Krieges war. Der Krieg war, um Clausewitz abzuwandeln, eine Fortsetzung des Handels mit anderen, zusätzlichen Mitteln. Nirgendwo sollte diese Auffassung rührigere Verfechter finden als im England des frühen 18. Jahrhunderts, zu einer Zeit, als dieses Land Holland aus der Stellung der führenden europäischen Handelsmacht verdrängte. Wir finden britische Kaufleute, die 1745 angesichts der Möglichkeit eines Friedensschlusses mit Frankreich und Spanien in ebenso große Unruhe gerieten wie die Holländer hundert Jahre früher bei der Aussicht auf Frieden mit Spanien und Portugal. «Vom wahren und allgemeinen Interesse dieser Königreiche [Großbritannien] her betrachtet», erklärte einer von ihnen, «ist es besser, wenn wir im Zustand des Krieges mit ihnen bleiben – eines ausschließlich zur See geführten Krieges – als wenn wir Frieden schließen ... Unser Handel im allgemeinen wird im Zeichen eines kraftvoll und gut geführten Seekrieges besser florieren als in jeglichem Zustand des Friedens, der einen freien Verkehr mit diesen beiden

Nationen erlauben würde.» Ein anderer zeitgenössischer Autor
forderte die Regierung auf, «den Handel und die Schiffahrt unserer nie untätigen Feinde so zu bedrängen, daß sie in Zukunft nicht
mehr in der Lage sind, einen einträglichen Handelswettbewerb
mit uns weiterzuführen, wie sie es schon zu lange getan haben.»[9]
Wenn Colbert den Handel als ein Mittel zur Stärkung der Staatsmacht sah, dann sahen die Kaufleute in der Macht des Staates,
insbesondere in seiner Flottenmacht, ein notwendiges Mittel zur
Ausweitung ihres Handels.

Die ganze merkantilistische Argumentation besaß in der Tat
eine theoretische Eleganz und Kohärenz, die auch nicht, wie so
viele elegante wirtschaftstheoretische Argumente, von der Praxis
widerlegt wurde. Der Handel brachte Wohlstand hervor; der
Wohlstand konnte, falls die Regierung sich ihren Teil daran verschaffte, in Flotten und Heere umgesetzt werden; Flotten und
Heere wiederum stärkten, wenn sie vernünftig ausgerüstet und
geführt wurden, die Macht des Staates. Wie der englische Schriftsteller Charles Davenant am Ende des 17. Jahrhunderts feststellte:
«Die gesamte Kriegskunst reduziert sich heutzutage auf Geld;
der Fürst, dem es am besten gelingt, Geld für die Ernährung, Einkleidung und Besoldung seines Heers aufzutreiben, und nicht
der, der die tapfersten Truppen hat, kann sich heutzutage des
Erfolgs und der Eroberung am sichersten sein.»[10] Und im Laufe
des kriegserfüllten Vierteljahrhunderts zwischen 1689 und 1713,
als die Engländer und die Holländer zusammen mit ihren kontinentaleuropäischen Verbündeten in beinahe beständigem Kampf
gegen das Frankreich Ludwigs XIV. lagen, in einem Kampf sowohl um Wohlstand als auch um Macht, war es letzten Endes der
längere Atem, über den die Seemächte bei der Mobilisierung ihrer
natürlichen und insbesondere ihrer finanziellen Kraftquellen verfügten, der den Ausschlag gab. Der Bank von England und dem
englischen Schatzamt, in der Tat dem gesamten Mechanismus der
Anleihenaufnahme und Kreditbeschaffung, der sich im Rahmen
der Kriegsfinanzierung entwickelte, muß mindestens ebensoviel
Verdienst an dem schließlichen britischen Sieg in diesem wie in
allen nachfolgenden Kriegen zugesprochen werden wie etwa der
Kriegskunst eines Marlborough und dem professionellen Kön-

nen der Land- und Seestreitkräfte. Es war wenig sinnvoll, eine große Schlacht zu riskieren – oder selbst zu gewinnen –, wenn man danach nicht mehr die Mittel besaß, den Krieg im folgenden Jahr weiterzuführen.

Daß es den europäischen Regierungen in zunehmendem Maße gelang, den nationalen Reichtum unter ihre Kontrolle zu bekommen oder wenigstens für ihre Zwecke anzuzapfen und aus ihm Mechanismen zu gestalten – Verwaltungen, Steuersysteme, Streitkräfte –, die ihnen die weitere Ausdehnung ihrer Kontrolle über die Bürger ihres Staates erlaubten, darin müssen wir eine der zentralen Entwicklungen der historischen Epoche sehen, die im letzten Drittel des 17. Jahrhunderts einsetzte und bis in unsere Zeit hinein andauert. Im 18. Jahrhundert beschleunigte sich dieser Vorgang immer mehr, in der Zeit davor jedoch verlief er sehr schleppend. Der Grad seines Fortschreitens läßt sich an vielen Dingen deutlich ablesen, unter anderem an der allmählichen Vervollständigung der staatlichen Kontrolle über die Mittel der Kriegführung – und damit über jenes gewalttätige Element innerhalb der europäischen Gesellschaft, das sich, wie wir im vorigen Kapitel gesehen haben, in der ersten Hälfte des 17. Jahrhunderts praktisch jeder Kontrolle entzogen hatte und sich selbst reproduzierte, so daß der Historiker weniger von «Krieg» oder «Kriegen» als vielmehr (um Sir George Clarks Ausdruck zu borgen) von einer *mêlée* sprechen muß.[11]

Dieser Ausdruck hätte ebensogut für den Seekrieg wie für den Landkrieg gepaßt. Im 16. Jahrhundert war der Betrieb einer Flotte eine noch kostspieligere Angelegenheit als der Unterhalt eines Landheers. Eine Armee konnte *ad hoc* angeheuert oder ausgehoben und nach Beendigung eines Feldzugs wieder entlassen oder aufgelöst werden – und so wurde es auch gehandhabt. Nun konnte man zwar auch Seeleute je nach Lage der Dinge anheuern und wieder entlassen, aber Schiffe mußten gebaut und in Schuß gehalten werden, ob Krieg war oder nicht. Die erforderlichen Investitionen waren enorm. Eine Flotte setzte eine Infrastruktur von Werften und Docks, Schiffsbauern, Lotsen, Kartographen, Geschützfachleuten voraus – also nichts anderes als den Kernbestand eines ständigen, regulär finanzierten, professionellen militärischen Dienstleistungssektors. Samuel Pepys und Colbert taten sich schwer genug, im späten 17. Jahrhundert eine solche Infrastruktur zu schaffen und das Geld zu ihrer Finanzierung aufzutreiben. Hundert Jahre früher wäre dies praktisch ein Ding der Unmöglichkeit gewesen. Silber aus Amerika erleichterte den Spaniern die Aufgabe bis zu einem gewissen Grad, aber die Elisabethanische Regierung stürzte unter ihrer Last in den Bankrott. Als die Stuarts der Royal Navy durch eine Wiederbelebung der Schiffbausteuer wieder auf die Beine zu helfen versuchten, lösten sie damit einen heillosen Verfassungskonflikt aus.

Wie sich eine Flottenmacht verschaffen, wenn man nicht über die Mittel verfügte, ihren Aufbau zu bezahlen? Alle europäischen Fürsten bedienten sich derselben Methode: der Ausgabe von «Kaperbriefen», die privaten Schiffen die Befugnis erteilten, Schiffe einer feindlichen Macht auf offener See zu stellen und Prisen zu nehmen, von deren Ertrag der Fürst seinen Anteil kassierte. Der Freibeuter war insofern so etwas wie das maritime Gegenstück des *condottiere*. Aber vom Freibeuter, der Kaperbriefe vorweisen konnte, laut denen er befugt war, die Schiffe feindlicher Fürsten anzugreifen, zum Piraten, der nur Kanonen vorweisen konnte und jedermann angriff, dessen er habhaft werden konnte, war nur ein kleiner Schritt. Und von der letzteren Sorte gab es weitaus mehr. 1595 klagte ein spanischer Beamter in Westindien darüber, daß «in den letzten vier Jahren ... die Korsaren so zahlreich und aktiv sind, als seien dies Häfen in ihrem eigenen Land ... Nicht ein Schiff, das von draußen kommt, entgeht ihnen, und auch keins, das den Hafen verläßt, kommt an ihnen vorbei.»[12] Aber auch im Indischen Ozean war die Seeräuberei nicht minder im Schwange, und die großen holländischen oder portugiesischen Handelsschiffe mit ihrer unschätzbar wertvollen Fracht wurden häufig aufgebracht; desgleichen in der Nordsee und im Ärmelkanal, wo von Dünkirchen aus operierende Freibeuter fast ungehindert ihr Gewerbe trieben; und die Piraten der Berberküste übten ihre Schreckensherrschaft nicht nur im Mittelmeer, sondern im ganzen östlichen Atlantik aus und suchten auf der Jagd nach Beute und Galeerensklaven gelegentlich die englische Südküste heim. Das frühe 17. Jahrhundert erlebte in der Tat «die Herausbildung weiträumiger ungeordneter, barbarischer Konfliktzonen, durch die sich nur die äußerst gut Gerüsteten oder aber die äußerst Unauffälligen mit einiger Zuversicht bewegen konnten.»[13]

Dieses Problem wurde – sehr allmählich – in dem Maße beseitigt, in dem die Regierungen die Herrschaft über die Stützpunkte gewannen, von denen aus die Seeräuber operierten. Nach 1650 stellten englische, holländische, spanische und französische Verwaltungsbeamte in Westindien ihre Differenzen hintan und machten gemeinsame Sache gegen die Piraterie, und gegen Ende des Jahrhunderts hatten sie sie nahezu beseitigt. Aber ihre Kontrolle erstreckte sich nicht auf die Küsten Nordafrikas, von denen aus weiterhin, bis ins 19. Jahrhundert hinein, Korsaren ihr Unwesen trieben. Der europäische Kaufmann hatte mithin, ob er nun die Gefahr suchte oder nicht, gelernt, mit ihr zu rechnen, und rüstete seine Schiffe mit Waffen aus.

Auch der Freibeuter überlebte als Waffenträger des Staates bis ins 19. Jahrhundert; er verlor seinen Wert in dem Maße, wie die Schiffe wendiger und ihre Geschütze stärker wurden, bis er beim Aufkommen der eisengepanzerten Kriegsschiffe praktisch von der Bildfläche verschwand. Aber als Waffe im Handelskrieg behielt er seinen Wert bis zu den napoleonischen Kriegen, besonders wenn er so großzügig unterstützt und ermutigt wurde, wie dies von Seiten Frankreichs im spanischen Erbfolgekrieg zwischen 1701 und 1714 der Fall war.

In diesem *«guerre de course»* wurde das Colbertsche Prinzip, Verfügbarmachung privatwirtschaftlicher Hilfsquellen für die Politik des Staates, mit logischer Konsequenz und mit Erfolg durchgeführt, wobei nach einem ausgeklügelten Plan jenes anderen großen französischen Strategen, Sebastien le Prestre de Vauban, vorgegangen wurde. Die französischen Freibeuter wurden in einem lockeren Verband zu einer staatlich beaufsichtigten Handelskompanie zusammengeschlossen. Das Kapital kam von privaten Anlegern, während die Krone die Schiffe bereitstellte, sie aus königlichen Arsenalen ausstattete, die Seeleute rekrutierte und sie militärischer Disziplin unterwarf. Die so präparierten Handelsschiffe arbeiteten eng mit der königlich-französischen

Flotte zusammen. Die Kriegsschiffe griffen britische und holländische Schiffskonvois an und zwangen sie zur Auflösung, und die
zerstreuten Schiffe wurden zur leichten Beute für die Freibeuter.
Diese wiederum arbeiteten auf breiter Front, um so den Feind
zu zwingen, Maßnahmen zum Schutz seines Seehandels zu ergreifen, die so viel Aufwand erforderten, daß es sich für ihn
nicht mehr lohnte, diesen Handel überhaupt weiterzuführen. Ihr
Hauptoperationsgebiet lag zwar im Kanal und in der Nordsee –
aber «sie fuhren auch bis Spitzbergen, um den Walfang der Holländer zu unterbinden, bis zu den Azoren, um den Brasilien-
handel der Portugiesen abzuschneiden, bis nach St. Helena, um
holländische und englische Frachten aus dem Fernen Osten abzufangen.»[14] Die sorgfältig geplanten und aufwendig ausgerüsteten Expeditionen eines Jean Bart, eines de Forbin oder eines
Duguay Trouin waren von ganz anderem Zuschnitt als die sporadischen Handstreiche Drakes und Hawkins' hundert Jahre
zuvor.

Aber die interessantesten Beispiele für die staatliche Förderung
privater Geschäftsunternehmen in der Absicht, den Reichtum
und die Macht des Staates zu erhöhen, waren die konzessionier-
ten Kompanien, deren älteste und langlebigste die englische Ostindische Kompanie war, die im Jahr 1600 gegründet wurde. Die
Holländer hatten zwei Jahre später mit einer eigenen Ostindi-
schen Kompanie und 1621, wie wir weiter oben sahen, mit einer
Westindischen Kompanie nachgezogen. Die verschiedenen im
frühen 17. Jahrhundert zur Besiedlung Nordamerikas gegründeten englischen Kompanien mit ihren Gerichten und Gouverneu-
ren, mit ihrer freien Befugnis, Verhandlungen mit fremden Herrschern zu führen, Krieg zu erklären oder Frieden zu schließen,
Garnisonen einzurichten, Rüstungsgüter zu kaufen und Heere
und Flotten aufzustellen, waren europäischen Kleinfürstentü-
mern vergleichbar. Die Franzosen folgten dem Beispiel der Holländer und Engländer erst später, aber dafür, zumal als Colbert
die Bühne betrat, mit leidenschaftlichem Engagement. Waren die
Kompanien der Holländer und Engländer vor allem Interessengemeinschaften zur Erzielung privaten Reichtums, von dem sich
der Staat auf die eine oder andere Weise einen erklecklichen An-

teil sicherte, so waren die französischen Kompanien, deren kleinsten Schritt Colbert persönlich mit Argusaugen überwachte, ganz eindeutig als direkte Instrumente und Agenten der französischen Staatsmacht konzipiert. Die französische Ostindische Kompanie wurde, mit ihrem Hauptstützpunkt auf Madagaskar, 1664 gegründet, um im Indischen Ozean als Mitbewerberin aufzutreten. Im gleichen Jahr gründeten die Franzosen auch ihre Westindische Kompanie, deren Geschäftstätigkeit sich von Westafrika über die Karibik bis nach Kanada hinauf erstreckte. Die Compagnie du Nord wurde mit der Absicht ins Leben gerufen, die Holländer aus dem Ostseehandel zu drängen, die Kompanie der Levante, um das Mittelmeer zu beherrschen. Colbert beschrieb diese Kompanien ganz ohne Umschweife als Armeen, aufgestellt, um jenen Krieg – insbesondere gegen die Holländer – zu führen, in dem er die Lebensaufgabe seines Königs, Ludwigs XIV., sah. Und vielleicht war gerade die Tatsache, daß sie zu ausdrücklich als Instrumente der Staatsmacht fungierten und daß sie von der Zentrale dieser Staatsmacht aus so argwöhnisch überwacht wurden, der Grund, warum sie nicht annähernd so erfolgreich florierten wie ihre holländischen und britischen Konkurrentinnen.

Diese letzteren fuhren bis ins 19. Jahrhundert hinein fort, jenseits der Meere als selbständige Akteure im Weltgeschehen mitzumischen, Krieg führend, Frieden schließend und vor allem Gewinne machend. Dann förderte die Erschließung Innerafrikas die Entstehung einer neuen Generation konzessionierter Kompanien, deren Aktivitäten – dirigiert von solch zwiespältigen Figuren wie König Leopold II. von Belgien und Cecil Rhodes – dieses Phänomen bis fast in unsere Tage hinein überleben ließen; ja eigentlich bis in die aktuelle Gegenwart hinein, denkt man an die Aktivitäten der *Union Minière* in Katanga.

Aber spätestens vom 18. Jahrhundert an gerieten zumindest die kriegerischen Aktivitäten dieser Großunternehmen, wie auch die der kleinen Freibeuter, zunehmend unter die Kontrolle des Staates und in Abhängigkeit von ihm. Die Flotten der europäischen Mächte waren zu vollkommen regulären Streitkräften geworden; ihre Schiffe wurden in königlichen Werften erbaut, von Berufsoffizieren befehligt, nach strategischen Typen kategorisiert und spezialisiert, und ihre Operationen wurden in Übereinstimmung mit einer zentral geplanten Strategie koordiniert und kontrolliert. Ein wesentliches Element jeder solchen Strategie war gewiß noch immer die Behinderung des Handelsverkehrs des jeweiligen Feindlandes zum Nutzen des eigenen: Geleitschutz und Handelsblockade sollten im Kriegsfall stets Hauptaufgabe und Hauptbeschäftigung der englischen Royal Navy bleiben. Aber es geht nicht an, aus diesem Grund den großen Kampf um die Seeherrschaft, den Frankreich und England einander mit wenigen Unterbrechungen zwischen 1741 und 1815 lieferten, als nichts weiter als einen neuen «Krieg der Kaufleute» zu kennzeichnen. Und Männer wie Boscawen und Hawke, Rodney und Nelson sahen sich selbst durchaus nicht als Söldnerführer, die ihre Dienste dem Staat gegen Bezahlung zur Verfügung stellten und einen Teil der Kriegsbeute einstrichen, wenngleich das «Prisengeld» ein hochgeschätzter Bestandteil der seemännischen Einkünfte blieb. Sie waren und sahen sich selbst als Berufsoffiziere; und wofür sie kämpften oder zu kämpfen glaubten, das war, wie sie es nannten, ihr «Land»: sein Ansehen, sein Wohlstand, seine Größe, seine Macht. Am Ende des 18. Jahrhunderts waren *Professionalismus* und *Patriotismus* zu wesentlichen Attributen der zwischen den Staaten Europas geführten Kriege geworden.

4. Die Kriege der Profis

Vom 18. Jahrhundert an wurden die europäischen Kriege von professionellen Streitkräften geführt, wie sie uns aus unserer Gegenwart vertraut sind. Die Offiziere dieser Streitkräfte zeichneten sich nicht in erster Linie durch die Zugehörigkeit zu einer Kriegerkaste aus, die im Zeichen von Ehrbegriffen oder feudalen Verpflichtungen kämpfte; und sie waren auch keine bloßen Vertragspartner, die sich und ihre Söldner jedem Zahlungswilligen zur Verfügung stellten. Sie waren Diener des Staates, der ihnen regelmäßige Beschäftigung, reguläre Bezahlung und Aufstiegschancen garantierte, und widmeten sich diesem Dienst für den Staat oder vielmehr für ihr «Land» (um einen gefühlsmäßigeren Ausdruck zu benutzen), gleich ob im Frieden oder im Krieg. Erst die Herausbildung dieser Vollzeit-Berufssoldaten als einer eigenen gesellschaftlichen Gruppe führte zu einer eindeutigen Scheidung der «militärischen» von den «zivilen» Elementen der Gesellschaft.

Es war ein allmählicher und ungleichmäßiger Prozeß, der zur Entwicklung dieser gesellschaftlichen Gruppe führte. Im preußischen Offizierskorps blieben feudale und selbst vorfeudale Auffassungen von einer persönlichen Verpflichtung gegenüber dem «Kriegsherrn» bis ins 20. Jahrhundert hinein wirksam. Das französische Offizierskorps bestand bis zur Revolution von 1789 noch zum allergrößten Teil aus streitbaren und ungebärdigen Adligen, mit denen die staatliche Militärverwaltung einen beständigen Kleinkrieg führen mußte. Die Entwicklung der britischen Armee von einem Konglomerat selbständiger und heterogener Regimenter zu einer zentralisierten und vereinheitlichten Streitmacht ist selbst heute noch längst nicht abgeschlossen. Doch die wesentlichen Grundzüge waren um 1700 ausgebildet: ein Staatsapparat, verantwortlich für und fähig zur Unterhaltung eines

stehenden Heers in Kriegs- und Friedenszeiten – eines Heers, das
bezahlt, ernährt, ausgerüstet und eingekleidet werden mußte; und
eine hierarchisch klar gegliederte Truppe mit einer unverwechsel-
bar eigenen Subkultur, abgehoben vom Rest der Gesellschaft
nicht nur durch ihre Funktion, sondern auch durch Lebens- und
Umgangsformen, Uniform, Weltanschauung, durch genau defi-
nierte interpersonelle Beziehungen, durch Gruppenprivilegien
und durch die Verantwortlichkeiten, die ihr durch ihre Aufgabe
zugewiesen waren.

Die Erweiterung der Macht und der Verwaltungsbürokratie
des Staates machte professionelle Streitkräfte dieser Art möglich;
die Entwicklung der militärischen Praxis und der militärischen
Technik jedoch machte sie beinahe unausweichlich. Bei der Betrachtung dieser einander ergänzenden Momente darf man ein
anderes, das sich gleichzeitig entwickelte, nicht außer acht lassen:
die Tatsache, daß die Entwicklung von Berufsheeren, die selbst
erst möglich geworden war aufgrund der wachsenden Kontrolle,
die der Staat über die natürlichen und wirtschaftlichen Hilfsquellen seines Landes gewann, den Staat in die Lage versetzte,
seine Herrschaft über diese Hilfsquellen noch zu festigen, indem
jene professionellen Armeen ihm als Mittel nicht nur der Verteidigung nach außen, sondern auch der Unterdrückung nach innen
dienten.[1] Mit der Existenz von Streitkräften, mit denen wider-
spenstige Stände gezwungen werden konnten, Hilfsgelder zu be-
willigen, und unwillige Steuerzahler, ihre Steuern zu berappen
(mit denen wiederum die Streitkräfte vergrößert wurden) stand
der Krone eine alarmierende Machtfülle zu Gebote. Alarmierend
genug, um die Schöpfer der britischen Verfassung 1688 und ihre
historischen Nachahmer jenseits des Atlantiks ein Jahrhundert
später zu einer sehr weitgehenden Einengung der Befugnisse der
Exekutive zu veranlassen, was den Unterhalt eines stehenden
Heers in Friedenszeiten betraf. Wir können hier nur im Vorüber-
gehen auf die Unterschiede verweisen, die – nicht nur im ver-
fassungsmäßigen und politischen System, sondern auch in der
gesamten kulturellen Tradition – zwischen einem Land wie Großbritannien, das es sich dank seiner glücklichen geographischen
Lage jahrhundertelang leisten konnte, in einem Landheer einen

disponiblen Luxusgegenstand zu sehen, und einem Land wie Preußen bestanden, über das der deutsche Historiker Hans Delbrück schreiben konnte: «Die Geschichte der Entstehung des Heers ... ist zugleich die Geschichte des preußischen Staates.»[2]

Es waren, wie bereits in einem früheren Kapitel gesagt worden ist, die Vereinigten Provinzen der Niederlande, die mit der Entwicklung einer professionellen Streitmacht vorangingen. Der Reichtum, den die Holländer aus ihrem Überseehandel zogen, versetzte sie in die Lage, ihr Heer durchgehend unter Waffen zu halten – ein Umstand, der sie im beginnenden 17. Jahrhundert vor fast allen anderen Staaten auszeichnete. Und weil sie ihre Soldaten regelmäßig und gut bezahlen konnten, vermochten sie ihnen zwei Dinge abzuverlangen, die alle anderen Söldner in Europa als unter ihrer Würde betrachteten: Die holländischen Soldaten lernten zu *schaufeln*, und sie wurden *gedrillt*; beides war von enormer Bedeutung für die Erhöhung der Abwehrkraft.

Die Bedeutung des ersteren liegt auf der Hand. Die Schaffung und Instandhaltung eines zusammenhängenden Grabensystems bildete zusammen mit dem natürlichen Schutz, den die Wasserläufe boten, und den von Coehorn erbauten Festungsanlagen die Grundlage dafür, daß die Vereinigten Provinzen so lange eine so uneinnehmbare Bastion waren. Das zweite Moment, der Drill, war vor allem bedeutsam in bezug auf die immer wichtiger werdende Rolle der Feuerwaffen auf dem Schlachtfeld. Es war Prinz Moritz von Oranien, der Ende des 16. Jahrhunderts als erster klar erkannte, daß das Gewehrfeuer den Sturmangriff als das entscheidende Element in der Schlacht abgelöst hatte: daß die Pike die Muskete zu schützen hatte und nicht umgekehrt. Von daher ergab sich die Notwendigkeit, sowohl *Formationen* zu entwickeln, die eine maximale Ausnutzung der Feuerkraft erlaubten, als auch *Verfahren*, die gewährleisteten, daß die Schüsse in kontinuierlicher und kontrollierter Weise abgegeben werden konnten. Anstelle der in rechteckiger Schlachtordnung aufgestellten, oft mehrere tausend Mann starken Pikenierbataillone mit ihren die Flanken schützenden «Ärmeln» aus Gewehrschützen, wie sie im 16. Jahrhundert üblich geworden waren, ging Moritz zu breiten, nur etwa zehn Reihen tief gestaffelten Musketierformationen über, denen die Pikeniere nur zum Schutz gegen Kavallerieangriffe beigesellt waren. Die Musketiere marschierten in versetzter Anordnung, und die vorderste Reihe ließ, nachdem sie geschossen hatte, beim Nachladen die anderen passieren, so daß stets eine schußbereite bzw. schießende erste Linie vorhanden war.

Dieser Fortschritt in der Schlachtentechnik erforderte einen weitaus höheren Grad an Kontrolle über das Geschehen auf dem Schlachtfeld selbst: über die Bewegungen etwa oder über den Rhythmus des Ladens und Schießens; vor allem aber erforderte sie – nun, da die Truppe nicht mehr als dichte, massierte Horde in die Schlacht zog, sondern in der verwundbareren Linienformation – die *Selbstkontrolle* des einzelnen Soldaten. Diese setzte den Drill voraus und über den Drill hinaus einen hohen Grad an *Disziplin*. Der Begriff der Disziplin ist in unserem Denken so eng mit allem Militärischen verknüpft, daß uns die Einsicht schwerfällt, welch eine Neuheit sie in der europäischen Kriegführung des 17. Jahrhunderts darstellte. Die feudalen Krieger hatten sich durch einen radikalen, großartigen Mangel an jeglicher Disziplin ausgezeichnet; ebenso die Landsknechte und die *tercios*, Männer, die einfach mit ihrem Handwerkszeug ankamen und ihre Arbeit taten, und die einander weitgehend als gleichberechtigt ansahen, nur eine Verschiedenheit der Funktion, nicht eine des Rangs anerkannten. Das Prinzip der Disziplin wurde keineswegs freudig begrüßt: Obwohl guter Sold gezahlt wurde, gab es in den für die Vereinigten Provinzen kämpfenden Armeen eine hohe Fluktuation durch Fahnenflucht. Es war auch kein völlig neu entdecktes Prinzip. Moritz von Oranien studierte, wie so viele andere gebildete Militärs seiner Zeit, die Militärhandbücher der Antike, insbesondere die häufig neu aufgelegten Werke des Aelian und des Vegetius, um die Gedanken kennenzulernen, die sich Griechen und Römer über Heeresorganisation und Truppenführung gemacht hatten; und die gelehrteren unter seinen Freunden (insbesondere Justus Lipsius von der Universität Leyden) entdeckten die stoischen Philosophen wieder, deren Lehren über Selbstdisziplin, Entsagung und Unterordnung die notwendige Ergänzung zu dem Mechanismus der klassischen militärischen Vorbilder lieferten, und deren Geist allein sie praktizierbar machen würde.

Die stoische Philosophie der Selbstaufopferung und des Gehorsams paßte sich gut in den nüchternen Lebensstil des Protestantismus ein. Es wird sich erweisen, daß sie den Holländern – und nicht nur ihnen, sondern auch den Schweden, den Schotten, den Brandenburgern und nicht zuletzt den Soldaten des neuformierten englischen Heeres – eher entgegenkam als Spaniern, Franzosen und Italienern, bei denen der Individualismus, der Begriff der Ehre, die Vorliebe fürs Theatralische und der Wunsch nach persönlichem Ruhm weiterhin eine sehr beherrschende Rolle spielten.

Moritz und seine Mitstreiter studierten und diskutierten zwar all diese Fragen, probten die Formationen, drillten die Gruppen und gründeten sogar in Siegen eine Militärakademie, an der die protestantische *noblesse* in den neuen Lehren unterwiesen werden konnte, aber da es sehr selten zu großen Schlachten kam, hatten sie wenig Gelegenheit, ihre Doktrinen praktisch zu erproben. Aber unter den Schülern von Moritz war ein schwedischer Adliger, Jakob Delagardie, und dieser wurde zum militärischen Lehrmeister des Prinzen, der als König Gustav Adolf 1611 den schwedischen Thron bestieg und in den ihm verbleibenden zwanzig Lebensjahren beständig Krieg führen sollte – zunächst gegen seine skandinavischen Nachbarn und später, als Österreich sich militärisch nach Norden, in die Richtung seiner eigenen Besitzungen vorschob, gegen die vorlauten habsburgischen Armeen. Gustav hatte daher ausgiebig Gelegenheit, die Methoden der holländischen Schule anzuwenden und weiterzuentwickeln; und ihm stand dafür auch ein Heer anderen Typs zur Verfügung.

Schweden war vom Feudalismus mehr oder weniger unberührt geblieben. In diesem seen- und waldreichen Land war jene allgemeine Verpflichtung zum Militärdienst als vorherrschende Form der Heeresrekrutierung erhalten geblieben, die Engländer und Germanen im 9. Jahrhundert angesichts der Angriffe der Normannen und der Magyaren zwangsläufig hatten aufgeben müssen. Die Wasa-Dynastie hatte daraus im 16. Jahrhundert ein formelles Einberufungssystem gemacht, um für ihre langwierigen Kriege gegen die Dänen und die Polen jederzeit genügend Truppen zu haben. Gustav Adolf fand daher, als er auf den Thron kam, ein nationales Heer vor, das seinen europäischen Zeitgenossen ziemlich archaisch vorgekommen sein muß, das sich aber, mit heutigen Augen gesehen, nichtsdestoweniger bemerkenswert modern ausnimmt. Gustav Adolf machte sein Heer zu einer kampfstarken, langdienenden Streitmacht. Die Dienstzeit betrug zwanzig Jahre; dafür wurde auch nur jeder zehnte Mann eingezogen, während jeweils die neun übrigen besteuert wurden und dadurch seine Ausrüstung finanzierten. Praktisch war das schwedische Heer also eine aus langdienenden regulären Truppen bestehende Streitmacht. Die Verantwortung für die Auswahl der Rekruten lag bei den Gemeinden, wobei es – wie auch in späteren Wehrpflichtgesetzen anderer europäischer Länder – Freistellungsbestimmungen gab, etwa für Einzelsöhne von Witwen, für Männer, von denen bereits ein Bruder diente, für im Bergbau und bei der Munitionsherstellung beschäftigte Arbeiter, für Adlige (die ohnehin nur als Offiziere dienten) und für die Geistlichkeit. Wenn das Heer im Land weilte, wurde es nicht aus der königlichen Kasse finanziert, sondern lebte – in geordneter und organisierter Form – vom Land selbst. Wenn es ins Ausland zog, mußte es bezahlt werden, und das machte die Angelegenheit schwieriger. Schweden war ein armes Land, das mit seinen Soldzahlungen sehr schnell in Verzug geriet. Wie Gustav Adolf feststellte, war es für ihn billiger, wenn er seine eigenen Soldaten als Garnisonstruppen einsetzte, und die eigentlichen Kampftruppen zum größten Teil über einheimische Söldnerführer anwarb. Zum Zeitpunkt seines Todes im Jahr 1632 bestand von den 140 000 unter seinem Befehl stehenden Männern höchstens der zehnte Teil aus Schweden, während es sich bei den übrigen entweder um an Ort und Stelle eingezogene Deutsche oder um von bezahlten Verbündeten wie Bernhard von Sachsen-Weimar gestellte Söldner handelte. Aber alle wurden im schwedischen System der Kriegführung gedrillt und übernahmen es, und die Überlegenheit dieses Systems erwies sich bei der Schlacht von Breitenfeld 1631, die mit einer katastrophalen, die Machtverhältnisse in Europa verändernden Niederlage der Habsburger endete.

Gustav Adolf fiel ein Jahr später, und seine Armeen sollten danach allmählich zerfallen. Aber er hatte einen neuen Maßstab für die Kriegführung gesetzt, dem die übrigen europäischen Staaten in den folgenden Jahrzehnten mit wachsendem Erfolg nacheiferten. Seine langdienenden Soldaten, sowohl Offiziere als auch Mannschaften, wurden von der Krone besoldet, eingekleidet, ausgerüstet und versorgt und vom Monarchen selbst oder seinen unmittelbaren Stellvertretern kommandiert. Die Disziplin war rigoros, Kriegsgerichte ahndeten Verstöße gegen sie. Nachschub und Logistik wurden als Aufgaben des Staates betrachtet, wenngleich es sich erwies, daß der schwedische Staat der Erfüllung dieser Aufgaben auf einem so weit jenseits der eigenen Grenzen gelegenen Kriegsschauplatz nicht gewachsen war. Aus allen diesen Gründen waren die schwedischen Armeen zumindest anfänglich in der Lage, sich ohne den riesigen, oft die mehrfache Stärke der Truppen selbst erreichenden Versorgungstroß zu bewegen, den andere Armeen im Dreißigjährigen Krieg mit sich herumschleppten. Auf dem Schlachtfeld stellten sie sich in den langgestreckten Formationen auf, wie sie Moritz von Oranien praktiziert hatte; aufgrund einer leichteren Muskete und der durch beständige Übung erzielten Routine konnten sie jedoch Nachladezeit und Schußfolge verkürzen, so daß die Zahl der Schützenlinien von zehn auf sechs oder noch weniger herabgesetzt werden konnte; es konnte sogar der ebenso seltene wie verheerende Fall eintreten, daß die Musketiere eine simultane Salve abfeuerten.

Auch die Kampfweise von Kavallerie und Artillerie veränderte sich. Statt die elegante, aber wirkungslose *Caracole* zu reiten, lernte die schwedische Kavallerie wieder die *arme blanche*, den Säbel, zu gebrauchen und mit gezogener Waffe in massierter, aber disziplinierter Formation anzugreifen. So wurde sie wieder zu einer gefürchteten, weil im Vergleich zu den Ritterheeren des Mittelalters konzentrierteren und kontrollierteren Sturmtruppe. Oliver Cromwells Ironsides sollten diese Taktik im englischen Bürgerkrieg zur Perfektion entwickeln.

Was die Artillerie betraf, so arbeitete Gustav Adolf unaufhörlich daran, ihre grundlegende Schwäche zu überwinden; ihre Unbeweglichkeit. Ein Ausweg eröffnete sich, als man entdeckte, daß sich die Reichweite einer Kanone nicht notwendigerweise proportional zur Länge ihres Rohrs verhielt; daß man die Rohrlänge halbieren und damit das Gewicht erheblich verringern konnte, ohne daß die Reichweite darunter litt. Diese Entdeckung ermöglichte zusammen mit den vielen anderen Verbesserungen in der Technik des Kanonengießens, die der große schwedische Eisengießer Louis de Geer entwickelte (ein Großindustrieller, der das Wirtschaftsleben Westeuropas in der ersten Hälfte des 17. Jahrhunderts beherrschte), die Einführung der beweglichen Feldartillerie: Man verfügte nun über Geschütze, die man – notfalls von Hand – auf dem Schlachtfeld bewegen konnte, die je nachdem, was die Umstände erforderten, massive Kugeln oder Schrapnellgeschosse in die gegnerischen Infanterielinien feuern konnten und die sich in bezug auf die Feuerfolge, die früher bei zwei oder drei Schuß pro Stunde gelegen hatte, nach und nach sogar mit der Muskete messen konnten.

Und schließlich – und das war vielleicht die allerwichtigste Neuerung – lernten es diese drei Waffengattungen, auf dem Schlachtfeld zusammenzuwirken und zu manövrieren und so ihre Feuerkraft (Infanterie und Artillerie) beziehungsweise ihre Angriffswucht (Kavallerie) maximal zur Geltung zu bringen. Um diese sehr schwierigen Operationen auszuführen, bedurfte es nicht nur klarsichtiger und geistesgegenwärtiger Kommandeure, sondern auch einer ausgebildeten hierarchischen Kontroll- und Befehlsstruktur und einer die umgehende Befolgung von Anordnungen gewährleistenden Disziplin. Es kam selten vor, daß dies klappte – wenn Gustav Adolf nicht persönlich anwesend war, sogar äußerst selten. Aber es bestand nun, fast zum ersten Mal seit der Zeit der weitaus einfacheren und überschaubareren Schlachten der Antike, die Möglichkeit, daß ein Heer nicht nur zu Schlachtbeginn, sondern auch während der Dauer des Gefechts einem einzigen lenkenden Willen gehorchte. In der Tat ist es allen diesen in der ersten Hälfte des 17. Jahrhunderts vollzogenen Entwicklungen zu verdanken, daß die zweite Jahrhunderthälfte so viele herausragende Generale hervorbrachte: Turenne und Luxemburg, Montecuccoli und Prinz Eugen – und John Churchill Herzog von Marlborough, den größten von allen.

Wir sehen also, daß Gustav Adolf das Muster, den wegweisenden Entwurf – es wäre unrichtig, ihm mehr zuzuschreiben – für

eine Lösung der Probleme bereitstellte, die ein in allgegenwärtige
Gewalt und entscheidungslose Verfahrenheit ausgearteter Krieg
– und jeder Krieg zeigt diese Tendenz – erzeugte; für eine Kanali-
sierung jener gewalttätigen Elemente, mit denen die europäische
Gesellschaft durchsetzt war, und ihre Indienstnahme für die plan-
vollen und legitimen Zwecke eines sich entwickelnden Staats-
apparats; für die Verwandlung von Wegelagerern in Soldaten,
von anarchischer Gewalt in kluge, kontrollierte Gewaltausübung
durch eine anerkannte Autorität und im Namen allgemein als
legitim erkannter Wertsysteme. Ehe dies nicht erreicht war, war
im Grunde kein geordnetes Staatensystem in Europa möglich;
aber es konnte nicht erreicht werden, ehe nicht die inneren
Mechanismen der Staaten selbst einer sehr beträchtlichen Verbesserung unterzogen waren. Es dauerte bis zum Ende des Jahrhunderts, ehe sich die Verwirklichung dieser Möglichkeit auch
nur abzeichnete – daß die europäischen Staaten über festbesol-
dete Berufsarmeen verfügten, die alles, was sie an Versorgungs-
gütern benötigten, aus eigenen Magazinen bezogen, die sich
primär im Kampf gegeneinander und nicht gegen die Zivilbevölkerung betätigten, die von Generalen befehligt wurden, die
militärische Operationen mit Behutsamkeit und strategischem
Geschick durchführen konnten –, ehe also das neue Zeitalter der
Kriegführung anbrach, über das Edward Gibbon im 18. Jahrhundert mit solcher Beschaulichkeit schreiben sollte.

Bis dahin hatten sich in der Waffentechnik zwei weitere Veränderungen vollzogen. Die erste war die Ersetzung der Lunten-
schloßmuskete mit ihrem umständlichen und unzuverlässigen
Ladevorgang durch das Steinschloßgewehr, dessen einfacher und
robuster Zündmechanismus eine Feuerrate von drei Schuß pro
Minute ermöglichte; dadurch konnte die zur Erzielung kontinuierlichen Gewehrfeuers erforderliche Tiefe der Infanterieforma-
tionen auf die das 18. Jahrhundert hindurch gebräuchlichen drei
Reihen verringert werden. Die zweite Neuerung war die Erfindung des Ringbajonetts, das jeden Infanterieschützen zu seinem
eigenen Pikenier machte und dadurch bewirkte, daß die Pike
überhaupt vom Schlachtfeld verschwand. Diese beiden Entwicklungen vollzogen sich im Lauf der letzten beiden Jahrzehnte des

17. Jahrhunderts; die Soldaten, die zu Beginn des 18. Jahrhunderts unter Marlborough kämpften, taten dies daher praktisch mit den gleichen Waffen wie ihre Nachfahren hundert Jahre später unter Wellington, und sie waren in den gleichen langgestreckten Formationen aufgestellt – *à l'ordre mince*, wie die Franzosen sagten –, einer Aufstellung, die über längere Zeit hinweg ein kontinuierliches Feuern erlaubte und die, solange die Reihen geschlossen blieben und die Männer standhielten, jedem Kavallerieangriff widerstehen konnte.

Hatte das feindliche Feuer allerdings die Reihen gelichtet, so hatte die Kavallerie mit den Infanteristen leichtes Spiel. Die mit Schwert oder Säbel oder – nach osteuropäischem Vorbild – mit der Lanze bewaffneten schweren Reiter blieben somit weiterhin ein wertvoller Truppenteil. Und ebenfalls aus Osteuropa kam, vermittelt durch die habsburgischen Armeen, die leichte Kavallerie, die als Vorhut und Erkundungstruppe diente und in dieser Funktion in den Kriegen gegen die Türken jederzeit benötigt wurde. Als mobile Schützentruppe schließlich dienten die «Dragoner», nach der leichten Muskete, mit der sie bewaffnet waren, benannte Reiter, die auch als innere Ordnungstruppe eingesetzt werden konnten.

Auf dem Gebiet der Kanonen gab es in der Zeit nach Gustav Adolf nur sehr wenige und allmähliche Verbesserungen. Dies änderte sich erst im 18. Jahrhundert, und wieder einmal leisteten die Franzosen Pionierdienste. Unter Anleitung Jean-Baptiste de Gribeauvals (1715–1789), des Inspekteurs der Artillerie, wurden standardisierte Größen für das Artilleriegerät eingeführt, die Teile wurden vereinheitlicht, so daß sie austauschbar waren, durch eine Verbesserung des Pulvers wurde die Reichweite, durch Visiereinrichtungen die Zielgenauigkeit verbessert, leichtere Lafetten sorgten dafür, daß für ihren Transport weit geringere Zugkräfte erforderlich waren, so daß die Kanonen sowohl auf dem Schlachtfeld als auf dem Marsch zu wirklich beweglichen Waffen wurden, die man an jedem gewünschten Punkt zusammenziehen konnte. Aber wichtiger als jede technische Neuerung war die Veränderung, die sich mit den Kanonieren selbst vollzog. Sie wurden nicht länger als eine Gruppe von Spezialisten betrachtet, die nur für die unheilvolle Kunst der Handhabung ihrer Geräte zuständig waren, sondern wurden in allen europäischen Heeren zu einem integralen Truppenteil, mit gleichen Uniformen und gleicher Disziplin wie alle übrigen, wenn auch vielleicht mit einem etwas wissenschaftlicher orientierten Verhältnis zum Krieg. Einer der hervorragendsten der Artilleriekadetten, die an der École Militaire von Brienne ausgebildet wurden, war ein junger Korse namens Napoleon Bonaparte.

Die Neuerungen in der Waffentechnik allein können keine zureichende Erklärung für die Veränderungen bieten, die in der europäischen Kriegführung zwischen Gustav Adolf und Friedrich dem Großen vorgingen. Die wirklich bedeutsamen Entwicklungen vollzogen sich nicht bei den Geräten, mit denen die Heere operierten, sondern in der Struktur dieser Heere selbst und der Staaten, denen sie dienten. Es ist sogar fraglich, ob die Verbesserungen der Waffentechnik überhaupt hätten stattfinden, geschweige denn voll genützt werden können, hätte es nicht militärische Vollprofis gegeben, die sie zur Anwendung brachten, und – vielleicht noch wichtiger – spezialisierte Staatsbeamte, die befugt und in der Lage waren, Entscheidungen über ihre Weiterentwicklung zu treffen, die Herstellung verbesserter Waffen und ihre Auslieferung an das Heer zu veranlassen und die Finanzierung zu regeln.

Wie schon gesagt, ging Frankreich bei all dem als Pionier voraus. Es waren die bourbonischen Könige, die den von Gustav Adolf hinterlassenen Entwurf aufnahmen und bis zum Ende des Jahrhunderts einen voll funktionierenden Militärapparat entwickelten, den jeder europäische Staat, wollte er nicht von ihm überrollt werden, wohl oder übel imitieren mußte.

Als Gustav Adolf 1632 starb, hatte es kaum den Anschein, als könne Frankreich mit seiner bankrotten Monarchie und seiner noch kaum von einem fünfzigjährigen Bürgerkrieg erholten Gesellschaft in Europa je wieder die Führung übernehmen. Politisch war das Land in Europa fast ein Niemand. Was an Wiederaufbau geleistet worden war, verdankte Frankreich Heinrich IV., dem es gelungen war, den Bürgerkrieg zu beenden, und Richelieu, der das Land an außenpolitischen Konflikten vorbeigesteuert oder sie, wenn dies nicht möglich war, mit Hilfe von Stellvertretern ausgefochten hatte. Beim Tode Gustav Adolfs, des größten aller Stellvertreter, sah Richelieu sich mit der Notwendigkeit konfrontiert, ein Heer aus dem Boden zu stampfen und selbst das Schlachtfeld zu betreten, sollten nicht die habsburgischen Mächte, Spanien und Österreich, die Vorherrschaft in Europa erlangen.

Die Aufgabe war unerhört schwierig. Die französische Krone hatte wenig Macht über die heterogenen Provinzen ihres Reichs. Ihre Oberhoheit über den streitbaren Hochadel, dessen selbstherrliche Haltung während des Bürgerkriegs nahezu unerschütterlich geworden war, war lediglich nomineller Natur. Sie verfügte über keine öffentliche Verwaltung und, was das wichtigste war, sie hatte kein Geld. Was sie an Geld auftreiben konnte – und während des Dreißigjährigen Krieges war dies nie so viel, daß es für mehr als etwa 12 000 Mann gereicht hätte – ging in Form von Pauschalsummen an Feldherren, die ihre eigenen Regimenter aufstellten, sie in eigener Regie besoldeten und ausrüsteten und dabei selbstredend sowohl ihre Auftraggeber als auch die unter ihrem Befehl stehenden Soldaten betrogen. So schmolzen selbst die unbedeutenden Streitkräfte, die Frankreich in den Krieg schicken konnte, immer wieder wegen Geldmangels zusammen. Die hohen Offiziersstellen waren von Adeligen besetzt, die nur unwillig eine Verpflichtung gegenüber der Krone anerkannten, die sich weigerten, unter dem Befehl eines Standesgenossen zu dienen, und die ihre persönlichen Streitigkeiten großspurig in der Öffentlichkeit – und gelegentlich auch auf dem Schlachtfeld – austrugen. Das Verhalten des herausragendsten unter ihnen, des Prinzen von Condé, der mitten im Krieg dem König von Frankreich seine Dienste aufkündigte und sie dem König von Spanien zur Verfügung stellte, war ungewöhnlich, wurde aber keineswegs als befremdend oder gar tadelnswert angesehen. Mochte eine solche Handlungsweise auch unerfreulich sein, sie entsprach nun einmal dem, was man von einem wirklich großen Adeligen gewärtigen mußte.

Bankrott, Disziplinlosigkeit und Korruption: dies waren die Kennzeichen der französischen Armeen – wie der meisten anderen – vor 1648, und sie blieben es eigentlich, bis Ludwig XIV.

1661 den Thron bestieg. 1680 zählten die französischen Streitkräfte nahezu 300 000 Mann und waren das Wunder Europas.
Wenige Jahre später bewiesen sie, daß sie sich im Kampf glänzend
und aufopfernd behaupten konnten, und sie taten dies ein Vier-
teljahrhundert lang gegen eine Koalition aller größeren europäischen Mächte. Wie wurde dies vollbracht?

In der Hauptsache war es das Werk zweier herausragender und
unermüdlicher Beamter: Michel le Tellier, der zwischen 1640 und
1660 den Grundstein für den Aufbau legte, und seines Sohnes,
des Marquis de Louvois, der ihn unter Ludwig XIV. weiterführte.
Das Werk der beiden Männer blieb praktisch unvollendet; ihre
Lebensarbeit bestand aus beständigen Kämpfen gegen die Miß-
bräuche, die sie nie ganz abzustellen vermochten und von denen
viele nach ihrem Tod in alter Frische wieder auflebten. Und doch
war um die Jahrhundertwende die königliche Vormachtstellung
fest verankert; an die Stelle eines Konglomerats unabhängiger,
unkontrollierbarer und wenig leistungsfähiger Einheiten war ein
disziplinierter und strukturierter Staatskörper mit einer einheitlichen, zentralisierten Verwaltung getreten, die fähig war, mehrere hunderttausend Mann – gegebenenfalls für mehrere Jahre –
ins Feld zu schicken.

Eine vollständige Erklärung für diese Forschritte hätte natürlich den wachsenden Wohlstand der französischen Gesellschaft,
den Colbert so liebevoll förderte, mit einzubeziehen: die Verbesserungen in seiner Landwirtschaft und seiner Industrie, die Erweiterung seines inneren und äußeren Handels und die Entwicklung eines fiskalischen Systems, das mittels ertragreicher Steuern
und Abgaben dem Staat einen Anteil an diesem Wohlstand verschaffte. Aber Geld allein konnte die militärische Schlagkraft
nicht erhöhen. Ohne eine reformierte Militärverwaltung wären
die zusätzlichen Geldmittel einfach in Gestalt höherer Gewinne
in die Taschen der Feldherren und Söldnerführer geflossen, die
Männer und Waffen für das Heer stellten. Le Tellier und Louvois
behielten diese Heerführer bei, denen die Aufgabe zufiel, die
Regimenter aufzustellen und zu besolden, und die das gesamte
hiermit verbundene Risiko trugen; aber die Militärverwaltung
prüfte die Ergebnisse ihrer Arbeit, um sicherzugehen, daß die

Männer, deren Sold die Heerführer in Rechnung stellten, auch wirklich existierten; und endgültig entzogen wurde den Regimentsführern die Kontrolle sowohl über die Ausrüstung und die Heeresversorgung als auch über die Leitung militärischer Operationen. Die Krone ernannte Kommando-Oberste, die die Regimenter im Feld befehligten, und Generale, die die größeren Verbände kommandierten. Bei Ungehorsamkeit drohte diesen hohen Offizieren der Verlust des königlichen Patents, und die wenigen adligen Befehlshaber, die sich diese Demütigung zu ersparen suchten, indem sie selbst zurücktraten, ehe man sie entlassen konnte, wurden wegen Majestätsbeleidigung in die Bastille geschickt. Wer ein Offizierspatent erhalten wollte, mußte in jedem Fall vorher als Musketier in der königlichen Garde dienen; der Standard, nach dem sich Drill, Disziplin und Training der gesamten Infanterie ausrichtete, wurde von einem Musterregiment vorgegeben. Der Oberst dieses Regimentes fungierte zugleich als Generalinspekteur für das gesamte Heer, und der Name des ersten Inhabers dieses Amtes, M. de Martinet, ist in die französische und die englische Sprache als Inbegriff des harten Exerziermeisters eingegangen.

Aber die bedeutsamste aller Neuerungen war die Schaffung einer zivilen Militärverwaltung – ein bemerkenswerter Fortschritt, bedenkt man, daß es zu jener Zeit in keinem Bereich eine organisierte öffentliche Verwaltung gab. Ämter wurden üblicherweise von der Krone entweder kurzerhand und gegen sofortige Barzahlung verkauft oder an Einzelpersonen oder Interessengemeinschaften verpachtet, die dann die entsprechenden Aufgaben in eigener Regie erledigten, sei es, daß sie Steuern einzogen, Streitkräfte aufstellten oder belieferten, Waffen für das Heer produzierten oder, wie wir im letzten Kapitel sahen, Freibeuterschiffe ausrüsteten, die den Feinden des Königs zu schaffen machen sollten. Diese Verwaltungsbürokratie, die *intendance*, nahm ihren Anfang zur Zeit Richelieus in Gestalt eines ordentlichen Korps von Inspekteuren oder Kontrolleuren, die die Heeresverbände entweder periodisch aufsuchten oder ihnen auf Dauer zugeteilt waren und die Rekrutierung überwachten, die regelmäßige Versorgung der Truppe mit Lebensmitteln, Munition und Geld nach

Möglichkeit sicherstellten und dem Kriegsminister Bericht erstatteten. Le Tellier baute dieses Inspektionswesen zu einem umfassenden Verwaltungsapparat aus, mit dem sein Sohn dann effektiv arbeitete. Staatsbeamte handelten nun alle Verträge aus, mit denen die Lieferung von Lebensmitteln, Waffen und Ausrüstung an das Heer vereinbart wurde, und überwachten ihre Einhaltung. Ein wichtiger und, nachdem der Staat erst einmal die Verantwortung für die Einkleidung seiner Soldaten übernommen hatte, naheliegender und aus Rationalitätsgründen eigentlich unvermeidlicher Schritt war dabei die Einführung der Uniform.

Le Tellier und Louvois teilten Frankreich in Regionen von etwa gleicher Wirtschaftskraft ein, die nach genauen Vorschriften für die Ernährung und Einquartierung zugewiesener Truppenteile zu sorgen hatten und in denen ständige Magazine und Arsenale eingerichtet wurden. Alle zwei Monate besuchten sie jedes Regiment, um seine Mannschaftsstärke, seine Versorgung und seine Besoldung nachzuprüfen. Bei Feldzügen begleiteten sie die Armeen und organisierten ihre Versorgung, womöglich aus Magazinen, wo nicht, auf dem Wege der Requirierung. So lästig diese amtlichen Requirierungen für die betroffenen Bewohner auch waren, gegenüber der früher geübten Praxis, die Soldaten für sich selbst sorgen zu lassen, waren sie doch das weitaus geringere Übel. Die Intendanten waren verständlicherweise auf keiner Stufe der Militärhierarchie beliebt: weder bei den Oberbefehlshabern, deren Berufsstolz sie kränkten, noch bei den rangniedrigeren Offizieren, deren Abrechnungen sie überprüften. Aber Klagen war zwecklos: Hinter den Intendanten stand der energische und unerbittliche Louvois, und hinter ihm stand, als feste Stütze sowohl gegen die Vorwürfe der Führungsoffiziere als auch gegen die unlauteren Praktiken der Unterführer, der König selbst.

Bei all dem sollten wir die Leistungen der Intendanten nicht überschätzen. Organisationsgrad und Tüchtigkeit der französischen Armeen müssen an den Maßstäben ihrer Zeit und nicht an denen von heute gemessen werden. Der große Sebastien le Prestre de Vauban, dessen Lebenswerk, der Bau eines vollständigen Festungssystems entlang der französischen Grenzen, ebenso be-

merkenswert ist wie Louvois' Beitrag zur Schaffung eines schlagkräftigen Heeres, schrieb gegen Ende des Jahrhunderts, wenn
er den Zustand der französischen Truppen bedenke – «unter-
gebracht wie die Schweine, halbnackt, vor Hunger sterbend» –,
zittere er um die Monarchie. Der Wille eines einzigen Mächtigen
oder auch einer Gruppe mächtiger Männer reichte nicht aus,
um Schwierigkeiten zu überwinden, zu deren Lösung selbst die
großen Verwaltungsapparate des 19. Jahrhunderts ihr ganzes
administratives Geschick aufbieten mußten. Die Korruption
blühte noch, es kam noch vor, daß Versorgungssysteme zusam-
menbrachen, und wenn dies geschah, dann hatten darunter die
unglücklichen Bauern und Stadtleute zu leiden, bei denen die
Truppen einquartiert wurden. Dazu kam, daß es in dem Maße,
wie in Europa geordnetere Verhältnisse und größerer Wohlstand
einzogen und sich dem einzelnen zahlreichere und attraktivere
Berufschancen in Landwirtschaft, Handel, Handwerk und in den
akademischen Laufbahnen boten, für die Rekrutierungsbehörden
der Heere schwieriger wurde, andere Leute anzuwerben als
Außenseiter der Gesellschaft, Kriminelle, leichtgläubige Tölpel
und geistig Minderbemittelte, Männer also, die nur durch ungemein harte Disziplin unter Kontrolle gehalten werden konnten
und die, wenn sich die Gelegenheit bot, zu äußerst bestialischen
Ausschreitungen fähig waren. Wir sollten uns vom oberfläch-
lichen Glanz der Armeen des Rokoko-Zeitalters nicht täuschen
lassen: Es waren brutale und liederliche Gebilde, und der Krieg
war für die, die mit ihm zu tun hatten, noch immer eine grausige
und schreckliche Angelegenheit.

Aber bei all seinen Unzulänglichkeiten war das französische
Heer doch das bemerkenswerteste staatliche Machtinstrument,
das Europa bis dahin gesehen hatte. Die im vorigen beschrie-
benen militärischen Einrichtungen wurden – mit örtlichen Abwandlungen – von allen anderen westeuropäischen Staaten, England nicht ausgeschlossen, fast ebenso getreulich kopiert wie
die französische Architektur, die französische Kunst, die französische Mode, die französische Etikette und die französische
Küche. Die deutschen Duodezfürsten, für die ihre Truppen
oft die am besten verkäufliche Exportware darstellten, imitierten

das Militärwesen Frankreichs mit sklavischer Genauigkeit; und kein deutscher Fürst tat dies eifriger und erfolgreicher als die Herren jenes kargen, verarmten und politisch unbedeutenden Kurfürstentums Brandenburg, denen als Dank für ihre dem Kaiser bewiesene Treue zu Beginn des 18. Jahrhunderts das Recht zugesprochen wurde, sich Könige von Preußen zu nennen.

Wenn wir heute nach einem Jahrhundert deutscher Höhenflüge und Tragödien zurückblicken, fällt es uns nicht leicht, uns deutlich zu machen, wie unendlich schwach und unbedeutend die Stellung war, von der aus die Hohenzollern ihren langen Aufstieg zur Weltmacht antraten. Wenn die französische Monarchie zu Beginn des 17. Jahrhunderts auch ein Bild totaler Schwäche bot, so verfügte sie jedoch wenigstens über ein zusammenhängendes und fruchtbares Herrschaftsgebiet. Die Länder der Kurfürsten von Brandenburg, durch zufällige Heirats- und Erbschaftskonstellationen zusammengekommen und zusammenhang- und schutzlos über das nördliche Deutschland von der Weichsel bis zum Rhein verstreut, konnten sich, was ihre natürlichen Reichtümer betraf, nicht einmal mit den benachbarten Fürstentümern Sachsen und Bayern, in bezug auf ihr wirtschaftliches Wachstumspotential nicht im entferntesten mit den Vereinigten Provinzen oder den freien Hansestädten messen. Strategisch gesehen, verbanden sie zwei europäische Unruheherde, das Rheinland und das Baltikum, von denen immer mindestens einer im Zeichen drohender Konflikte stand. Ferner beinhalteten sie in ihren Grenzen einige der am stolzesten auf ihre Freiheit pochenden Städte und der widerspenstigsten Adelsgeschlechter Europas. Es war alles andere als einfach, die mißtrauischen Vertreter dieser Städte und Stände dazu zu bewegen, daß sie Geld für Truppen bereitstellten, selbst wenn es um örtliche Verteidigungsfragen ging, ganz zu schweigen von den Fällen, in denen der Kurfürst vielleicht am anderen Ende seiner Besitzungen einen Konflikt auszutragen wünschte. Die Hohenzollern mochten tun, was sie wollten, man hätte getrost prophezeien können, daß sie scheitern würden: schon an ihren eigenen Untertanen, und erst recht an arideren Mächten.

Im Rückblick vermitteln die Maßnahmen, die der Große Kurfürst Friedrich Wilhelm zur Überwindung dieser Schwierigkeiten ergriff, den Eindruck einer glänzenden und skrupellosen, langfristigen Planung. In Wirklichkeit waren es, wie man es so häufig findet, durch das unmittelbare Bedürfnis diktierte Improvisationen. 1653, beim Ausbruch eines jener baltischen Kriege, in die die nördlichen und östlichen Landesteile des Kurfürstentums von Zeit zu Zeit verwickelt waren, sicherte er sich von allen seinen Ständen eine geringe Kontribution zur Aufstellung einer mehrere tausend Mann starken Armee; als Gegenleistung bestätigte er ihnen alle ihre bestehenden Privilegien. Er garantierte ihnen volle Jurisdiktion und Unangreifbarkeit innerhalb ihrer Besitzungen und eine bevorzugte Berücksichtigung für weltliche und geistliche Ämter, und er bestätigte sämtliche Rechtsprechungsprivilegien und Zunftbeschränkungen der Städte. Aber er rang den Ständen das Zugeständnis ab, in ihren Gebieten königliche Beamte zuzulassen, denen die Schätzung und Einziehung der Steuern oblag, aus denen die Heereskontributionen bestritten wurden; als Zentralbehörde dieser Steuerverwaltung wurde das Generalkriegskommissariat gegründet. Die Stände gaben also in dieser grundlegenden Frage ein traditionell ihnen zustehendes Recht – die Garantie wirklicher Unabhängigkeit – preis: das Recht, selbst Steuern zu erheben. Sie sollten es noch bedauern.

Die bewilligte Kontribution erbrachte natürlich nicht annähernd so viel, wie die immer kostspieliger werdende Kriegführung erforderte, und schon ein Jahr später mußte der Große Kurfürst einen erneuten Vorstoß unternehmen. 1654 forderte der Reichstag, das Vertretungsorgan der Stände des Heiligen Römischen Reiches, dessen Beschlüsse die deutschen Fürsten normalerweise ebenso ernst nahmen wie die Staaten der heutigen Zeit die Resolutionen der Vollversammlung der Vereinten Nationen, die Einwohner, Untertanen und Bürger eines jeden Fürstentums im Reich auf, «zur Besetzung und Unterhaltung der nötigen Festungen, Plätze und Garnisonen hülflichen Beitrag zu leisten». Friedrich Wilhelm verstand diese wohlmeinende Empfehlung so, daß sie ihn ermächtige, von seinen Untertanen so viele Abgaben zu fordern, «wie wir für die gegenwärtige und zukünftige Sicher-

heit, den Frieden und die Ruhe des Landes verlangen können».[3]
In Verbindung mit seiner neuen Steuerverwaltung und einem
kleinen Heer verschaffte ihm dieser zweifelhafte rechtliche Frei-
brief alles, was er brauchte, um eine größere Streitmacht aufzustellen. Als sich 1655 die Stände seines mittleren und seines
westlichen Landesteils, Brandenburg und Cleve, weigerten, für
einen baltischen Krieg zu zahlen, mit dem sie ihrer Ansicht nach
nichts zu schaffen hatten, erzwang er durch Einsatz dieser Armee
die Erhebung einer Steuer, die er in der Folge zu einer ständigen
Einrichtung machte. Acht Jahre später, als die ostpreußischen
Stände das gleiche versuchten – sie lehnten es ab, Kontributionen
für den militärischen Schutz der brandenburgischen Rheinpro-
vinzen vor einem Überschwappen des französisch-holländischen
Konflikts zu leisten –, wurden auch sie zum Nachgeben gezwungen. Dies war insofern nicht allzu schwierig, als der Adel, ihre
politische Führungsschicht, ohnehin von der Kontribution befreit war: Das städtische Bürgertum und die Bauern mußten sich
die Lasten teilen. Dank dieser Maßnahmen vermochte Friedrich
Wilhelm ein Heer aufzustellen, das 1678 bereits 45 000 Mann
stark war und diese Größenordnung seine Regierungszeit und
die seines Nachfolgers hindurch beibehielt; es war kein aufsehen-
erregend großes Heer, aber groß genug, seinen Zweck zu erfüllen:
Brandenburg-Preußen zu einer Kraft zu machen, mit der in einer
internationalen Gemeinschaft zu rechnen war, in der das letztlich
einzig entscheidende Machtmittel die militärische Stärke war.

Das Heer war auch groß genug, eine Bevölkerung von nur etwa
zwei Millionen, die über nur geringe natürliche Reichtumsquel-
len gebieten konnte, beträchtlich unter Druck zu setzen. Die für
die Erhebung der zur Finanzierung des Heers verwendeten Kontributionen verantwortliche königliche Steuerverwaltung stellte
bald fest, daß es für sie noch eine ganze Menge andere Dinge zu
tun gab. In den Städten, wo das Geld durch Akzisen, d. h. durch
indirekte Steuern auf Gebrauchsgüter, aufgebracht wurde, verschaffte sie sich die Kontrolle über jede industrielle und kom-
merzielle Betätigung. Auf dem Land übte sie eine ähnliche Ober-
aufsicht über Erntearbeiten, Pachtverträge und das allgemeine
Besteuerungswesen aus. Wie die Intendanten in Frankreich, so

schufen auch diese preußischen Beamten, die *Steuerkommissäre* und *Landräte*, das Grundgerüst für ein bürokratisches System, das der Krone einen neuen Grad an Kontrolle über die wirtschaftliche Betätigung und die Einkünfte ihrer Untertanen verschaffte und das im Zuge einer allmählichen Beseitigung lokaler Sonderrechte und partikularistischer Elemente die Etablierung einer einflußreichen Zentralregierung mit Sitz in Berlin ermöglichte. Ein Staat – konkret: der preußische Staat – wurde geschaffen, um den Bedürfnissen der Armee des preußischen Königs Rechnung zu tragen.

Dank dieses solide gelegten Fundaments konnte der Enkel des Großen Kurfürsten, König Friedrich Wilhelm I. (1713–1740) ein 80 000 Mann starkes Heer aufbauen, das viertgrößte in Europa. Bei der Organisation dieses Heeres wurde mit extremer Sorgfalt darauf geachtet, daß die wenig widerstandsfähige Wirtschaft des Landes möglichst wenig belastet wurde. Das Bürgertum, das die guten, ergiebigen Steuerzahler stellte, diente gar nicht. Die Soldaten wurden, soweit möglich, aus dem Ausland und aus der Bauernschaft rekrutiert; Bauern schickte man zur Aussaat und zur Erntezeit auf ihren Hof zurück; sie erhielten nur einen Hungerlohn, und man legte ihnen nahe, ihren Sold durch die Ausübung eines Handwerks in der Kaserne aufzubessern; und natürlich waren sie viel zu wertvoll, als daß man ihnen gestattet hätte, in irgendwelche wirklich ernsten Kämpfe einzutreten.

Die Offiziere kamen fast ausschließlich aus dem Adel; sie waren praktisch zum Eintritt in den königlichen Wehrdienst verpflichtet – von jeder Adelsfamilie wurde erwartet, daß sie zumindest einen Sohn in das Kadettenkorps schickte, aus dem die Mehrzahl der Offiziere hervorging. Im Ausgleich für eine Bestätigung aller seiner Privilegien wurde der preußische Adel fest an den Dienst für den König gebunden. Und binnen weniger Generationen war aus einer *noblesse*, die es an Unabhängigkeitssinn mit ihren wilden und aufsässigen polnischen Nachbarn aufnehmen konnte, eine fügsame Säule der Hohenzollern-Monarchie geworden; und das blieb sie – mit Familien wie den von Alvensleben, den von Tresckow, den von Falckenstein, den von

Manteuffel, den von Kleist –, bis diese Monarchie zweihundert Jahre später unterging.

Das preußische Offizierskorps war vermutlich das gesellschaftlich exklusivste Europas, und die Hohenzollern sorgten dafür, daß dies so blieb, teilweise in Erfüllung eines sozialen Vertrags, wie wir heute sagen würden, und teilweise, weil sie ganz besonders auf den Ehrenkodex und die Gefolgstreue der Aristokratie vertrauten und erwarteten, daß diese Qualitäten sowohl für Tapferkeit auf dem Schlachtfeld als auch für gehorsame Unterordnung unter den königlichen Befehl garantieren würden. In Frankreich tat sich der Adel schwerer bei dem Versuch, sein Vorrecht auf die Offiziersstellen geltend zu machen. Die Bourbonen beraubten, wie andere europäische Monarchen auch, die *noblesse de l'épée* ihrer politischen Selbständigkeit, indem sie ihr Funktionen bei Hofe, im Heer und in der Kirche zuteilten; aber was die Eignung zu einem Regimentskommandeur betraf, so gab es für sie ein noch wichtigeres Kriterium als einen adligen Stammbaum, und das war eine gefüllte Börse. Wohlhabende Bürger konnten sich ein Offizierspatent und damit die Möglichkeit zu sozialem Aufstieg erkaufen, und sie pflegten einen Lebensstil, mit dem der ärmere Provinzadel, das Gegenstück der preußischen Junker, ganz und gar nicht mithalten konnte. So kam es, daß sich die höheren Ränge des französischen Heeres im 18. Jahrhundert mit den Söhnen gutgestellter *rôturiers* und mondäner Hoffamilien füllten, während denjenigen ehrgeizigen jungen Adligen, deren Eltern weder Reichtum noch Einfluß besaßen, der Aufstieg verwehrt war. Das hatte zur Folge, daß bei vielen eine wachsende Entfremdung zum herrschenden Regime eintrat und sie sehnsüchtig über den Rhein blickten, wo das Modell einer spartanischen, aber aristokratischen Tüchtigkeit praktiziert wurde, oder gar über den Atlantik, wo sich nach 1776 neue und noch aufregendere Methoden der Kriegführung zu entwickeln schienen.

Indes, ob man nun das gutsituierte französische Offizierskorps betrachtet, oder die armen, arroganten, ehrgeizigen preußischen Junker, oder irgendeinen der Zwischentypen, die sich in kleineren europäischen Staaten entwickelten, die gemeinsamen Merkmale sind zahlreicher als die Unterschiede. Die selbstverständliche Kameradschaft, die es bei den alten Söldnern gegeben hatte, wo höheres Alter gleichbedeutend war mit größerer Erfahrung und junge Adlige in Reih und Glied mit gemeinen Soldaten und Glücksrittern ihren Spieß oder ihre Muskete trugen, hatte einer streng hierarchischen Struktur Platz gemacht, innerhalb derer eine klare Trennungslinie gezogen war zwischen den Offizieren, die in einem direkten und persönlichen Treueverhältnis zur Krone standen und einen aristokratischen Lebensstil pflegten, gleich ob sie adlig geboren waren oder nicht, und den «Mannschaften», die als eine Welt für sich betrachtet wurden. Diese in ganz Europa teils zusammengeworbenen, teils zum Kriegsdienst gepreßten und von einer Klasse von Wachhunden, den Unteroffizieren, unter Kontrolle gehaltenen Männer wurden durch reichliche Anwendung der Knute gefügig gemacht und so lange gedrillt, bis sie in der Lage waren, auch auf dem Schlachtfeld wie Automaten jene planmäßigen Manöver auszuführen, die allein geeignet waren, ihren langgezogenen starren Linien Beweglichkeit zu verleihen, oder auch – was noch wichtiger war – stundenlang unbewegt zu verharren und dem gegnerischen Feuer selbst auf Kernschußweite nicht zu weichen.

Tatsächlich waren die Schlachten so verlustreich und Berufssoldaten so schwer zu ersetzen, daß im 18. Jahrhundert die Generale es ähnlich ungern auf ein Gefecht ankommen ließen wie die Führer der Landsknechtsheere zwei Jahrhunderte zuvor. In seinen ‹Rêveries de Guerre› (1732) traf Marschall Saxe die vielzitierte Feststellung: «Ich bin kein Freund der offenen Feldschlacht, besonders zu Beginn eines Krieges, und ich bin überzeugt, daß ein geschickter General sein ganzes Leben lang Krieg führen könnte, ohne sich in eine Schlacht hineinzwingen zu lassen.» Friedrich der Große ließ in seiner ‹Instruktion für die Generale› 1747 seine Sympathie für diese Auffassung erkennen: «Das größte Geheimnis des Krieges und die Meisterleistung eines geschickten Generals ist die Aushungerung seines Gegners. Mit den Menschen wird man durch Hunger eher fertig als mit Tapferkeit, und Euer Erfolg ist mit weniger Wagnis erkauft, als wenn Ihr Euch schlagt. Da es aber höchst selten vorkommt, daß man dem Krieg durch die Wegnahme eines Vorratslagers ein Ende macht, und da nur große Schlachten die Entscheidung bringen, muß man alle diese Mittel zur Erreichung seines Zieles anwenden.» Und weiter heißt es dort: «Der Krieg wird nur durch Schlachten entschieden und auch beendigt. Man muß sich also schlagen, aber im richtigen Augenblick und unter Wahrung aller Vorteile … Die besten Gelegenheiten, die man sich verschaffen kann, sind die Abschneidung des Feindes von seinen Lebensmitteln und die Wahl eines der Eigenart Eurer Truppen vorteilhaften Geländes.»[4]

Diese Zitate geben uns einen gewissen Aufschluß über das Wesen, die Probleme und die Ziele der Militärstrategie des 18. Jahrhunderts. Das Problem, ein Heer von bis zu 70 000 Mann beim Marsch durch feindliches Territorium kontinuierlich mit Nahrung, Tierfutter und Munition versorgt zu halten, war das erste, das die Generale zu meistern lernen mußten, und viele kamen gar nicht dazu, mehr als dies zu leisten. Ein Feldzug konnte nur eröffnet werden, wenn man zuvor an den Grenzfestungen genügend Nachschubmaterial für die ganze Saison zusammengetragen hatte; und da das Futter für die Pferde und Maultiere einen wichtigen Teil des Bedarfs eines marschierenden Heeres darstellte, konnte kein Feldzug vor dem Frühsommer beginnen. Die Geschwindigkeit des Vormarsches hing sodann nicht nur von den Strecken ab, die schwerbeladene Truppen auf schlechten Wegen in einem Tag zurücklegen konnten, sondern auch von dem Tempo, mit dem es gelang, entlang den Verbindungswegen im Rücken der Truppe Magazine einzurichten, und von der Zeit, welche die Nachschubtrecks benötigten, um von der Nachschubbasis zum Magazin und vom Magazin zur Front zu gelangen. Ausdrücke wie Basis, Flanke, Nachschubwege, innere und äußere Linie gingen um diese Zeit in den militärischen Sprachschatz ein.

Spätestens nach ein paar Tagen Marsch stieß das vorrückende Heer auf eine feindliche Festung, und sein Befehlshaber mußte sich entscheiden, ob sie umgangen oder aber belagert werden sollte. Eine Belagerung konnte den ganzen Sommer über dauern; aber weiterzuziehen und die Festung als ständige Bedrohung der eigenen Nachschubwege im Rücken zu haben, kam nur dann in Frage, wenn man ausreichende Kräfte zu ihrer «Abschirmung» zurückließ. Tat man dies bei mehreren Festungen, dann war die Hauptstreitmacht geschwächt und dem gegnerischen Heer unterlegen. Nur ein wagemutiger Befehlshaber, der die Risiken und Chancen sorgfältig abwog und seine Truppen so in Schuß hatte, daß sie ein hohes Marschtempo anschlagen konnten, durfte hoffen, innerhalb der wenigen Monate, die ihm bis zu den die Straßen unpassierbar machenden Herbstregenfällen blieben, zu entscheidenden Erfolgen kommen zu können. Die meisten schätzten sich glücklich, wenn sie innerhalb einer Saison eine oder zwei Belagerungen erfolgreich beenden und sich eine günstige Stellung für den Feldzug des folgenden Jahres sichern konnten. Solche kleinen Siege aneinanderzureihen bis sie sich zu einer Gesamtwirkung addierten, die einen finanziell ausgezehrten Gegner zwang, Frieden zu schließen, erschien ihnen besser, als eine Entscheidungsschlacht zu suchen, in der Vorteile, die man über mehrere Jahre hinweg errungen hatte, binnen ebensovieler Stunden verlorengehen konnten – insbesondere wenn man bedachte, daß die politischen Ziele, für die die Kriege geführt wurden, selten solche blutigen Lösungen rechtfertigten.

Die Theorie und Praxis der Kriegführung in Europa konzentrierte sich daher im späten 18. Jahrhundert vorwiegend auf Probleme der Belagerungskunst, des Festungsbaus, der Truppenbewegung und des Nachschubs; alle diese Themen brachten eine enorme Literatur hervor. Das Heer wurde, in Clausewitz' Worten, zu einem «Staat im Staate, in dem das Element der Gewalt allmählich in den Hintergrund trat». Es verbrachte den größten Teil seiner Zeit in tiefstem Frieden, und selbst in Kriegszeiten war es nur in den vier oder fünf Sommermonaten jeden Jahres im Feld. Für die Außenstehenden war es ein Symbol der staatlichen Macht. Für seine Angehörigen selbst war es eine abgeschlossene, eigene Welt, eine Subkultur, die ihren eigenen Tagesablauf, ihre eigenen Zeremonien, ihre eigene Musik, Kleidung, Sitten und Gewohnheiten besaß und in vielen Armeen der Welt bis heute besitzt. Die übrige Bevölkerung nahm an dem, was das Heer, sei es in Kriegszeiten, sei es im Frieden tat, wenig Anteil und wurde dazu auch nicht ermuntert. Auch nicht in England, wo doch die öffentliche Begeisterung für Kriege, besonders für Seekriege, die den nationalen Reichtum beförderten und nur einen winzigen Anteil der Bevölkerung in Mitleidenschaft zogen, nicht geringer war als anderswo. Laurence Sterne kam auf seiner *Sentimental Journey* bis nach Paris, ehe ihn jemand daran gemahnte, daß er, da England und Frankreich im Kriegszustand waren, besser daran täte, sich einen Paß zu besorgen. Auf dem europäischen Festland nahmen Handels- und Reiseverkehr, kultureller und wissenschaftlicher Austausch in Kriegszeiten fast unbehindert ihren Fortgang. Die Kriege waren Kriege der Könige. Die Aufgabe des guten Bürgers bestand darin, seine Steuern zu entrichten, und eine gute Wirtschaftspolitik bestand darin, ihn in Ruhe das Geld verdienen zu lassen, aus dem diese Steuern flossen. Seine Mitwirkung war weder bei der Entscheidung darüber gefragt, wann gegen wen Krieg geführt werden sollte, noch bei den Kriegshandlungen selbst, es sei denn, der einzelne fühlte sich in jugendlichem Abenteuerdrang dazu berufen. Kriege gehörten zu den *arcana regni*, den königlichen Privatangelegenheiten.

Man könnte die These vertreten, es sei nicht die geringste Leistung der europäischen Zivilisation, daß sie aus den Wolfsrudeln, die so viele Jahrhunderte lang die schutzlosen Völker Europas terrorisiert hatten, trainierte und gehorsame Jagdhunde – in gewisser Beziehung vielleicht sogar dressierte Pudel – gemacht hatte. Gerade dieser Erfolg aber rief eine Gegenreaktion hervor. In dem Maß, wie Europa an Wohlstand zunahm, wuchs auch der Reichtum und das Selbstbewußtsein eines Bürgertums, das für dieses militärische Element in seiner Gesellschaft, für diesen Fremdkörper mit seiner aristokratischen Offizierskaste und seiner Soldateska nicht die geringste Sympathie hegte; für diese Bürger waren die Militärs bestenfalls eine Truppe von Spezialisten, mit deren Angelegenheiten sie selbst nichts zu tun hatten, und im schlimmsten Fall ein Gegenstand ihres Spottes und ihrer Verachtung. Die Männer der Aufklärung nahmen den Krieg nicht mehr als unausweichliches Schicksal der Menschheit hin, als mit Geduld und Tapferkeit zu tragendes Los; und die Nationalökonomen des 18. Jahrhunderts sahen in ihm nicht mehr das einzigartige Mittel zur Gewinnung von Reichtümern, wie es ihre Vorgänger im 17. Jahrhundert mit so großer Selbstverständlichkeit getan hatten. Es breitete sich immer stärker die Überzeugung aus, daß der Reichtum einer Gesellschaft aus dem freien und unbehinderten Handel mit Gütern resultierte, die eine wohlwollende Vorsehung so weise über die Oberfläche der Erde verteilt hatte, daß die Menschen, indem sie sie untereinander austauschten, in immer engere, harmonische und friedvolle Beziehungen zueinander treten würden. So lehrten es die Physiokraten in Frankreich und die Schüler des großen Adam Smith in England. Kriege waren die Folge mißverstandener Gesetze, falscher Einschätzungen und organisierter Interessen; würde die Welt von klarsichtigen Männern geleitet, die Einsicht in das wahre Wesen von Mensch und Gesellschaft besaßen, dann brauchte es sie nicht zu geben. So lehrten es Voltaire und die Enzyklopädisten. Soldaten waren für sie Überlebende einer vergangenen Epoche, Vertreter eines Lebensstils, von dem aufgeklärte Menschen sich emanzipierten und von dem sich eines nicht fernen Tages die gesamte Menschheit lossagen würde.

Dies war die eine Reaktion auf das Aufkommen der Berufsheere. Aber es gab noch eine andere, von dieser sehr verschiedene. Es gab in Frankreich auch Männer, die in diesen vom Rest der Gesellschaft hermetisch abgeschlossenen monolithischen Institutionen, die das Kriegführen zu einer immer enger spezialisierten und undurchschaubareren Wissenschaft machten, einen unzulänglichen Ausdruck der großen sozialen und politischen Kräfte sahen, die sich unter der ruhigen Oberfläche der Gesellschaft des späten 18. Jahrhunderts zu sammeln und zu organisieren begannen; diese Kräfte würden sich notgedrungen neue, adäquatere Formen der militärischen Organisation, neue Methoden der Kriegführung schaffen.

Einer der Sprecher dieser Denkrichtung war Comte Jacques de Guibert, dessen ‹Essai générale de tactique› 1772 veröffentlicht wurde. Er begann mit einer scharfen Kritik an der zeitgenössischen Kriegführung.

«Wir eröffnen unsere Feldzüge mit Armeen, die weder personell gut ausgestattet noch gut bezahlt sind. Welche Seite auch gewinnt, beide sind gleichermaßen erschöpft. Die nationale Verschuldung steigt, der Kredit sinkt, das Geld geht zur Neige. Die

Flotte findet keine Matrosen, das Heer keine Soldaten mehr. Die Minister beider Parteien finden es an der Zeit, zu verhandeln. Es wird Frieden geschlossen. Ein paar Kolonien oder Provinzen wechseln den Besitzer. Oft bleibt die eigentliche Ursache für den Konflikt bestehen, und jede Partei sitzt auf ihren Trümmern und sieht zu, daß sie ihre Schulden abzahlt und von neuem die Messer wetzt.

Aber stellen wir uns einmal vor, in Europa würde ein neues Volk erstehen, reich an Genie und Hilfsquellen und mit einer kraftvollen Regierung; ein Volk, bei dem sich strenge Tugend mit einem nationalen Heer zu einer entschlossenen Politik der nationalen Größe verbinden würde, das sein Ziel nicht aus den Augen verlöre, das einen preiswerten Krieg zu führen und von seinen Siegen zu leben verstünde und nicht in die Lage käme, aus Geldmangel die Waffen niederlegen zu müssen. Wir würden miterleben, wie ein solches Volk seine Nachbarn unterwerfen und ihre schwachen Regierungssysteme umstürzen würde, wie der Nordwind, der durch das junge Schilf fegt.»[5]

In den Augen Guiberts bestand jedoch keine Aussicht, daß so etwas passieren würde. «Ein solches Volk wird nicht erstehen», schrieb er bedauernd, «weil es in Europa keine Nation mehr gibt, die zugleich kraftvoll und neu wäre. Sie werden einander alle ähnlich und verderben sich gegenseitig.» Guibert starb 1791, ein Jahr zu früh, um mitzuerleben, wie seine bemerkenswerte Vision sich anschickte, Wirklichkeit zu werden.

5. Die Kriege der Revolutionäre

Im letzten Jahrzehnt des 18. Jahrhunderts wurde die soziale, wirtschaftliche, politische und militärische Ordnung der europäischen Gesellschaft bis in ihre Grundfesten erschüttert. Europa war im 18. Jahrhundert ein System von Staaten gewesen, deren Grenzen unmißverständlich festgelegt waren und deren Fürsten innerhalb ihrer Länder als absolute Herrscher regierten. Ihre Beziehungen untereinander wurden von einem auf eindeutigen internationalen Rechtsgrundsätzen beruhenden diplomatischen Protokoll bestimmt. Auch ihre Kriege führten sie nach genau festgelegten protokollarischen Regeln und mit Berufsheeren, deren Soldaten aus ganz Europa zusammengeworben waren und deren Offiziere einer beinahe ebenso internationalen Gemeinschaft aristokratischer Familien entstammten. All dies wurde nun in Frage gestellt und mancherorts auch geändert. Daß solche Veränderungen in ganz Europa in Gang kamen, war weitgehend die Folge eines fast 25 Jahre, von 1792 bis 1815, nahezu ununterbrochen wütenden Krieges zwischen dem revolutionären Frankreich und seinen Nachbarn, eines Krieges, wie es ihn in diesen Dimensionen seit den Barbareneinfällen nicht mehr gegeben hatte. Gab dieser Krieg einerseits Anstoß für revolutionäre Veränderungen, so war er andererseits doch ebensosehr deren Symptom.

Die Art und Weise der Kriegführung im 18. Jahrhundert war so innig mit dem Wesen der die Kriege führenden Gesellschaft verknüpft, daß die Revolution der einen auch eine Revolution der anderen herbeiführen mußte. Hatten die Menschen erst einmal aufgehört, im Staat das persönliche Eigentum einer Herrscherfamilie zu sehen, gleich mit welcher Kraft und Hingabe sich der eine oder andere Fürst auch für die Interessen seines Volkes einsetzen mochte, und hatten statt dessen mächtige gesellschaftliche Kräfte, die sich abstrakten Zielen wie Freiheit, Nation oder

Revolution verschrieben hatten, den Staat für ihre Zwecke vereinnahmt und große Teile der Bevölkerung dafür gewonnen, in ihm die Verkörperung eines absoluten Wertes zu sehen, für den kein Preis zu hoch, kein Opfer zu schade war, so wirkte auch die zurückhaltende und zaudernde Kriegführung des Rokoko auf einmal wie ein absurder Anachronismus. Wie Carl von Clausewitz, der in dieser Epoche lebte, erkannte, führten Kriege kein Eigenleben, sondern waren ein Ausfluß staatlicher Politik, die Fortsetzung der Politik mit anderen Mitteln. Wie sich Staaten wandelten, so wandelte sich auch ihre Politik, und so wandelten sich ihre Kriege.

Betrachten wir die französischen Armeen, die das alte Regime in ganz Europa erschütterten und ein, wenn auch sehr kurzlebiges, neues Karolingisches Reich von der Weichsel bis zum Atlantik schufen, so entdecken wir keineswegs irgendwelche neuen Waffen, die ihren Siegeszug erklären können. Von der Bewaffnung her gab es zwischen dem Heer Napoleons und dem Friedrichs des Großen kaum Unterschiede. Es gab einige wichtige taktische Neuerungen, aber keine, die nicht schon vor den Revolutionskriegen jahrzehntelang von Militärtheoretikern weithin diskutiert und bis zu einem gewissen Grade im Felde erprobt worden wären. Von diesen Neuerungen können wir vier besonders herausheben: zum einen die Einteilung der Armeen in selbständige *Divisionen*, die sich, da sie parallel auf verschiedenen Wegen marschieren konnten, rascher und flexibler manövrieren ließen; zum zweiten der Einsatz frei beweglicher, in freier Formation feuernder Schützenkorps – «leichter Infanterie»; zum dritten ein flexiblerer Einsatz der Artillerie auf dem Schlachtfeld, um an einem gegebenen Punkt Konzentration und Feuerüberlegenheit herstellen zu können; und schließlich der Übergang von der Linienformation zur Kolonne, einer Formation, die mehr auf den Sturmangriff als auf das Abwehrfeuer zugeschnitten war – der Schritt von der *ordre mince* zur *ordre profonde*.

Die beiden ersten dieser Neuerungen waren durch eine Verbesserung der Infanteriewaffen möglich geworden, die jedoch bereits am Ende des 17. Jahrhunderts eingeführt worden war: Durch die Steinschloß-Muskete und das Bajonett erhielt der einzelne Infanterist bessere Möglichkeiten und mehr Spielraum sowohl für das Schießen als auch für die Selbstverteidigung, und kleine, mit diesen Waffen ausgerüstete Gruppen konnten als Vorhut, Nachhut oder Flankenschutz von der Hauptmacht der Truppe abkommandiert werden. Solche Kommandos vermochten sich selbst gegen überlegene feindliche Kräfte zu halten, bis Verstärkung eintraf oder ihre taktische Aufgabe erfüllt war. Mitte des Jahrhunderts war die Abordnung derartiger Spezialkommandos für den *guerre des postes* zur gewohnten Praxis geworden, und nach dem Siebenjährigen Krieg schlug der französische General Pierre de Bourcet vor, die gesamte Truppe in dieser Art zu organisieren. Statt eine Armee als massiven Block mit einigen abgesonderten Spähtrupps marschieren zu lassen, regte Bourcet in seinen ‹Principes de la Guerre des Montagnes› (1775) an, sie in selbständige, alle Waffen enthaltende Divisionen aufzuteilen, die auf getrennten Wegen marschierten und sowohl sich gegenseitig unterstützen als auch aus eigener Kraft operieren könnten. Das würde nicht nur ein weit größeres Marschtempo, sondern auch größere Beweglichkeit und rascheres Manövrieren ermöglichen.

Zu den traditionellen «Kriegswissenschaften» der Belagerungskunst und des Nachschub- und Versorgungswesens kam daher nun zwangsläufig ein strategischer Gesichtspunkt neuer Art: Man mußte berechnen lernen, wie lange eine Division brauchen würde, um einer anderen zu Hilfe zu kommen, und wie lange eine Einheit von gegebener Stärke voraussichtlich aus eigener Kraft dem Gegner standhalten konnte. Übrigens bot diese Art der Truppenaufstellung noch einen weiteren Vorteil: Kleine, auf Nebenstraßen marschierende Einheiten waren nicht einzig und allein auf den Heeresnachschub angewiesen, sondern konnten sich bis zu einem gewissen Grad selbst versorgen, was ein noch höheres Marschtempo ermöglichte. Und da in den wohlhabenden Ländern Westeuropas in der zweiten Hälfte des 18. Jahrhunderts die Verkehrswege ausgebaut und zusätzliche Gebiete für die Landwirtschaft erschlossen wurden, eröffneten sich für diese Art der Truppenbewegung zunehmend bessere Möglichkeiten.

In dem Maße, wie der *guerre des postes*, die kleinen Vorhut- und Flankengefechte in Wäldern und Dörfern im Umfeld der

Truppenhauptmacht, zu einem festen Bestandteil der Kriegführung des 18. Jahrhunderts wurde, wuchs der Bedarf an speziell dafür ausgebildeten Soldaten. Für solche Aufgaben bedurfte es selbstbewußter, geistesgegenwärtiger und zuverlässiger Männer, und an diesen haperte es in einer Truppe, die darauf gedrillt war, in Linienformation unter den wachsamen Augen ihrer Offiziere zu kämpfen. Wenn es ein europäisches Heer gab, das über viele hierfür talentierte Soldaten verfügte – eine Folge anhaltender Kämpfe gegen die Türken auf dem Balkan –, so war es das österreichisch-ungarische. Es hatte sich für die Verteidigung der Grenzen des Kaiserreichs örtliche Spezialtruppen herangezogen, die in ihrer Art unvergleichlich waren: die kroatischen *Panduren*, die ungarischen *Husaren* und die albanischen *Stradioten*, die als vorwiegend leichte Kavallerie für Spähdienste und Stoßtruppunternehmen eingesetzt wurden. Als Kaiserin Maria Theresia 1741 im Österreichischen Erbfolgekrieg ihre westlichen Gebiete gegen die Übergriffe der Preußen und Franzosen verteidigen mußte, setzte sie diese Kräfte mit sehr gutem Erfolg ein. Ihre Gegner warfen ihr vor, diese leichten Truppen, die weit im Vorfeld und an den Flanken des kaiserlichen Haupttheeres operierten, seien nichts anderes als Räuber und Mörder; nichtsdestoweniger mußten sie Schritte zu ihrer Abwehr unternehmen. So begannen sowohl Franzosen als auch Preußen mit der Aufstellung spezieller *Chasseurs*- oder *Jägerbataillone*, die in unwegsamem Gelände, in Bergen und Wäldern feindlichen Kommandotrupps nachstellen konnten. Friedrich der Große stellte eigene *Husarenbrigaden* und – mit großem Widerwillen – *Freibataillone* für den *guerre des postes* auf; er bezeichnete sie abfällig als «Abenteurer, Deserteure und Vagabunden, die sich von der regulären Infanterie nur durch den Mangel dessen unterschieden, was die Infanterie stark gemacht hat, nämlich Disziplin». Eine Schule für den unorthodoxen Kleinkrieg waren auch die Wälder Nordamerikas, wo britische, französische und amerikanische Truppen den begrenzten Wert der regulären europäischen Schlachttaktiken erkannten, und wo «irreguläre» Methoden der Kriegführung überwogen. Am Vorabend der Revolutionskriege waren leichte Infanterieverbände verschiedenster Art, oft zur Tarnung in der grünen Tracht der Jäger, ein anerkanntes Element in allen europäischen Heeren.[1]

Was die Artillerie betrifft, so wurden bereits die von Jean-Baptiste de Gribeauval angeregten und in den sechziger Jahren des 18. Jahrhunderts im französischen Heer verwirklichten Reformen erwähnt, durch die die Geschütze der Franzosen Standardmaße erhielten und beweglicher und treffsicherer wurden. Ihr zeitgenössischer Einsatz auf dem Schlachtfeld wurde von Chevalier Jean du Teil analysiert, der zusammen mit seinem Bruder, Baron Joseph du Teil, zu den Förderern und Lehrern des jungen Napoleon Bonaparte gehören sollte. In seiner Schrift ‹De l'usage de l'artillerie nouvelle dans la guerre de Campagne› (1778) zeigte du Teil, wie vom Belagerungskrieg her vertraute Methoden auf das Schlachtfeld übertragen werden konnten, insbesondere wie man mit konzentriertem Geschützfeuer eine Bresche in die gegnerische Schlachtordnung reißen und daraus Nutzen ziehen konnte. Er strich taktische Zusammenhänge wie die wechselseitige Abhängigkeit von Feuer und Bewegung und die Vorteile des verdeckten gegenüber dem direkten Feuer heraus, kam jedoch stets wieder auf die Notwendigkeit zur Konzentration der Kräfte zurück. «Wir müssen möglichst viele Truppen und eine größere Zahl von Geschützen an der Stelle konzentrieren, wo wir die feindliche Stellung aufbrechen wollen … Wir müssen unsere Artillerie an den Angriffspunkten, die über den Sieg entscheiden müssen, vervielfachen … Eine solchermaßen klug unterstützte und massierte Artillerie erzielt entscheidende Wirkungen.»[2]

Der Wunsch nach einer entscheidungsträchtigen Konzentration der Kräfte, um den verlustreichen und teuren Stillstand zu vermeiden, der aus der Konfrontation orthodoxer Schlachtlinien resultierte, stand auch hinter der Forderung nach Einführung der für einen Infanterieangriff günstigeren Kolonnenformation, der *ordre profonde*, einer Forderung, die im französischen Heer schon seit dem Spanischen Erbfolgekrieg ihre Befürworter gehabt hatte. Die Franzosen hatten nie so große Stücke wie die Preußen auf die *ordre mince*, die Linienformation, gehalten, die eiserne Disziplin und eine hundertprozentig gedrillte Truppe voraussetzte, ja die in der Tat nur mit einer recht merkwürdig zugerichteten Truppe funktionierte. Der führende französische Militärschriftsteller des frühen 18. Jahrhunderts, der Chevalier de Folard, setzte sich mit so überzeugenden Argumenten für die Angriffskolonne ein – eine tiefe, eher keilförmige Formation, die weniger für ein gleichmäßiges Feuer als vielmehr für eine maximale Stoßkraft beim Sturmangriff sorgen sollte –, daß seine Lehren im französischen Heer bis zur Revolution wirksam blieben. Die katastrophalen Erfahrungen, die man bei dem Versuch machte, sie im Österreichischen Erbfolgekrieg praktisch anzuwenden – die französischen Kolonnen waren vom feindlichen Linienfeuer buchstäblich in Stücke gerissen worden –, führten im weiteren Verlauf des Jahrhunderts zu Verfeinerungen und Abwandlungen der Taktik. Die besten Reformvorschläge kamen von Guibert, dessen flexible *ordre mixte* – kleine Schlachtkolonnen, die sich bei Bedarf in Linienordnung aufstellen konnten – zur Grundlage der französischen Heeresrichtlinien von 1791 wurde und zumindest formell die Doktrin der Revolutionsarmeen bildete.

Aber als die Revolution sich 1792 gegen die einfallenden Heere ihrer Feinde zu verteidigen hatte, gab es wenig Gelegenheit, nach militärischen Formeln und Lehrsätzen zu handeln. Vom alten königlichen Heer blieb nur ein Teil der revolutionären Regierung treu, und dieser Teil galt als unzuverlässig. Gedrillte, disziplinierte Infanterietruppen waren nicht mehr in ausreichender Zahl verfügbar, um weiterhin die Taktiken des *ancien régime* zu praktizieren. Die gelichteten Reihen der Soldaten mußten mit Freiwilligen aufgefüllt werden, die nicht bereit waren, die traditionelle blinde Disziplin zu akzeptieren, ganz abgesehen davon, daß gar nicht die Zeit war, sie darauf zu trimmen. So machten die revolutionären Armeen aus der Not eine Tugend: Sie erhoben den Rousseauschen Gedanken des «natürlichen Menschen» zu ihrem leitenden Grundsatz und machten mit den Künstlichkeiten des alten Systems Schluß. Ihre Soldaten kämpften als freie Männer, um ihre Freiheit zu verteidigen, und die natürliche Kampfart für freie Männer war eine Verbindung aus dem Einzelkampf im Scharmützel und dem massierten Angriff im Kolonnenverband zum Schlachtruf «*à la baionette!*». Es war dies in der

Tat die einzig mögliche Kampfweise für Soldaten, die einen oder zwei Tage vor der Schlacht zum ersten Mal eine Muskete in die Hand bekamen, und sie bewährte sich durchaus nicht schlecht. Man darf nicht vergessen, daß die revolutionären Armeen über ein tragfähiges Skelett von Berufssoldaten, Unteroffizieren und jungen Offizieren verfügten, die die ihnen unter dem alten Regime vorenthaltenen Chancen und Aufgaben mit Freude ergriffen, und ganz besonders galt dies für die Artillerie- und die leichten Infanterieeinheiten, über die die Hofaristokratie die Nase rümpfte. Die Kanonade von Valmy im September 1792, die die Revolution rettete, wurde zwar noch von der regulären Artillerie der alten königlichen Armee veranstaltet. Im Jahr darauf jedoch wurde das französische Heer neu formiert: Elemente der alten und der neuen Ordnung wurden nach einem formalen System miteinander verbunden, indem je ein reguläres Bataillon mit zwei Freiwilligenbataillonen zu einer Brigade zusammengefaßt wurde; entsprechend fand die weiße Farbe der alten königlichen Uniform in der Trikolore zwischen dem Rot und dem Blau der neuen Nationalgarde ihren Platz. Das Erfolgsgeheimnis der neuen französischen Armeen bestand in dieser Kombination des Professionalismus der alten königlichen Armee mit dem Enthusiasmus eines Volkes in Waffen.

Diese Verbände hätten vielleicht nicht so gut – und ganz bestimmt nicht so lange – gekämpft, wie sie es tatsächlich taten, wäre nicht als organisierende Kraft hinter ihnen anfänglich ein fanatisch totalitäres Regime gestanden, und wären sie nicht von dem genialsten Feldherrn geführt worden, den die Welt seit Alexander dem Großen gesehen hatte. Und gewiß hätten sie die ersten paar Jahre des revolutionären Krieges nicht durchgestanden, geschweige denn siegreich bestanden, hätten sie den schlagkräftigen Berufsheeren ihrer Feinde nicht mit großer zahlenmäßiger Überlegenheit entgegentreten können. Die europäischen Monarchien alten Stils mußten ihren Militärhaushalt sehr sorgfältig kalkulieren; der Unterhalt regulärer Streitkräfte stellte eine große Belastung für die Staatskasse dar. Für ein revolutionäres Volk jedoch spielten Zahlen keine Rolle. Als 1793 der Strom der Freiwilligen verebbte, wurde durch das Gesetz vom 23. August dekretiert:

«Vom heutigen Tag an bis zu dem Tage, an dem unsere Feinde vom Territorium der Republik vertrieben sein werden, besteht für alle Franzosen eine ständige Wehrpflicht.» Die Feinde waren binnen eines Jahres vom französischen Staatsgebiet vertrieben, aber Rekruten wurden noch für weitere zwanzig Jahre mit immer rücksichtsloserer Konsequenz einberufen. Am Ende des Jahres 1794 hatte der Organisator der revolutionären französischen Armeen, Lazare Carnot, mehr als eine Million Mann unter Waffen, und er machte von ihnen Gebrauch, um auf jedem Schlachtfeld mit überwältigender zahlenmäßiger Überlegenheit anzutreten. *«Agir toujours en masse!»* war seine Parole. «Keine Manöver mehr, keine Kriegskunst mehr, sondern Feuer, Stahl und Vaterlandsliebe!» Das Element der nackten, barbarischen Gewalt, das im 18. Jahrhundert beinahe aus der Kriegführung verschwunden war, trat nun wieder in den Vordergrund. «Der Krieg ist ein Zustand der Gewalt», schrieb Carnot. «Man muß ihn auf Biegen und Brechen führen, oder man kann heimgehen.» Und solange zu Hause der Terror an der Tagesordnung war, sollte er es auf dem Schlachtfeld umso mehr sein. «Wir müssen vernichten», mahnte er, «vernichten bis zum bitteren Ende!»[3] Schluß also mit den vorsichtigen, blutleeren, den Entscheidungskampf scheuenden Kriegen.

Wenn man Männer zwangsweise einziehen konnte, dann konnte man dies auch mit den nationalen Vorräten tun, die zu ihrer Bewaffnung, Ausrüstung, Einkleidung und Ernährung benötigt wurden; in Verfolgung dieser Absicht versuchten Carnot und seine Mitarbeiter, eine dem Krieg dienende Planwirtschaft durchzusetzen, wobei die Angst vor der Guillotine als politisches Druckmittel diente. Alles Getreide bis auf das für den lokalen Verbrauch erforderliche wurde beschlagnahmt. Ein landeseinheitliches Brot, genannt *pain d'égalité*, wurde eingeführt und gegen Brotkarten ausgegeben. Für alle Verbrauchsgüter wurden Höchstpreise festgesetzt. Die Vorräte an Luxusgütern wurden requiriert, um im Austausch gegen kriegsnotwendige Materialien exportiert zu werden; eine Zentralkommission regulierte den gesamten Außenhandel. Das Transportwesen und die industrielle Erzeugung wurden verstaatlicht und den Kriegsbedürfnissen angepaßt. Wer sich diesen Beschränkungen entzog, etwa indem er Waren hortete oder auf den Schwarzen Markt brachte, wurde mit dem Tode bestraft. Die Herstellung von Waffen, Munition, Uniformen und Kriegsausrüstung wurde auf nationaler Grundlage organisiert. Man ging sogar so weit, Wissenschaftler auf die Arbeit an Problemen der Metallurgie, der Explosivstoffe, der Ballistik und anderer für die Rüstungsproduktion wichtiger Forschungsbereiche zu verpflichten. In Meudon wurde ein Forschungslabor eingerichtet, das die ersten militärischen Beobachtungsballone entwickelte. Zwischen Paris und der Grenze wurden optische Telegrafen installiert. Zum ersten Mal in der Geschichte wurde der Wissenschaftsbetrieb eines ganzen Landes für die Kriegführung eingespannt.

Die Praxis hielt jedoch nicht, was die kühnen Pläne versprachen. Mit den damals verfügbaren Mitteln konnte eine totalitäre Herrschaft nicht durchgesetzt werden, nicht gegen ein Volk, das, nachdem die unmittelbare Invasionsgefahr einmal abgewehrt, nicht länger bereit war, sie sich gefallen zu lassen. Nachdem das Regime des Schreckens und der Tugend unter Robespierre im Thermidor 1794 gestürzt worden war, ging das Geschäft der Heeresversorgung wieder an private Unternehmer über; und da die *Intendantur*, der normalerweise für die Erledigung solcher Aufgaben zuständige Verwaltungsapparat, für die Überwachung von Vorgängen dieser Größenordnung nicht gerüstet war, blühte die Korruption. Die Heereslieferanten wurden zu den auffälligsten Neureichen unter dem Direktorium und im Kaiserreich, und die Steuerzahler Frankreichs – und später Europas – wurden nach Strich und Faden ausgequetscht. In einem treffenden Spruch hieß es, in den napoleonischen Armeen gebe es drei Kategorien von Helden: die hohen Offiziere, die über Ruhm und Reichtum verfügten, die übrigen Offiziere und Soldaten, die Ruhm, aber keinen Reichtum besaßen, und die Kriegskommissare, die Reichtum, aber keinen Ruhm hatten.[4]

Das riesige französische Heer nach 1794 zu demobilisieren, kam nicht in Frage; es zu tun, hieße Frankreich ins innere Chaos zu stürzen. Aber ebensowenig konnte Frankreich es ernähren. Der Krieg, der als Abwehrkampf zum Schutze Frankreichs und seiner Revolution begonnen hatte, verwandelte sich daher zunächst in einen Plünderungs- und dann in einen Eroberungskrieg. Dem Direktorium war es ziemlich gleich, wohin die französischen Armeen sich wandten, solange sie und ihre Generale im Ausland blieben. Der junge Bonaparte führte seine hungrigen und zerlumpten Truppen 1796 mit dem simplen Versprechen nach Italien, daß sie dort würden plündern können; damit setzte er einen Eroberungsmechanismus in Gang, der bald eine Eigendynamik entwickelte. Wenn wir uns die Frage stellen, warum die Soldaten Napoleon nicht nur nach Italien, sondern auch nach Ägypten, nach Deutschland, nach Polen und schließlich bis nach Rußland folgten, und uns klarmachen, daß eine wachsende Zahl der unglücklichen jungen Rekruten nur deshalb dazu bereit war, weil sich für sie keine Alternative bot, obgleich sie viel lieber zu Hause geblieben wären, dann erkennen wir, daß die Antwort teilweise in der Aussicht auf Kriegsbeute, teilweise in der Hoffnung auf eine soldatische Karriere – denn die napoleonischen Armeen waren erstklassige Vehikel des sozialen Aufstiegs – und teilweise in der Lust am Abenteuer zu suchen ist. Alle diese Motive ließen sich in dem Begriff der *gloire*, des Ruhms, zusammenfassen. Die starren Strukturen des *ancien régime* waren zerschlagen, und dem Mutigen, Gescheiten und Glücklichen stand jede Tür offen. Wie der Herzog von Wellington es ausdrückte: «(Napoleon) war zugleich Herrscher über sein Land und Führer seiner Armee. Dieses Land beruhte auf einer militärischen Grundlage. Alle seine Einrichtungen waren auf den einen Zweck zugeschnitten, seine Armeen im Hinblick auf Eroberungen zu organisieren und zu unterhalten. Alle Ämter und Auszeichnungen des Staates waren zunächst ausschließlich für das Heer reserviert. Ein Offizier, ja ein einfacher Soldat konnte hoffen, für seine Dienste mit der Herrschaft über ein Königreich belohnt zu werden.»[5]

Der romantische Heldenmut, der die Kunst der Epoche so stark beeinflußte, vertrug sich bei den Soldaten der *Grande Armée* also bestens mit einer eher unverhohlenen Raublust. Generationen von Franzosen aus allen Schichten sollten später mit verständlicher Nostalgie auf diese Zeit zurückblicken.

Dies war das allgemeine Bewußtsein, und dies war das Instrument, das Napoleon vorfand, und er machte sich beides mit einer Genialität zunutze, die ebenso eine politische wie eine militärische war. Von seinen historischen Vorgängern hat vielleicht nur Marlborough eine vergleichbare Gabe besessen, einen Feldzug nicht nur als eine Reihe einzelner Belagerungen und Schlachten, sondern als ein Ganzes zu sehen – das Ziel im Auge zu behalten, dem alle militärischen Operationen dienten, ob es, wie 1796 im Falle Piemonts, darum ging, einen wankelmütigen Gegner zu isolieren und auf die eigene Seite zu ziehen, oder wie im Falle Preußens 1806 darum, einen mächtigen Feind vollkommen zu vernichten. Es waren also politische Ziele, welche die strategische Planung diktierten; und die strategische Planung zielte darauf ab, den kritischen Punkt in der gegnerischen Stellung zu erkennen und ihn mit unwiderstehlicher Kraft anzugreifen. So viel hatte Napoleon von du Teil und aus den Überlegungen gelernt, die er selbst als Artilleriekadett angestellt hatte. «Strategische Pläne sind wie Belagerungen», schrieb er; «konzentriere dein Feuer auf einen einzigen Punkt. Ist die Bresche einmal geschlagen, dann ist das Gleichgewicht dahin, und alles weitere nützt nichts mehr.»[6] Bei einem zahlenmäßig überlegenen Feind war der kritische Punkt der, an dem man einen Teil der gegnerischen Truppen abspalten konnte, um dann einen Teil nach dem anderen zu schlagen, wie es Napoleon 1796 in Italien und beinahe nochmals 1814 bei Waterloo gelang. Bei einem unterlegenen Gegner war es der Punkt, an dem seine Verbindungslinien am verwundbarsten waren, so daß er nur die Wahl hatte, es entweder trotz seiner numerischen Schwäche auf eine Schlacht ankommen zu lassen, oder sang- und klanglos zu kapitulieren wie der glücklose österreichische General Mack 1805 bei Ulm.

Der entscheidenden Konzentration auf einen Punkt ging eine zunächst sehr breite *Streuung* der Truppen voraus, eine so gleichmäßige Verteilung, daß es unmöglich im Vorhinein auszumachen war, wo Napoleon zuzuschlagen beabsichtigte. In den vier Friedensjahren zwischen 1801 und 1805, der einzigen längeren Atempause zwischen seinen Kriegen, reorganisierte Napoleon das französische Heer nach einem Muster, das sich alle europäischen

Streitkräfte zu eigen machen und an dem sie die folgenden eineinhalb Jahrhunderte festhalten sollten. Diese neue Heeresorganisation ermöglichte einen fast beliebig dezentralisierten Aufmarsch
und Einsatz der Truppen unter einem einheitlichen Oberbefehl.
Jede Armee wurde in Korps aufgeteilt, von denen wiederum jedes zwei oder drei Divisionen Infanterie und Kavallerie zu je
8000 Mann umfaßte. Eine Division zerfiel in zwei Brigaden, eine
Brigade in zwei Regimenter, jedes Regiment in zwei Bataillone.
1805 waren diese Korps an Plätzen in ganz Westeuropa statio-
niert – in Nordfrankreich, den Niederlanden, in Hannover –, von
wo sie nach einem perfekt funktionierenden Zeitplan in Süd-
deutschland zusammengezogen wurden, um das österreichische
Heer bei Ulm einzuschließen. Dann fächerten sie sich wieder
auf, um bei Austerlitz die Österreicher und Russen einzukreisen.
Im Jahr darauf marschierten sie, wie Treiber ausschwärmend,
nach Norden, um bei Jena die Preußen zu vernichten. Die kom-
plizierten Berechnungen, die erforderlich waren, um diese groß-
räumige Bewegung Hunderttausender von Männern über hin-
dernisreiches Gelände und Straßen verschiedenster Beschaffenheit
durchführen zu können, Berechnungen, für deren Ausführung
spätere Generationen große Generalstäbe einrichteten, bewerkstelligte Napoleon ganz allein in seinem phänomenalen Kopf.

Diese strategischen Manöver verfolgten das Ziel, die französischen Armeen in die für die Führung der Schlacht günstigste
Position zu bringen – die Schlacht, die für Napoleon nicht bestenfalls ein notwendiges Übel war, sondern der grandiose Höhepunkt des gesamten Feldzugs. Und dafür machte sich Napoleon
die Taktiken der Revolutionsarmeen zu eigen und verfeinerte sie.
Vorauskommandos und Scharfschützen schwärmten im Vorfeld
der Haupttruppe aus, um die feindliche Abwehr zu irritieren. Die
Artillerie bestrich die gegnerischen Linien; und Infanteriekolon-
nen von jeweils mehreren tausend Mann stießen wiederholt und
enthusiastisch mit Bajonetten in die feindliche Front hinein, bis
sich ein schwacher Punkt zeigte, gegen den Napoleon sein Geschützfeuer konzentrieren und seine Reserven werfen konnte.
Eine solche Taktik konnte, wurde sie ungeschickt gehandhabt
und verfügte der Gegner über eine zuverlässige und gut postierte

Truppe wie die Briten in Spanien oder bei Waterloo, böse ins Auge gehen. Aber auch die Preußen hatten bei Jena eine zuverlässige und professionelle Truppe, und doch brach deren Disziplin nach einem stundenlangen Artillerie- und Störfeuer – von einem Gegner, den sie nicht einmal zu sehen bekam – zusammen. Und wenn die feindlichen Linien schließlich zusammengebrochen waren, ließ Napoleon seine Kavallerie zur Verfolgung ausschwärmen, um mit ihr die Vernichtung der Wehrkraft und der Staatsmacht des Feindes zu vervollständigen; durch eine tiefe militärische Durchdringung des Feindlandes suchte er dessen Bevölkerung einzuschüchtern und ihr jede Hoffnung auf ein Wiedererstarken zu nehmen.

Als jedoch der Krieg immer weiterging und die Qualität der neu eingezogenen Rekruten nachließ, näherte sich die Taktik Napoleons immer mehr der Suche nach dem direkten, offenen Schlagabtausch an. Die nach 1806 ausgehobenen Truppen wurden weder im Marschieren noch im Manövrieren gedrillt, ja kaum in der Handhabung ihrer Feuerwaffen. Was sie an grundlegenden Fertigkeiten benötigten, lernten sie auf dem Marsch von ihren Kameraden. 1809 warf Napoleon seine Kolonnen bei Aspern-Eßling fast unvorbereitet gegen die Österreicher in die Schlacht und holte sich dafür eine wohlverdiente Niederlage. Er versuchte danach, die mangelnde Qualität seiner Truppen durch eine erhebliche Vermehrung der Geschütze wettzumachen, aber auch seine so errungenen Siege waren mit zunehmend schwereren Verlusten erkauft. Für Aspern rächte er sich wenige Tage später bei Wagram, verlor jedoch 30 000 Mann in der Schlacht (gegenüber 8000 bei Austerlitz). 1812 bei Borodino versuchte er es erst gar nicht mit Manövern gegen die russischen Stellungen, sondern griff sie geradewegs an und trug schließlich den Sieg davon, verlor dabei aber kaum zu verschmerzende 30 000 Mann, ohne Kutusows Armee auch nur annähernd zerschlagen zu haben. Bei ihrem ungestümen Anrennen gegen die Wellingtonschen Linien bei Waterloo verloren die Franzosen 25 000 von 72 000 Mann, über ein Drittel ihrer Gesamtstärke.

Wenn Napoleon eine Schlacht nicht gewann, war seine gesamte Strategie durchkreuzt. Er vernachlässigte zwar die Probleme der

Heeresversorgung nicht, traf vielmehr zu Beginn eines jeden Feldzugs sorgfältige Vorbereitungen, aber das Tempo, zu dem er seine Armeen antrieb, machte es den Nachschubkolonnen unmöglich, Schritt zu halten. So mußten die Soldaten wie ihre Vorgänger im Dreißigjährigen Krieg weitgehend vom Land leben. Napoleon erwartete, daß sie selbst für sich sorgten, und dies taten sie auch, wenngleich sie sich und die französische Sache dadurch nicht sehr beliebt machten. Aber als die Zahl der Soldaten seines Heeres in den sechsstelligen Bereich stieg, ließ sich dies nur noch für eng begrenzte Zeiträume praktizieren und nur, solange die Truppen auf dem Marsch waren. Um ihre Versorgung für längere Zeit sicherzustellen, waren sie darauf angewiesen, nach siegreicher Schlacht die feindlichen Magazine zu erobern und darüber hinaus die Bevölkerung des besiegten Landes in Anspruch zu nehmen. Als Napoleon freilich 1807 in die weniger fruchtbaren Gebiete Europas vorzudringen begann, nach Polen (im Anschluß an die Schlacht von Eylau) und nach Spanien, wurde die Heeresversorgung zu einem lästigen und letztlich unlösbaren Problem. Das Geheimnis von Wellingtons Erfolg in Spanien war die kühl berechnete, rücksichtslose Konsequenz, mit der er die französischen Nachschubschwierigkeiten ausnützte und verschärfte, während er auf der anderen Seite sicherstellte, daß bei ihm keine solchen Probleme auftraten. Die gelungene Selbstbehauptung der Russen 1812 beruhte darauf, daß es ihnen gelang, Napoleon die von ihm gesuchte Entscheidungsschlacht vorzuenthalten, und daß sie ihn weit tiefer in ihr Land vordringen ließen, als seine Nachschubmöglichkeiten es eigentlich zuließen. Der Winter und der Hunger besorgten den Rest. In den drei Jahren, die ihm noch verbleiben sollten, mußte Napoleon sich auf Operationen eher traditionellen Zuschnitts beschränken; und entsprechend kamen die Heere seiner Feinde, bei denen sich traditionelle militärische Qualitäten erhalten hatten, besser zum Zug.

Es soll nicht die Verdienste der Gegner Napoleons schmälern, wenn hier die These vertreten wird, daß sein Niedergang schließlich und endlich weniger ihren Bemühungen als den Schwächen seiner eigenen Methoden zuzuschreiben ist – Methoden, welche

die Kräfte Frankreichs und die Gunst des Kriegsglücks so unerhört strapazierten, daß die strafende Gerechtigkeit ihn früher
oder später einfach einholen mußte. Die Erfolge, die solche kühl-
besonnenen Befehlshaber der alten Schule wie Erzherzog Karl
von Österreich und der Herzog von Wellington errangen, zeigten, daß die strategischen und taktischen Lehren des 18. Jahrhunderts mit ihrem Nachdruck auf soliden Nachschubverbindungen
und straffer Disziplin auf dem Schlachtfeld noch immer ihren
Wert besaßen. Aber es war ebenso offensichtlich, daß ein gedan-
kenloses Festhalten an Dogmen des 18. Jahrhunderts angesichts
der Methoden Napoleons fatale Folgen hatte; und nirgendwo
wurde dies deutlicher als in dem Staat, der die Kriegführung
im 18. Jahrhundert zu höchster Perfektion entwickelt hatte: im
Königreich Preußen.

Die praktische Erfahrung, die Preußen bei seiner kurzen Teilnahme am Ersten Koalitionskrieg 1792/95 sammelte, und die
Schlüsse, die sich aus der Beobachtung der Feldzüge Napoleons
zwischen 1796 und 1801 ziehen ließen, hatten eine Gruppe jünge-
rer Offiziere im preußischen Heer zu der Überzeugung gebracht,
daß sie hier mit einem neuen Element in der Kriegführung konfrontiert waren: daß die Freisetzung nationaler Kräfte, wie sie
sich in der Französischen Revolution manifestiert hatte, keine
einmalige historische Erscheinung war, sondern einen grundlegenden Wandel anzeigte, der sowohl die politischen als auch die
militärischen Verhältnisse in den Ländern Europas umformen
würde und auf den auch Preußen reagieren mußte, nicht nur
mit militärischen, sondern auch mit politischen Reformen. Die
Katastrophe von Jena 1806 war eine schlagende Bestätigung der
Ansichten dieser Männer, deren Sprecher Gerhard von Scharnhorst, Hermann von Boyen, August von Gneisenau und Carl von
Clausewitz waren. Scharnhorst, ihr führender Kopf, wurde zum
Präsidenten der nach der Schlacht von Jena eingerichteten Kom-
mission für Heeresreform berufen, die eine Neuorganisation der
preußischen Armee ausarbeiten sollte. Es war klar, daß es nicht
genügte, französische Prinzipien und Techniken wie das System
der Divisionen und die Aufstellung leichter Infanterie schema-
tisch zu imitieren. Solange das preußische Heer aus langdienen-

den Berufssoldaten bestand, denen die übrige Bevölkerung Verachtung und Ablehnung entgegenbrachte, und deren Disziplin durch die Peitsche erzwungen war, war an eine ernsthafte Militärreform nicht zu denken. Ein Heer mußte aus überzeugten, intelligenten und zuverlässigen Patrioten bestehen, die sich als Verteidiger ihres Vaterlandes sahen und vom Rest der Gesellschaft auch so gesehen wurden. Aber wenn diese Menschen ihr Vaterland verteidigen sollten, so mußte man ihnen, wie Gneisenau trocken bemerkte, erst einmal ein Vaterland geben. Und sollte dieses Vaterland einfach nur aus den erblichen Gebieten der Hohenzollernkönige bestehen? Gehörte zum Begriff des Vaterlandes nicht die edlere, großzügigere Vorstellung eines deutschen Staates?

Dies waren gefährliche Gedankengänge – in der Tat betrachteten die Hohenzollern und die Habsburger die Unterdrückung solcher Gedanken als ein Ziel ihres Kampfes gegen Frankreich. Das Ansinnen, Feuer mit Feuer bekämpfen zu wollen, war kaum geeignet, in Preußen Anklang zu finden, und Scharnhorst und seine Gesinnungsfreunde fanden sich mit erbittertem Widerstand seitens des Hofs und starker Kräfte im Heer konfrontiert. Manche gaben entmutigt auf und verdingten sich, wie Clausewitz, beim russischen Heer. Aber 1813, als die Armeen Napoleons geschlagen aus Rußland zurückkehrten, änderten sich die Konstellationen. Eine Welle der vaterländischen Begeisterung, die ganz Deutschland und alle Klassen seiner Gesellschaft erfaßte, schwemmte viele der alten Hemmnisse hinweg. Die allgemeine Wehrpflicht wurde eingeführt und eine nationale Wehrtruppe aufgestellt, die *Landwehr*, die von gewählten Offizieren befehligt wurde und in der alle Männer im wehrfähigen Alter dienen mußten, die nicht zum eigentlichen Heer einberufen wurden. Das Heer und die Landwehr konnten zusammen nahezu 600 000 Mann ins Feld schicken, die, zuerst eher unbeholfen, aber unbeirrbar und tapfer kämpfend, ihren gewichtigen Anteil am Sieg über Napoleon in der Völkerschlacht von Leipzig 1813, am Einmarsch in Frankreich, der den Kaiser 1814 zur Abdankung zwang, und an seiner endgültigen Niederwerfung 1815 hatten. Die napoleonischen Eroberungen hatten die Deutschen veranlaßt, als «Nation in Waffen» zu handeln; aber da diese Nation noch keinen Ausdruck in Gestalt eines einheitlichen Staatsgebildes finden konnte, harrte hier noch ein großes Problem seiner zukünftigen Lösung.

Der Gnadenstoß, den Napoleon bei Waterloo erhielt, wurde gemeinsam geführt von einem preußischen Heer unter dem Befehl Marschall Blüchers und einem überwiegend britischen Heer unter dem Herzog von Wellington, und dieses letztere war ebensosehr das Produkt einer militärischen Wiedergeburt wie das erstere. Das Heer war in England aufgrund der Insellage des Landes und seiner beherrschenden Stellung auf den Meeren das ganze 18. Jahrhundert hindurch eine kleine und zweitrangige Einrichtung gewesen, zu deren Aufrechterhaltung jährlich neu die Zustimmung eines mißtrauischen Parlaments eingeholt werden mußte, eine Zustimmung, die eher widerstrebend gewährt wurde. In Friedenszeiten war dieses Heer hauptsächlich mit Garnisonsdienst in den überseeischen Besitzungen Englands beschäftigt, zu denen auch Irland gehörte, das unter allen der größte Unruheherd war. Im Kriegsfall wurden *ad hoc* neue Regimenter ausgehoben, die bei Eintritt des Friedens wieder aufgelöst wurden. In regulären, der Krone unterstellten Streitkräften sah man, um die größte rechtswissenschaftliche Koryphäe des 18. Jahrhunderts, Blackstone, zu zitieren, «nur vorübergehende, aus einem Notstand des Staates geborene Auswüchse, nicht aber einen Bestandteil der bleibenden und unveränderlichen Gesetze des Königreichs».[7] Zur Verteidigung des Staatsgebietes verließen sich die herrschenden Klassen in England in erster Linie auf die königliche Marine und in zweiter Linie auf die Miliz, die *Constitutional Force*, die der Landadel unter seiner Kontrolle behielt. Der Argwohn gegenüber den Machtbefugnissen einer Krone, die 1688 deutlich ihre Absicht verraten hatte, mit Hilfe eines stehenden Heeres ihre Macht zu erweitern, erlosch nur sehr langsam. Die durch die Revolutionskriege nötig gewordene Vergrößerung des Heeres – von weniger als 40 000 Mann im Jahre 1793 auf nahezu 150 000 im Jahre 1801 – ging unter den kritischen Augen eines in jeder Phase wachsamen Parlaments vor sich. Als der königliche Oberbefehlshaber des Heeres, der Herzog von York, in diesem Zeitraum den Versuch machte, ihm eine den kontinentalen Heeren vergleichbare Schlagkraft zu verleihen, wurde er deswegen von Whigs und Radikalen gleichermaßen angegriffen. Zukunftsorientierte Vorschläge, eine königliche Militärhochschule für die Ausbildung von Offizieren zu gründen, wurden als Anzeichen für despotische Neigungen gewertet. Tatsächlich war es, ungeachtet dessen, daß das Heer im Prinzip zur Treue gegenüber der Krone verpflichtet war, der Adel, der es effektiv unter Kontrolle behielt, und zwar mittels der Käuflichkeit der Offizierspatente und der Beibehaltung eines Regimentssystems, das dafür sorgte, daß Wohlstand – auch in bescheidenem Umfang – und gesellschaftliche Auslese bei der Vergabe von Offiziersstellen mitentscheidende Faktoren blieben.

Das britische Heer blieb daher auch in der Zeit der napoleonischen Kriege ein Heer des 18. Jahrhunderts, ein getreues Abbild der stabilen Klassenstruktur der englischen Gesellschaft. Seine Offiziere rekrutierten sich überwiegend aus dem kleinen Erb- und Landadel – so gut wie gar nicht aus dem Bildungs- und Besitzbürgertum –, während seine Mannschaften aus den gesellschaftlichen Randgruppen geworben wurden. Und diese beiden Bestandteile des Heeres standen nebeneinander als in sich geschlossene Körper, die nur durch die Schicht der Unteroffiziere miteinander in Verbindung traten. Einige wenige führende Militärs, so vor allem Sir John Moore und Sir Ralph Abercromby, versuchten, dieses starre System zu durchbrechen und nach französischem Vorbild etwas mehr Flexibilität und Selbständigkeit durchzusetzen; aber die beherrschende Figur war Arthur Wellesley, Herzog von Wellington, ein Mann, der die ganze gelassene Selbstsicherheit des 18. Jahrhunderts verkörperte und sie bis in die zweite Hälfte des 19. Jahrhunderts hinüberrettete. Wellington sah keine Notwendigkeit für Reformen. Er beherrschte die Kriegführung nach dem Muster des 18. Jahrhunderts meisterhaft, und die begrenzte Aufgabenstellung der Feldzüge, die er führen mußte, zwang ihn auch nicht dazu, sich etwas Neues einfallen zu lassen. Ein französischer General der Epoche soll einmal gesagt haben, die britische Infanterie sei die beste der Welt, und es sei eine gute Sache, daß es nur so wenige Divisionen davon gebe. Aber gerade darin, daß diese Infanterie so klein war, lag der

Grund für ihre Qualität. Hätten die Engländer ein Heer von kontinentalen Maßstäben aufstellen müssen, dann hätten sie sich auch weit stärker an die kontinentalen Vorbilder halten müssen; und dies wiederum hätte weitreichende Konsequenzen für die Struktur ihrer eigenen Gesellschaft nach sich gezogen.

Daß sie kein Heer kontinentalen Zuschnitts aufstellen mußten, verdankten die Engländer der Vorherrschaft zur See, die sie durch ihre Flotte errungen hatten und aufrechterhielten, einer Flotte, die um die Wende zum 19. Jahrhundert als professionelle Streitmacht wohl auf der Welt nicht ihresgleichen hatte. Die Franzosen hatten das ganze 18. Jahrhundert hindurch versucht, England diese Vorherrschaft streitig zu machen. Die Siege der Royal Navy im Siebenjährigen Krieg 1756–1763 hatten Frankreich als Rivalen um die Kolonien in Nordamerika und Indien ausgeschaltet; aber die französische Marine lernte aus ihren Fehlern und vermochte den Briten zwanzig Jahre später, einfach dank größerer seemännischer und militärischer Tüchtigkeit, eine Reihe von Niederlagen zuzufügen, die England zwangen, den Versuch zur Unterdrückung des Freiheitskampfes seiner amerikanischen Kolonien aufzugeben.

Aber die Revolution zersprengte die professionellen Führungseliten, die für die hervorragenden Leistungen der französischen Flotte verantwortlich gewesen waren, und der revolutionäre Elan allein erwies sich beim Umgang mit Kriegsschiffen als wenig hilfreich. Sowohl die Befehlsstrukturen als auch das Versorgungssystem der französischen Flotte verfielen. Was die Briten betraf, so dachten sie ausführlich darüber nach, welche Fehler zu den zwischen 1778 und 1783 erlittenen Demütigungen geführt hatten. Das Parlament zeigte sich gegenüber der Marine großzügiger als gegenüber dem Heer: In den beiden ersten Jahren nach dem Friedensschluß, 1784 und 1785, wurden 20 Millionen Pfund (von einem Gesamtvolumen der Staatsausgaben von 50 Millionen) für den Neuaufbau der Flotte ausgegeben. Der Augiasstall der Marineverwaltung wurde von einem neuen Rechnungsprüfer, Sir Charles Middleton, ausgemistet. Admiral Sir Charles Douglas führte im Geschützwesen Reformen durch, die mit denen Gribeauvals in Frankreich vergleichbar waren und durch die das Feuer der Schiffskanonen variabler, schneller und zielsicherer wurde, so daß die britischen Kriegsschiffe es eher riskieren konnten, auf Tuchfühlung mit ihren Gegnern zu gehen und sie aus nächster Nähe zu bekämpfen, statt sie aus der Distanz mit Breitseiten zu bestreichen.

Da ein neues Signalsystem den Flottenkommandeuren ein weit höheres Maß an Initiative, Flexibilität und Kontrolle ermöglichte, führte dieser Nahkampf nicht zu chaotischen Situationen wie bei den alten *mêlées*. Das starre System der Gefechtsordnung, das im 18. Jahrhundert den Seekrieg ebenso vollständig beherrscht hatte wie den Landkrieg, war schon im Amerikanischen Unabhängigkeitskrieg ins Wanken geraten. Vielmehr standen den britischen Admiralen eine Vielzahl praktischer Formationen und Varianten zu Gebote, und eine klug vorausschauende Admiralität ermunterte sie, Gebrauch davon zu machen. Rodney, Howe, Jarvis und vor allem Nelson machten vor, wie sich die neuen Techniken mit solidem professionellen Können und den Gegner verwirrenden taktischen Finessen verwenden ließen, und sie vernichteten nacheinander die Flotten aller ihrer traditionellen Gegner, der Spanier, der Holländer und der Franzosen, und schufen England eine Vormachtstellung auf den Weltmeeren, die es bis ins 20. Jahrhundert hinein zu bewahren vermochte.

Es war diese – nach der Seeschlacht von Trafalgar 1805 uneingeschränkte – Vormachtstellung, die England in die Lage versetzte, einen noch größeren Beitrag zur Niederlage Napoleons zu leisten: die Kontinentalblockade. Unter den wirtschaftlichen Bedingungen jener Zeit, als die Nationen Europas in ihrer Ernährung noch weitgehend autark waren, galt die gegenseitige Handelsblockade, wie sie England und Frankreich übereinander verhängten, anfänglich bei keiner der beiden Seiten als Versuch, den Gegner auszuhungern (wie es im 20. Jahrhundert in den beiden Weltkriegen der Fall war), sondern als eine neue Spielart jener «Kriege der Kaufleute», mit denen wir uns schon beschäftigt haben, als Rückkehr zu den merkantilistischen Versuchen, den Gegner durch die Ausschaltung seines Handels finanziell zu ruinieren. Einer der Gründe für die Kurzlebigkeit des 1802 in Amiens geschlossenen Friedens zwischen England und Frankreich war, daß Napoleon, von der französischen Wirtschaftswelt darin bestärkt, den Vorsatz faßte, den auf Colbert zurückgehenden Handelskrieg gegen England wiederaufzunehmen, nachdem dieser Krieg durch den Eden-Vertrag von 1786 (jenen tapferen Versuch William Pitts, die freihändlerischen Grundsätze Adam Smiths in die Tat umzusetzen) eine vorübergehende Unterbrechung erfahren hatte. Von den inländischen Zollschranken des *ancien régime* befreit und durch die Kohle- und Eisenvorkommen in ihren neuen, den Belgiern abgenommenen Nordprovinzen gestärkt, waren die Franzosen jetzt zu gefährlichen Konkurrenten geworden. Die wechselseitige Handelsblockade spielte im Ersten und Zweiten Koalitionskrieg eine sehr wichtige Rolle; wobei Frankreich in der Lage sein sollte, ähnlich wie zwischen 1780 und 1783 die Handelsnationen Nordeuropas zu einer Liga der bewaffneten Seeneutralität, einer Abwehrfront gegen die Zumutungen der britischen Blockade, zu vereinigen. Als daher Napoleon im Jahre 1806, nachdem England durch Trafalgar die Seeherrschaft und Frankreich durch Austerlitz und Jena die Herrschaft über das europäische Festland errungen hatten, die Berliner Dekrete erließ, mit denen alle unter seinem Einfluß stehenden Länder für englische oder von Engländern gehandelte Güter gesperrt wurden, setzte er damit nur eine altgewohnte Politik fort.

Die Briten antworteten mit der Verhängung einer Blockade, deren Ziel nicht darin bestand, den französischen Handel zu vernichten, sondern ihn in eine totale Abhängigkeit von England zu bringen. Wie es ein britischer Staatsmann jener Zeit ausdrückte: «Frankreich hat sich mit seinen Dekreten dafür entschieden, allen Handel mit England zu unterbinden. England erklärte darauf, Frankreich dürfe keinen Seehandel betreiben, außer mit England.»[8] Schiffen neutraler Länder wurde der Handelsverkehr mit dem französischen Einflußgebiet nur unter von den Engländern auferlegten Bedingungen gestattet; eine Restriktion, die den Engländern bald Reibungen und schließlich 1812 einen Krieg mit den Vereinigten Staaten einbrachte. Und da auf dem kontinentaleuropäischen Markt große Nachfrage nicht nur nach englischen Produkten wie Textilien und Metall, sondern auch nach denjenigen

Kolonialwaren (Baumwolle, Farbstoffe, Zucker, Kaffee) bestand, deren Handel die Engländer jetzt monopolartig beherrschten, vermochten diese mit ihrer Blockade das europäische Festland vor nahezu untragbare Probleme zu stellen, denen nur durch großangelegten Schmuggel einigermaßen abzuhelfen war – und die französische Regierung sah sich gezwungen, diesen Schmuggel nicht nur stillschweigend zu dulden, sondern sich auch aktiv daran zu beteiligen.

Dies hatte zur Folge, daß die Völker Europas sich weniger der politischen Fortschritte gewahr wurden, die ihnen die Bannerträger der Französischen Revolution brachten, als der Repressions- und Korruptionspraktiken einer nicht ausreichend kontrollierten Wirtschaft. Napoleon war, um das Funktionieren des selbstauferlegten Blockadesystems sicherzustellen, gezwungen, seine Herrschaft noch weiter auszudehnen. Spanien, Portugal und Italien wurden 1808 gezwungen, sich seinem «Kontinentalsystem» anzuschließen, was im gesamten Mittelmeerraum eine proenglische Stimmung erzeugte. Holland und Norddeutschland wurden 1809, Schweden 1810 in das System integriert; und Napoleon beklagte sich händeringend, wenn England nicht wäre, könnte er seine Armeen auflösen und in Frieden leben. Wenn bis 1812 das gesamte europäische Festland, selbst Frankreich, in einen Zustand gärender Unzufriedenheit geraten war, so war dies zu großen Teilen das Ergebnis der geduldigen, unauffälligen Blockadearbeit der englischen Flotte, einer Arbeit, die durch die vorhergegangenen Siege möglich geworden war. 1812 war auch das Jahr, in dem Zar Alexander von Rußland, der mit seinem Land fünf Jahre zuvor in Tilsit dem Kontinentalsystem beigetreten war, zu der Einsicht gelangte, daß ein weiterer Stillstand seines Holz- und Getreidehandels mit England nicht tragbar war, und den wirtschaftlichen Verkehr mit London wieder aufnahm. Napoleon sah keine andere Wahl, als ihn mit Waffengewalt gefügig zu machen.

Die Medaille hatte indes noch eine andere Seite. Auch die britische Wirtschaft kam nicht unversehrt davon. Krieg war nicht mehr, wie noch hundert Jahre zuvor, gleichbedeutend mit vermehrtem Handel und Gewinn. Die englischen Kaufleute, die den französischen Kolonialhandel an sich rissen, fuhren dabei nicht schlecht, aber von weit größerer Bedeutung waren inzwischen die inländischen Fabrikanten, deren Textilien und Metallprodukte sich nur schwer aufs europäische Festland schmuggeln ließen, abgesehen davon, daß dort ohnehin nur ein begrenzter Markt für diese Erzeugnisse vorhanden war. Eine 1808 eingetretene Überangebotskrise konnte zeitweise dadurch entschärft werden, daß sich nach der Invasion Napoleons auf der iberischen Halbinsel die Märkte des spanischen und des portugiesischen Empires für den englischen Handel öffneten. Die Exporte nach Südamerika stiegen von 8 Millionen Pfund im Jahre 1805 auf nahezu 20 Millionen Pfund 1809, und es bildete sich ein System von Handelsbeziehungen heraus, das bis zum Zweiten Weltkrieg Bestand haben sollte. Aber dies war ein Erfolg mit Schattenseiten. Fieberhafte Spekulationstätigkeit führte 1810 zu einem Zusammenbruch des Marktes. Zur selben Zeit waren die Vereinigten Staaten, um für die britische Kontinentalblockade Vergeltung zu üben, zu einem Boykott britischer Erzeugnisse übergegangen, und auch der englische Export nach Europa fiel von 7,7 Millionen Pfund im Jahre 1810 auf 1,5 Millionen Pfund 1811. In den englischen Warenlagern stauten sich die unverkäuflichen Erzeugnisse, es gab Entlassungen, Krawalle und erste Fälle von Maschinenstürmerei, und um die englischen Probleme auf die Spitze zu treiben, ließ eine Reihe von Mißernten den Brotpreis in die Höhe schnellen. Das britische Heer wurde aufgeboten, um eine Aufgabe wahrzunehmen, die es in den folgenden vierzig Jahren stärker beschäftigen sollte als alle kriegerischen Auseinandersetzungen mit anderen Mächten: den Unmut des englischen Volks zu unterdrücken.

Hinter den spektakulären militärischen Geschehnissen der revolutionären und der napoleonischen Ära spielte sich also ein Kampf zwischen zwei konkurrierenden Wirtschaftssystemen ab, der letzten Endes nicht weniger entscheidend und für die Zukunft der Kriegführung sogar weitaus bedeutsamer war. Der Krieg begann totale Züge anzunehmen – Züge einer Auseinandersetzung nicht nur zwischen nationalen Heeren, sondern zwischen Nationen unter Einschluß der gesamten Bevölkerung. Und dieser Trend sollte mächtigen Auftrieb erhalten durch gewisse technische Entwicklungen, die nur wenige Jahre nach Abschluß des Wiener Kongresses ihre das Gesicht Europas nachhaltig verändernden Wirkungen zu entfalten begannen.

6. Die Kriege der Nationen

Nachdem die herrschenden Klassen Europas es sich nach 1814 mühsam wieder in den Sätteln bequem gemacht hatten, aus denen 25 Jahre der Revolution und der Invasion sie beinahe gehoben hätten, war es ihre Hauptsorge, sicherzustellen, daß sich so etwas wie die napoleonische Herrschaft nicht wiederholen würde; daß vielmehr das politische und gesellschaftliche Gleichgewicht, das Europa im 18. Jahrhundert in einem Zustand der Stabilität gehalten hatte, wiederhergestellt und aufrechterhalten würde. Die Wiederherstellung dieses Gleichgewichts war ihnen ein weit wichtigeres Anliegen als die Nutzbarmachung jener neuen politischen und militärischen Kraftreserven, die, wie die Französische Revolution gezeigt hatte, unter der Oberfläche der europäischen Gesellschaften schlummerten. Wenn eine militärische Schlagkraft, wie sie Napoleon entfaltet hatte, von einer revolutionären Umwälzung der Gesellschaft als Ganzes abhing, dann war dies ein Preis, den die restaurierten Monarchien nicht zu zahlen bereit waren. Napoleons Art der Kriegführung mochte für eine Macht, die das europäische Staatensystem über den Haufen zu werfen versuchte, noch so großen Wert besitzen, für Staatsmänner, die dieses System zu erhalten suchten, hatte sie wenig Bedeutung.

Für die Dauer eines halben Jahrhunderts kehrten daher die europäischen Heere, soweit sie konnten, zum Grundmuster des 18. Jahrhunderts zurück: ein aristokratisches Offizierskorps und eine langdienende professionelle Truppe, beide vom Rest der Gesellschaft isoliert gehalten. Diejenigen Staaten, die an der Struktur ihrer Streitkräfte nur unbedeutende oder provisorische Veränderungen vorgenommen hatten, um der napoleonischen Herausforderung zu begegnen – Großbritannien, Rußland, Österreich-Ungarn –, kehrten ohne Schwierigkeiten zu ihren

herkömmlichen Methoden zurück. In Preußen war es allerdings nicht möglich, die von Scharnhorst und seinen Kollegen
entworfenen und durch das Heeresgesetz von 1814 verwirklichten Reformen – die allgemeine Wehrpflicht, drei Jahre bei
der Truppe und zwei bei der Reserve, sowie eine vom Heer ge-
trennte Landwehr mit gewählten Offizieren aus der begüterten
Schicht – wieder ganz rückgängig zu machen. Die Reformer
selbst wurden jedoch kaltgestellt oder in den Ruhestand versetzt, die Landwehr ließ man zu einem Herrenklub degenerie-
ren, die Wehrpflicht wurde so zurückhaltend und vorsichtig wie
möglich praktiziert, und die Aristokratie durfte ihre totale Vorherrschaft innerhalb des Offizierskorps wieder aufrichten. In
Frankreich war eine so vollständige Rückkehr zum *ancien régime*
nicht möglich: Hier mußten die militärischen Institutionen auf
dem Fundament des alten napoleonischen Heeres errichtet werden – eine Aufgabe, der sich zwei ehemalige Hauptleute des
großen Korsen annahmen: Gouvion St. Cyr im Jahre 1818 und
Soult 1832. Die von ihnen gestaltete Militärgesetzgebung ließ
den Grundsatz der allgemeinen Wehrpflicht bestehen; aber indem
sie den Wehrdienst auf sieben Jahre festsetzten und ihn praktisch nur für diejenigen Schichten zur Pflicht machten, die zu
arm waren, um sich davon freizukaufen, bauten sie mit ihrer
Hilfe eine langdienende professionelle Armee auf, die sich stark
von der «Nation in Waffen» der revolutionären Periode unterschied. Eine Armee, die allerdings nicht von Aristokraten, sondern von Berufsoffizieren geführt wurde, die sich auf den niedri-
geren Rangstufen zum großen Teil aus der dienenden Truppe
rekrutierten, die wenig Verbindungen zur zivilen Welt unterhielten und bei den häufigen Regierungswechseln, die das politische Leben Frankreichs in der ersten Jahrhunderthälfte kenn-
zeichneten, lernten, daß sie am besten fuhren, wenn sie ihren
dienstlichen Vorgesetzten bedingungslos gehorchten. Das französische Heer erwies sich als ein ebenso verläßliches Instrument
zum Schutz der gesellschaftlichen und politischen Ordnung wie
das britische, das preußische, das österreichische oder das russische; sie alle hatten vierzig Jahre lang meist weit mehr damit zu
tun, im eigenen Land Unruhen und Aufstände zu unterdrücken,

als gegen andere Länder ins Feld zu ziehen oder sich auch nur hierauf vorzubereiten.

Und doch konnten die Erfahrungen der napoleonischen Epoche von nationalen Streitkräften, deren formelle Daseinsberechtigung im Schutz ihres Landes und folglich, wenn nötig, in der Führung des *grande guerre* lag, nicht einfach ignoriert werden. Unter dem unmittelbaren oder nachwirkenden Eindruck der napoleonischen Kriege hatten alle bedeutenderen kriegführenden Mächte Militärakademien für die professionelle Schulung ihrer Offiziere und ihres Stabspersonals gegründet oder zu neuem Leben erweckt – England 1802 das Royal Military College, Frankreich 1808 die Akademie von St. Cyr, Preußen 1810 die Kriegsakademie in Berlin, Rußland 1832 die Kaiserliche Militärakademie –, und die Lehrpläne dieser Schulen beinhalteten eine Aufarbeitung der Lektionen, welche die jüngsten Feldzüge gelehrt hatten. Die militärische Literatur, die schon vor der Revolution ansehnlich gewesen war, wuchs während der Kriege und danach zu einer unüberschaubaren Flut an, da Soldaten jeden Ranges und jeder Nationalität sich beeilten, ihre Erfahrungen aufzuzeichnen und über die Schlüsse zu schwadronieren, die daraus zu ziehen seien. Das größte Ansehen genossen diejenigen Strategen, die die Kontinuität zwischen dem alten Gesicht des Krieges und seinen neuen Formen herausstrichen, die das militärische Können Napoleons und Friedrichs des Großen zusammenbrachten und die fundamentalen Prinzipien herausarbeiteten, die als theoretische Grundlagen der Erfolge dieser beiden großen Feldherren sich, wie man zuversichtlich hoffte, auch in Zukunft bewähren würden. In den Werken solcher Militärtheoretiker – des preußischen Generals von Willisen (‹Theorie des großen Krieges›, 1840), des Engländers Edward Bruce Hamley (‹Operations of War›, 1866) und vor allem des Schweizers Antoine de Jomini (‹Précis de l'Art de la Guerre›, 1838) – wurde die Kriegführung Napoleons, wie die des 18. Jahrhunderts, als bloßes Problem der Truppenbewegungen, der Bedrohung der feindlichen Flanken und Nachschubwege bei gleichzeitigem Schutz der eigenen, der Zusammenziehung überlegener Kräfte am entscheidenden Punkt abgehandelt. Das größte militärtheoretische Werk die-

ser Zeit, Carl von Clausewitz' ‹Vom Kriege› (1832–34), widmete
sich in weiten Teilen eben dieser Suche nach grundlegenden strategischen Prinzipien; Clausewitz beschäftigte sich allerdings stärker mit der Analyse und Erklärung der Unterschiede zwischen
den Kriegen der Revolution und denen des *ancien régime* als
mit der Hervorhebung ihrer Ähnlichkeiten. Der Krieg war, so
betonte er, mindestens ebensosehr eine Angelegenheit morali-
scher und politischer Faktoren wie eine Sache des fachlichen
militärischen Könnens, und gerade der Wandel, den die Französische Revolution im Hinblick auf jene Faktoren bewirkt hatte,
hatte offensichtlich das Wesen der Kriegführung verändert und
die Armeen des *ancien régime* vor eine unerwartete Situation gestellt. Kriege, die mit der ganzen Wucht der nationalen Energien
und mit dem Ziel eines totalen Sieges geführt wurden, würden
immer eine andere Form annehmen als solche, die mit begrenzten
Kräften zur Erreichung begrenzter Ziele unternommen wurden.
Die erstgenannte Kategorie, die des «absoluten Krieges», hätte
vielleicht eher wie ein platonisches Ideal, eine abstrakte Denk-
voraussetzung erscheinen können, hätte Europa nicht während
der revolutionären Epoche den totalen Krieg erlebt. Es wäre, so
schloß Clausewitz, voreilig, nun zu behaupten, daß es einen solchen Krieg nicht wieder geben würde. «Schranken, die gewissermaßen nur in der Bewußtlosigkeit dessen, was möglich sei, lagen,
(lassen sich), wenn sie einmal eingerissen sind, ... nicht leicht
wieder aufbauen ...; und ... die gegenseitige Feindschaft (wird)
sich, wenigstens jedesmal, so oft ein großes Interesse zur Sprache
kommt, auf die Art erledigen, ... wie es in unseren Tagen geschehen ist.»[1]

Genau dieser Ausbruch der nationalen Begeisterung war es,
von dem die Politiker der Restauration, für die er ebenso gefährlich war wie für ihre Feinde, hofften, daß sie ihn nie wieder erleben müßten, und für einen Zeitraum von über dreißig
Jahren gelang es ihnen auch, ihm vorzubeugen. Aber gerade
daß es ihnen gelang, Frieden und Ordnung in Europa so lange
aufrechtzuerhalten, ermöglichte eine industrielle und technische
Blütezeit, in deren Gefolge der Krieg schließlich, als er wieder auf den Plan trat, eine Größenordnung annahm, die selbst

die von Napoleon gesetzten Maßstäbe in den Schatten stellte.

Es waren die Jahre zwischen dem Ende der napoleonischen Kriege 1815 und dem Krimkrieg vierzig Jahre später, in welchen die Umwälzung des Transportwesens zu Lande und zur See durch die Entwicklung der Dampfkraft stattfand. Deren Auswirkungen auf den Seekrieg werden wir im nächsten Kapitel erörtern. Zu Lande bedeutete der Bau der Eisenbahnlinien und ihre Einbeziehung in die Kriegführung, daß die langwierigen, manchmal Wochen beanspruchenden Märsche, die selbst die zäheste Berufsarmee schwächten, ehe sie überhaupt mit dem Feind in Berührung kam, der Vergangenheit angehörten. 1830 wurde bei einem Versuch in England ein Infanterieregiment in zwei Stunden von Manchester nach Liverpool transportiert, eine Strecke von 55 Kilometern, für die es im Fußmarsch zwei oder drei Tage benötigt hätte. Um die gleiche Zeit begannen die Deutschen im Rheinland sorgenvoll zu registrieren, mit welchem Tempo ein neu erstarkendes Frankreich nunmehr große Truppenzahlen schnell und überraschend an der Grenze würde zusammenziehen können, um die napoleonische Invasion zu erneuern. Tatsächlich interessierte die Eisenbahn britische und französische Militärs anfänglich jedoch vor allem als ein Instrument zum Transport ihrer Truppen in die großen Städte, wenn dort Unruhen niederzuschlagen waren, und die aufstrebende Wirtschafts- und Militärmacht Preußen, die mittels eines Eisenbahnnetzes nun ihre in Mitteleuropa verstreuten Territorien wirksam miteinander verbinden konnte, sollte aus dem neuen Transportsystem den größten Nutzen ziehen.

Der erste europäische Krieg, der den militärischen Wert der Eisenbahn demonstrierte, war der Konflikt zwischen Frankreich und Österreich in Norditalien 1859; eine 120 000 Mann starke französische Streitmacht, die im Fußmarsch zwei Monate unterwegs gewesen wäre, erreichte den Kriegsschauplatz binnen elf Tagen. Andererseits machte dieser Feldzug auch die Probleme des Truppentransports auf Schienen sichtbar. Konnten Männer und Pferde auch sehr schnell befördert werden, mit ihrer Ausrüstung und Verpflegung verhielt es sich anders. Die französischen

Truppen fanden sich in Oberitalien ohne Munition, Medika-
mente, Verbandmaterial, Tierfutter, Brückenbau- und Belage-
rungsmaterial wieder und kämpften nur deshalb mit Erfolg, weil
es auch den Österreichern nicht besser erging. Der preußische
Generalstab, der dieses Kräftemessen zwischen den beiden wahr-
scheinlichsten Kriegsgegnern Preußens mit großem Interesse
verfolgte, verfehlte nicht, seine Lektion daraus zu lernen, und
richtete eine Eisenbahnabteilung ein, die, nachdem sie im Krieg
gegen Österreich 1866 ihre Fehler gemacht hatte, im deutsch-
französischen Krieg von 1870/71 die Schiene in bis dahin nicht
gekannter Effektivität militärisch nutzte. Der amerikanische Bürgerkrieg hatte in der Zwischenzeit weitere überzeugende Beispiele für die Probleme und Möglichkeiten geliefert, die der
Transport per Eisenbahn den Militärstrategen bot.

Die schnellere Truppenbewegung war nur einer der militärischen Vorteile, die der Bahntransport in sich barg. Nicht weniger
wichtig war das Behauptungsvermögen, das er der im Feld stehenden Truppe verlieh. Nun waren die Armeen nicht länger
von den Vorräten abhängig, die im Hinblick auf einen einzelnen
Feldzug in vorgeschobenen Magazinen gelagert wurden: Die
Wirtschaft des ganzen Landes konnte jetzt für die Aufrechterhaltung einer kontinuierlichen Versorgung eingespannt werden.
Ferner trafen die Truppen nun in voller Stärke und in gutem phy-
sischen Zustand am Kriegsschauplatz ein, kein unwesentlicher
Gesichtspunkt in den Fällen, in denen sie zu einem erheblichen
Teil aus Reservisten bestanden, die unmittelbar aus dem Zivilleben kamen. Dies brachte freilich den Nachteil mit sich, daß
die Reservisten nicht mehr durch die abhärtende Erfahrung des
Anmarsches gingen und daher der allmählichen Gewöhnung an
die Unbilden des Krieges entbehrten. Zum dritten konnten die
Truppen in gutem Zustand gehalten werden: Die Kranken und
Verwundeten konnten in Lazarette in der Heimat gebracht und
durch gesunde Männer ersetzt werden, und wenn der Kampf länger andauerte, konnte den Soldaten umschichtig Heimaturlaub
gewährt werden. Der Krieg war nun kein fernes Geschehen mehr,
von dem die Zivilbevölkerung nur aus knappen Regierungserklä-
rungen oder mit großer Verspätung aus den Erzählungen der

Soldaten erfuhr. Und die Verbindung zwischen dem Kriegsschauplatz und der Heimat gestaltete sich durch die gleichzeitige
Entwicklung des elektrischen Telegraphen noch enger, der eine
prompte Informationsübertragung nicht nur zwischen den politischen Führern in der Hauptstadt und ihren militärischen Befehlshabern im Felde, sondern auch zwischen den Redaktions-
büros der sich zunehmend fester etablierenden und ehrgeiziger
werdenden Zeitungen und ihren Korrespondenten bei der Truppe
ermöglichte. Die britische Öffentlichkeit konnte 1854–1855 den
Feldzug auf der Krim in weit größerer Ausführlichkeit und infolgedessen mit weit größerem kritischen Interesse verfolgen, als
es noch bei Wellingtons Spanienfeldzug möglich gewesen war;
und beinahe ebenso gut war sie über die Aktivitäten ihrer Streitkräfte in noch abgelegeneren Weltteilen informiert.

Die umwälzenden Neuerungen im Verkehrs- und Kommuni-
kationswesen, die sich im Laufe der ersten Hälfte des 19. Jahrhunderts vollzogen, schufen zwischen den Völkern Europas –
Völkern mit einer zunehmend breiteren belesenen, städtischen
und politisch bewußten Öffentlichkeit – einen neuen Grad der
Vertrautheit und der Teilhabe an den Aktivitäten ihrer Streitkräfte, wenngleich ihre Regierungen noch immer versuchten,
diese gegen das Interesse der Öffentlichkeit abzuschirmen, von
dem, wie sie fürchteten, eher ein zersetzender als ein stärkender
Einfluß ausging. Aber die nämliche Entwicklung, die für die zunehmende Teilnahme der Gesellschaft an den Angelegenheiten
der aus ihr rekrutierten Streitkräfte verantwortlich war, stellte die
Regierungen zugleich vor den rein militärisch bedingten Zwang,
für den Unterhalt dieser Streitkräfte die Mittel der Gemeinschaft
stärker als je zuvor in Anspruch zu nehmen.

Im 18. Jahrhundert hatte allgemeine Einigkeit darüber bestanden, daß der zahlenmäßigen Größe einer auf dem Schlachtfeld
noch sinnvoll einsetzbaren Streitmacht eine klare Obergrenze gezogen war – eine durch die Probleme der Versorgung bestimmte
Grenze. Die militärischen Befehlshaber des 18. Jahrhunderts operierten nur sehr selten mit Heeren von mehr als 80 000 Mann. Wie
wir gesehen haben, sprengten die französischen Armeen der Re-
volutionszeit, die ihre reguläre Versorgung durch organisierte

oder unorganisierte Plünderung ergänzten, diese Grenzen; aber das Debakel, das die um 600 000 Mann starken Heere ereilte, die Napoleon 1812 nach Rußland führte, zeigte, daß selbst diese rücksichtslos improvisierende Heeresversorgung ihre Grenzen hatte. Mit der Einführung der Eisenbahnen jedoch verschwanden diese Grenzen. Als die vielfältigen Abwicklungsprobleme, die der Truppentransport auf der Schiene aufwarf, einmal gemeistert waren – und der preußische Generalstab bekam sie nach 1866 in den Griff –, waren der Heeresgröße nur noch durch die Anzahl der in der Gesellschaft vorhandenen wehrfähigen jungen Männer, die ihrer Einziehung im Wege stehenden politischen und wirtschaftlichen Erwägungen und die für ihre Ausbildung, Ausrüstung und Mobilmachung erheischten Kapazitäten Grenzen gesetzt. 1870 konnte der Norddeutsche Bund gegen Frankreich genau doppelt so viele Soldaten stellen, wie Napoleon nach Rußland geführt hatte – 1 200 000 Mann. Bis 1914 hatte sich die deutsche Truppenstärke nochmals auf 2 400 000 Mann verdoppelt; und einen vergleichbaren Zuwachs verzeichneten auch Deutschlands europäische Nachbarn. Um die Jahrhundertwende hatte sich bei den kontinentalen Mächten die Ansicht durchgesetzt, daß die nationale Sicherheit vorwiegend, wenn nicht ausschließlich, von der zahlenmäßigen Stärke der Truppe abhing, die man ins Feld schicken konnte.

Diese Überzeugung beruhte vor allem auf den Erfahrungen in den deutschen Einigungskriegen von 1866 und 1870/71, als Preußen nur wenige Wochen benötigt hatte, um die Armeen zunächst Österreich-Ungarns und dann Frankreichs zu vernichten und – im Falle des letzteren – die feindliche Hauptstadt in wahrhaft napoleonischer Manier zu besetzen und einem vollständig wehrlosen Gegner die Kapitulationsbedingungen zu diktieren. Der von Clausewitz prophezeite «absolute Krieg» war wiedergekommen; und in Europa wieder zum Leben erweckt hatte ihn ein Schüler von Clausewitz, der Chef des preußischen Generalstabs, Helmuth von Moltke.

Die Grundlage für die militärische Schlagkraft Preußens bildete sein System der Militärsdienstpflicht; obwohl die Wehrpflicht seit ihrer Einführung 1814 zu einem Schattendasein zurückgeschraubt worden war, hatte man das Prinzip nie gänzlich fallenlassen. Es wurde neu belebt, als 1858 ein Herrscher auf den Thron gelangte – zunächst als Regent und dann als König Wilhelm I. –, der sich die Erneuerung der preußischen Militärmacht als vorrangiges Ziel setzte und in der Verfolgung dieses Ziels geradewegs eine Konfrontation mit seinem Parlament ansteuerte. Sein Kriegsminister Albrecht von Roon setzte die Wehrdienstpflicht neu auf drei Jahre bei der Truppe und vier Jahre bei der Reserve fest; danach wurden die Soldaten einer Landwehr eingegliedert, die ihren unabhängigen Status einbüßte und dem regulären Heer unterstellt wurde. Die praktischen Befugnisse zur Anwendung des Systems lagen bei den regional verteilten Armeekorps, deren Kommandeure für die Einberufung sowohl der Wehrpflichtigen und Reservisten als auch der Angehörigen der Landwehr, für die gesamte militärische Ausbildung und Ausrüstung und, wichtiger als alles andere, für das rasche und gute Funktionieren der Mobilmachung verantwortlich waren. Bei der Mobilmachung wurde das reguläre Heer durch voll ausgebildete Reservisten verstärkt, aus Mobilmachungsdepots ausgerüstet und dann gemäß einem ausgeklügelten Transportplan mit der Eisenbahn zu dem Grenzabschnitt gebracht, den der Generalstab in seinen lange vorher ausgearbeiteten Plänen als zentralen Operationsschauplatz ausgewählt hatte.

Dieser Generalstab war die vielleicht größte militärische Neuerung des 19. Jahrhunderts. Der preußische war unter Scharnhorst geschaffen, aber von Moltke vollständig reorganisiert worden, als dieser 1857 Generalstabschef wurde. Die Probleme, welche die Versorgung und Aufstellung großer Streitkräfte mit sich brachten, hatten schon seit langem die Ausweitung der Aufgaben der Kommandostäbe und die Bereitstellung ausgebildeter, wenn nicht gar völlig spezialisierter Stabsoffiziere in allen Armeen zur Notwendigkeit gemacht. Mit dem durch den Ausbau des Eisenbahnnetzes ermöglichten Anwachsen der Heerestärke wuchsen auch die Probleme der Vorbereitung für den Kriegsfall sowie der Truppenbefehligung und -kontrolle während dessen Dauer bedeutend an. Unter ihrem Gewicht degenerierten die Stabsoffiziere in den französischen, österreichischen und britischen Armeen zu besseren militärischen Verwaltungsbeamten, die mit ihren Kollegen bei der Truppe kaum in Berührung kamen und von ihnen verachtet wurden. Dagegen machte Moltke die preußischen Stabsoffiziere zu einer Elite: rekrutiert aus den Reihen der vielversprechendsten Regimentsoffiziere, unter seinen Augen ausgebildet und im Lauf ihrer Karriere zwischen Stabsaufgaben und Kommandoposten von wachsender Verantwortlichkeit pendelnd. Im preußischen Heer und im Heer des Deutschen Reiches, das aus dem Sieg von 1871 geboren wurde, waren die Stabsoffiziere nicht bloß *chefs de bureau*, sondern professionell geschulte Berater, von deren Auffassungen sich ihre Vorgesetzten in zunehmendem Maß leiten ließen. Die Niederwerfung Frankreichs war gleichermaßen ein Sieg für die bürokratischen Planungsmethoden der Preußen wie für ihre Truppen: ein Sieg, der ganz neuartige Maßstäbe für die effektive Nutzung der Kräfte einer Gesellschaft setzte. Der romantische Heroismus der napoleonischen Epoche, der in den Armeen des Zweiten Kaiserreichs zu neuer Blüte gelangt war und sich in den kleinen Kolonialkriegen ausgiebig bestätigt hatte, in denen die meisten französischen Generale ihre Lorbeeren erwarben, war historisch erledigt, als er unter die Räder eines Systems geriet, das den Krieg zu einer Angelegenheit der wissenschaftlichen Berechnung, der administrativen Planung und der professionellen Fachkunde gemacht hatte. Nach 1871 wurden die preußischen Methoden – Wehrpflicht, strategische Eisenbahnen, Mobilmachungstechniken und vor allem die Institution des Generalstabs – von allen Staaten des europäischen Festlands imitiert. Dreißig Jahre später eigneten sich auch England und die Vereinigten Staaten nach schlimmen Erfahrungen, die sie in Südafrika beziehungsweise auf Kuba sammelten, die preußischen Methoden, nach ihren eigenen Bedürfnissen abgewandelt, an.

Hand in Hand mit dieser administrativen Neuerung ging eine technische Umwälzung. Wir haben gesehen, wie langsam sich die Waffensysteme zwischen dem 15. und dem 19. Jahrhundert im Rahmen der stabilen ökonomischen Strukturen der europäischen Gesellschaft entwickelten; wie in allmählichem, stückweisem Fortschritt die Geschütze beweglicher und ein bißchen zielsiche-

rer wurden; wie durch eine Reihe von Verbesserungen der Über-
gang vom Luntenschloß zum Steinschloß und von der Pike zum
Bajonett bewerkstelligt wurde, ohne daß die Reichweite der
Feuerwaffen sich wesentlich erhöht hätte oder die durch die
Leistungsfähigkeit von Menschen und Pferden gesetzten Grenzen der Beweglichkeit überwunden worden wären. Zwischen
1815 und 1914 jedoch vollzog sich parallel zu der Revolution des
Verkehrs- und Kommunikationswesens, die das strategische
Denken von Grund auf veränderte, eine Revolution der Waffentechnik, die einen grundlegenden Wandel der taktischen Kon-
zepte herbeiführte.

Schon vor 1870 hatten die Feuerwaffen eine bedeutsame Veränderung erfahren. Zuerst kam das gezogene Gewehr, bei dem
spiralförmige Rillen an der Innenseite des Laufs Reichweite und
Treffgenauigkeit etwa um den Faktor fünf erhöhten. Diese Technik war bei Sportgewehren im Prinzip schon seit dem 16. Jahrhundert im Gebrauch, und besonders ausgebildete Scharfschützen der leichten Infanterie benutzten solche Gewehre seit dem
18. Jahrhundert. Aber als Vorderlader hatten sie eine sehr lang-
same Feuerfolge; im allgemeinen sah man in ihnen Präzisions-
waffen, die zu empfindlich für den massenhaften Gebrauch waren, und darüber hinaus hielt man die Dichte des Infanteriefeuers
für wichtiger als seine Reichweite oder seine Treffsicherheit. In
den vierziger Jahren des 19. Jahrhunderts jedoch wurden Musketen mit gezogenem Lauf entwickelt, bei denen der Schütze die
Kugel lediglich in den Lauf fallen zu lassen brauchte; beim Abfeuern dehnte sie sich dann aus und paßte sich elastisch den Lauf-
rillen an. Die Feuergeschwindigkeit solcher Gewehre war nun
vergleichbar mit der der alten Musketen, bei einem gleichzeitigen
Gewinn an Reichweite und Treffgenauigkeit. Parallel dazu wurde
der Zündmechanismus des Steinschlosses durch die weit zuver-
lässigere Perkussions-Zündkapsel ersetzt. Solcherart waren die
Waffen, mit denen das französische, das britische, das russische
und das österreichische Heer in den fünfziger Jahren ihre Kriege
auf der Krim und in Italien führten.

An diesen Kriegen waren die Preußen nicht beteiligt – so mußten sie bis 1866 warten, ehe sie im Krieg gegen Österreich prak-

tisch erproben konnten, wie sich das Dreyse-Zündnadelgewehr bewährte, mit dem sie ihre Infanterie seit zwanzig Jahren ausstatteten. Es war dies der erste Hinterlader mit gezogenem Lauf – eine unhandliche Waffe, die es an Reichweite nicht mit dem Vorderlader aufnehmen konnte und infolge der starken Gasentwicklung beim Abfeuern für den Schützen sehr unangenehm war. Aber sie feuerte auf einen Schuß des Vorderladers deren drei und besaß darüber hinaus den unschätzbaren Vorteil, daß sie im Liegen abgefeuert werden konnte. Zum ersten Mal in der Geschichte des Krieges konnte der Infanterist seinen Gegner auf eine Entfernung von mehreren hundert Metern töten, ohne sich selbst als Zielscheibe anbieten zu müssen – ein Vorteil, aus dem die Preußen 1866 so viel Kapital schlugen, daß alle übrigen europäischen Heere sich eilends ebenfalls verbesserte Hinterladergewehre anschafften.

Die Artillerie erlebte eine entsprechende Entwicklung. Bis 1860 hatten sich alle europäischen Heere mit Hinterladerkanonen verschiedener Bauart mit gezogenem Rohr ausgerüstet, die eine Reichweite von zwischen 1000 und 3000 Metern erreichten. Hier hinkte das preußische Heer hinter den Österreichern und den Franzosen her; aber die verhältnismäßige Wirkungslosigkeit ihrer Geschütze im Krieg von 1866 veranlaßte die Preußen rasch zu einem völligen taktischen Umdenken und zur Einführung der von Friedrich Krupp entwickelten neuen Gußstahl-Hinterladergeschütze. Sie beherrschten 1870 die Schlachtfelder. Nachdem die Franzosen den Deutschen mit ihren überlegenen *Chassepot*-Gewehren die ersten Verluste zugefügt hatten, hielten die preußischen Generale ihre Infanterie außer Reichweite und bedienten sich der Artillerie, um das französische Heer zu Boden zu zwingen.

Schon vor 1870 war es für eine angreifende Truppe immer schwieriger geworden, unmittelbar bis zu den feindlichen Linien vorzudringen. Die preußische Infanterie, die gegen französische Stellungen anrannte, und die französische Kavallerie, die preußische Stellungen zu erstürmen versuchte, erlitten schreckliche Verluste. Die Preußen verdankten ihre Siege im Feld teilweise ihrer Artillerie und teilweise der durch ihre zahlenmäßige Überlegenheit ermöglichten Umfassungstaktik. Nach 1870 sollte der Angriff auf feindliche Stellungen zu einem noch schwierigeren Problem werden. Die achtziger Jahre sahen die Entwicklung neuer hochexplosiver Stoffe – des Lyddits, des Kordits, des Melinits – die, anders als das Schießpulver, restlos und auf einmal verbrannten, ohne verräterischen Rauch zu entwickeln und ohne große Rückstände im Rohr zu hinterlassen, die den nächsten Schuß verzögert hätten. Darüber hinaus erhöhten diese Zündstoffe die Reichweite aller Feuerwaffen in einem bis dahin unvorstellbaren Grad. Man konnte nun Infanteriegewehre herstellen, die noch auf bis zu 1000 Meter Entfernung gezielte Schüsse erlaubten. Ihr Kaliber konnte verringert werden, so daß sie leichter und treffsicherer wurden und die Schützen eine größere Menge Munition mit sich tragen konnten. Magazine und Metallpatronen machten den Ladevorgang einfacher und schneller. Und selbst die Leistungsfähigkeit dieser so verbesserten Waffen sollte in den Schatten gestellt werden, als gegen Ende des Jahrhunderts das wassergekühlte Maschinengewehr eingeführt wurde, das mittels Patronengurt mehrere hundert Schuß pro Minute abgeben konnte. Wie sollte man noch Stellungen erstürmen können, die mit solchen Waffen verteidigt wurden?

Die Militärtheoretiker des ausgehenden 19. Jahrhunderts stimmten allesamt darin überein, daß ein Angriff nur dann Erfolg haben könne, wenn die eigene Seite eine größere Feuerdichte entwickelte als der Feind. Gewisse Fortschritte, die sich in dieser Zeit bei den Artilleriewaffen vollzogen, ließen dies möglich erscheinen. Die Vergrößerung der Reichweiten hatte zur Folge, daß die Feldgeschütze nicht mehr wie 1870 aus Entfernungen von wenigen tausend Metern in exponierter Stellung operieren mußten; sie konnten jetzt vielmehr aus einem Abstand von bis zu acht Kilometern und somit aus versteckten Positionen heraus feuern. Zugleich sorgten rückstoßarme Lafetten, die ein neues Anvisieren des Ziels nach jedem Schuß überflüssig machten, für eine Verbesserung der Feuergeschwindigkeit und der Treffsicherheit. Schwere Geschütze erreichten Reichweiten von zwanzig oder mehr Kilometern und waren in der Lage, alle bestehenden Befestigungen zu durchschlagen. 1870 hatte ahnen lassen, was der

Weltkrieg 1914–1918 bestätigen sollte: daß die Artillerie zur bestimmenden, ja vielleicht entscheidenden Waffe auf dem Schlachtfeld wurde. 1918 war die Aufgabe, Boden zu gewinnen, an die Artillerie übergegangen, während es der Infanterie zukam, ihn zu halten; und die Bedeutung des Bodengewinns lag zum wesentlichen Teil in der Erschließung neuer Beobachtungs- und Gefechtsstände für die Artillerie.

Wo aber blieb nun die Kavallerie, die älteste und angesehenste aller Waffengattungen? Für Kommandounternehmen und Späh- und Aufklärungsdienste behielt sie unbestritten ihre Bedeutung – ja, angesichts der neuen Großräumigkeit der Schlachtfelder wurde sie wichtiger als je zuvor. Und auch ihre Bedeutung als bewegliche feuernde Truppe nahm zu: Welchen Wert eine solche «berittene Infanterie» in der Art der alten «Dragoner» besaß, erwies sich deutlich in den weiträumigen Gebieten Südafrikas, von den Schlachtfeldern des amerikanischen Sezessionskrieges ganz zu schweigen. Allerdings wollten die Kavalleristen nichts davon wissen, daß sie sich in Zukunft mit derartigen Hilfsaufgaben zufrieden geben müßten, statt in der Schlacht jenen entscheidenden Sturmangriff vorzutragen, den sie historisch stets als ihre *raison d'être* angesehen hatten. Sie hofften, daß die erhöhte Feuerkraft der Infanterie durch eine wirkungsvollere Artillerie neutralisiert würde. Daß nun größere Entfernungen zurückgelegt werden mußten, würde ihre neuen, durch Züchtung verbesserten Pferde nicht umbringen. So kam es, daß 1914 alle europäischen Heere noch mit einer voll ausgebildeten Kavallerie antraten, deren Reiter mit Lanze und Säbel bewaffnet und darauf trainiert waren, auf dem Schlachtfeld zum Sturmangriff überzugehen und aus einem Durchbruch möglichst viel zu machen. In den weiträumigen Gebieten Osteuropas, wo keine durchgehenden Fronten aufgebaut wurden, blieb die Kavallerie denn auch in der Tat bis ins 20. Jahrhundert hinein eine wirksame Waffe. In Westeuropa dagegen genügten wenige Wochen Krieg, um jedermann mit Ausnahme einiger weniger Kavalleriegenerale klarzumachen, daß die Reiterei nur noch ein kostspieliger Anachronismus war. Selbst ihre Aufklärungsaufgaben sollten bald vom Motorrad und vom Panzerspähwagen übernommen werden.

Die Militärtheoretiker neigten im allgemeinen nicht zur Unterschätzung der Probleme, welche die neuen Waffen aufwarfen. Die Erfahrungen von 1870 bestätigten sich im russisch-türkischen Krieg von 1877/78, im Burenkrieg in Südafrika 1899/1901 und im russisch-japanischen Krieg von 1904/05; alle diese Waffengänge erwiesen mit zunehmender Deutlichkeit, daß eine in gut ausgebaute Stellungen eingegrabene und mit modernen Waffen ausgerüstete Infanterie einer angreifenden Truppe untragbare Verluste zufügen konnte. Ein unabhängiger Beobachter, der polnische Bankier Iwan Bloch, gelangte in seinem Buch ‹La Guerre Future› (1898) aufgrund einer sorgfältigen Analyse der Leistungsfähigkeit verschiedener Waffenarten zu dem Schluß, daß die erfolgreiche Durchführung eines Angriffs nach allen statistischen Regeln unmöglich geworden und der Krieg daher überhaupt kein sinnvolles Mittel der Politik mehr sei. Verständlicherweise gelangten die militärischen Führer nicht zu dieser Schlußfolgerung, wenngleich sie nicht abstritten, daß eine Truppe, die gut ausgebaute Stellungen im Frontalangriff zu stürmen versuchte, in der Tat mit sehr schweren Verlusten rechnen mußte; Umfassungsmanöver andererseits, wie sie die deutschen Armeen 1870 praktiziert hatten, würden ungeheure Massen von Truppen erfordern. In jedem Fall würde das Heer mit den größten Menschenreserven entscheidend im Vorteil sein; und die Generalstäbe Europas überboten einander zwischen 1871 und 1914 mit der Forderung nach immer größeren Truppenstärken als Mittel zur Lösung ihrer Probleme.

Die Männer, die dieses Geschäft mit dem größten Nachdruck betrieben, waren die militärischen Planer in Berlin. Der deutsche Generalstab mußte Pläne für einen Zweifrontenkrieg, einen gleichzeitigen Krieg gegen Frankreich und Rußland, ausarbeiten. Er sah sich dabei von Jahr zu Jahr einem größeren Problem gegenüber, da der Fortschritt des russischen Eisenbahnwesens nach 1890 dem zaristischen Heer die Möglichkeit eröffnete, einen immer größeren Teil seiner Truppen in Europa zu stationieren. Als Bismarcks Politik der Isolierung Frankreichs durch die Aufrechterhaltung freundschaftlicher Beziehungen sowohl zu Rußland als auch zu Österreich-Ungarn von seinen Nachfolgern fallengelassen wurde und Frankreich und Rußland 1891 ihr Entente-Abkommen schlossen, war es für den deutschen Generalstab ausgemacht, daß der Krieg nur noch eine Frage der Zeit war. Das Problem lautete, auf welche Front man seine Kräfte zu Beginn konzentrieren sollte. Ein entscheidender Sieg nach dem Muster von Sedan schien nur im begrenzten geographischen Raum Westeuropas möglich; aber die französische Grenze war inzwischen so stark befestigt, daß die Entscheidung zu einem solchen Vorgehen sich von selbst zu verbieten schien. Die Lösung, die der Chef des deutschen Generalstabs, Graf Alfred von Schlieffen, vorschlug, ist wohlbekannt: ein weit ausgreifendes Umfassungsmanöver durch Belgien, um den Franzosen in den Rücken zu fallen, sie gegen ihre eigenen Verteidigungswälle zu drücken und sie in einer «Schlacht ohne Morgen» zu vernichten, nach der man das Gros des deutschen Heeres in den Osten verlegen konnte, wo es sich der größeren, aber gemächlicheren russischen Armeen annehmen konnte. Als Schlieffen 1905 in den Ruhestand trat, hinterließ er diesen Plan seinen Nachfolgern, die ihn aber, je genauer sie ihn unter die Lupe nahmen, desto schwieriger durchführbar fanden. Die logistischen Probleme waren zwar enorm, aber nicht unlösbar; das grundlegende Problem war die große Zahl der benötigten Soldaten. Es wurde deshalb erforderlich, 1912 ein neues Heeresgesetz zu verabschieden, das die deutsche Truppenstärke noch weiter heraufsetzte.

Die Franzosen antworteten natürlich in gleicher Währung, indem sie die aktive Dienstzeit für ihre Wehrpflichtigen heraufsetzten. Aber der französische Generalstab machte sich weniger Gedanken über die stärkere Ausgangsposition der Abwehr in der modernen Kriegführung, als es der deutsche tat. Zunächst einmal legten die Franzosen ihre Niederlage von 1870 größtenteils der Passivität zur Last, mit der die französischen Generale ihre Stellungen verteidigt hatten, anstatt in wahrhaft napoleonischem Stil die Initiative zu ergreifen und im Angesicht des Feindes kühne Manöver zu wagen. Dazu kam, daß das französische Heer von seiner Tradition her eher offensiv eingestellt war und seine Generale wenig Neigung zeigten, sich hinter ihren Wällen zu verschanzen und ihre Gegner sich im Angriff verausgaben zu lassen.

Stets des napoleonischen Satzes eingedenk, daß im Krieg die Moral dreimal so viel zähle wie die Physis, verharrten die französischen Militärbefehlshaber, allen voran General Ferdinand Foch, in der Überzeugung, selbst die stärksten Verteidigungsanlagen könnten bei einer heroisch geführten, massierten Attacke überrannt werden, solange die Angreifer sich eine entscheidende Feuerüberlegenheit schaffen und erhalten konnten. So hatten sie 1914 vor, die deutschen Bewegungen dadurch zu durchkreuzen, daß sie selbst mit Attacken die Initiative ergriffen – Attacken, bei denen mit blutigen Verlusten gerechnet werden mußte, vor denen jedoch ein willensstarker Befehlshaber nicht zurückschrecken würde.

Man war sich mithin in allen europäischen Staaten schon lange vor 1914 darin einig, daß die militärische Schlagkraft, auf die man sich zur Bewahrung seiner eigenen Machtstellung und seines Ansehens stützte, nicht auf einer kleinen, gut gerüsteten und ausgebildeten Berufsstreitmacht beruhte, sondern auf den einander ergänzenden Momenten einer möglichst hohen Bevölkerungszahl und eines strategisch günstigen Eisenbahnnetzes. Ein Land, das hinsichtlich dieser beiden Faktoren eine entscheidende Überlegenheit errang, konnte bei sonst gleichen Kräfteverhältnissen die politische Landkarte Europas fast über Nacht verändern. Dies hatte zur Folge, daß sich die Staaten eifriger als je zuvor um die Zunahme und das Wohlergehen der wehrfähigen Bevölkerung kümmerten. Die Geburtenrate an sich wurde zu einem Index der militärischen Macht, und die Franzosen verfolgten den in ihrem Land nach 1870 feststellbaren Geburtenrückgang angesichts der sprunghaften Steigerungsraten, die ihr Rivale jenseits des Rheins in dieser Beziehung aufzuweisen hatte, mit tiefer Sorge. Die Gesundheit der Wehrpflichtigen wurde zu einem wichtigen Anliegen: Viele sozialpolitische Maßnahmen, die in England ergriffen wurden, wurzelten in den Erfahrungen der fünfziger Jahre, als man festgestellt hatte, daß ein beunruhigend hoher Anteil der für den Krieg gegen Rußland einberufenen Rekruten als untauglich zurückgestellt werden mußte. Entsprechendes galt für die elementaren Bildungsvoraussetzungen. Die modernen Armeen waren zu komplexen Organisationen geworden, die bis auf die unteren Stufen der Hierarchie hinab lese- und rechenkundige Männer benötigten; ein Zyniker könnte sogar sagen, daß das Lesenkönnen für Unteroffiziere wichtiger war als für Offiziere. Der geläufige Spruch, es seien die preußischen Schulmeister gewesen, die den deutsch-französischen Krieg gewonnen hätten, weist allerdings auf etwas anderes hin als der Wellington zugeschriebene Satz, der Sieg von Waterloo sei auf den Sportplätzen von Eton errungen worden.

Nicht daß die traditionell dem Adel zugeschriebenen Eigenschaften – Tapferkeit, Entschlußkraft, Selbständigkeit, Führungsfähigkeit – an Bedeutung eingebüßt hätten: Bei der großen räumlichen Ausdehnung, welche die Schlachtfelder angenommen hatten, konnten die kommandierenden Offiziere ihre Ziele nur grob umreißen und mußten es ihren Untergebenen überlassen, sie, so gut es die Umstände zuließen, in die Tat umzusetzen. Man benötigte deshalb eine sehr große Zahl sehr guter Offiziere, mehr, als man aus den Reihen der Aristokratie alleine erhalten konnte, und dies, obwohl der Wertverfall des Grund und Bodens in den letzten Jahrzehnten des 19. Jahrhunderts bei den landbesitzenden Klassen ein neues Interesse an der militärischen Berufslaufbahn als einem Ausweg aus wirtschaftlichen Schwierigkeiten erweckte. Und selbst wenn man voraussetzt, daß die Aristokratie noch immer jene charismatische Führungsrolle zu spielen vermochte, in der sie traditionell ihren Daseinsgrund gesehen hatte, erforderte der Beruf des Soldaten doch in wachsendem Maß auch andere Fähigkeiten – darunter nicht zuletzt ein gewisses technisches Verständnis und eine herausragende Organisationsgabe. Es entstand allmählich ein neues Berufsbild des regulären Heeresoffiziers: Ohne daß er aufhörte, kämpferisches Vorbild und Führer zu sein, mußte er lernen, sich zusätzlich auch als Manager und Ingenieur zu bewähren.

Dieser Wandel ging in Frankreich ohne große Schwierigkeiten vonstatten; hier war das Offizierskorps schon seit der Revolution stets eine Domäne der Mittelschichten gewesen. Die Aristokratie des Habsburgerreiches war stets flexibel und heterogen gewesen. In Rußland wurde dem Adel zu keiner Zeit zugemutet, eine bestimmte Zahl von Offizieren für das Heer zu stellen, ein Heer, das zum allergrößten Teil von den aus der mittleren und unteren Mittelschicht stammenden Abgängern der Kadettenschulen geführt wurde. In Deutschland jedoch waren die Strukturen weitaus starrer. Hier standen, wie wir gesehen haben, das Offizierskorps und die Monarchie zueinander in einer merkwürdig innigen Beziehung wechselseitiger Loyalität: Die Offiziere leisteten ihrem Kriegsherrn den Treueeid und erwarteten dafür die Bestätigung ihrer Privilegien. Als das 19. Jahrhundert in seine stürmischen mittleren Jahre trat, sah sich das preußische Offizierskorps nicht nur als Beschützer der Monarchie gegen deren äußere Feinde, sondern auch als Garant der bestehenden gesellschaftlichen Ordnung gegen die zerstörerischen Kräfte, die im Innern wirkten. Seine führenden Köpfe erkannten zwar die militärische Notwendigkeit zur Vergrößerung des Heeres an, auf die der Generalstab drängte, sie beobachteten jedoch mit Sorge, wie in die geschlossene Gesellschaft ihrer Kasinos Mittelschicht-Emporkömmlinge mit liberalem Denkhorizont eindrangen und die Kasernen sich mit jungen Männern füllten, in deren Köpfen sozialistische Ideen spukten.

Ihre Sorge war unbegründet. Gewiß, die bürgerlichen Radikalen der zwanziger und dreißiger Jahre, die den intellektuellen und politischen Nährboden der «Erhebungszeit» gebildet hatten, standen 1848 auf der Seite der Revolution und fuhren auch in den fünfziger Jahren fort, eine unbequeme Opposition zu sein. Aber Bismarck zog ihnen den Giftzahn, indem er die preußische Monarchie dazu brachte, sich mit dem deutschen Nationalgedanken zu identifizieren, und 1871 riefen sie so laut wie alle anderen «Hoch der Kaiser!». Von da an unterstützte die deutsche Bourgeoisie die preußische Militärkaste und eiferte ihr nach, glücklich, wenn einer für sich das Patent eines Reserveoffiziers ergattern konnte, und ebenso erschreckt wie alle anderen vom Anwachsen der sozialistischen Ideen in den Reihen des industriellen Proletariats. Dieser Punkt war für die Militärbehörden ein besonderes Alarmzeichen. Die Arbeiter in den neuen großen Industriestädten des Ruhrgebiets und des Rheinlands standen nicht, wie die rechtschaffenen Bauern Brandenburgs und Preußens, wo der größte Teil des Grund und Bodens noch dem Adel gehörte, in

einer Tradition der Gefolgstreue zu den örtlichen Grundherren:
Aber gerade in diesen Städten wuchs die Bevölkerung am schnell-
sten, und nur hier konnten die zusätzlichen Soldaten herkom-
men, die man benötigte. Wie zuverlässig würden diese Soldaten
sein – nicht unbedingt nur, wenn es gegen die Franzosen ging,
sondern auch, wenn sie aufgerufen wurden, die soziale Ordnung
vor der Revolution zu schützen, deren Kommen die deutschen
Oberschichten immer mehr befürchteten –, wenn sie also gegen
ihre eigenen Klassenbrüder kämpfen sollten?

Was für das preußische Offizierskorps eine bange Frage war,
war für Karl Marx und Friedrich Engels eine Hoffnung. Beide
widmeten sich mit Enthusiasmus militärischen Dingen und lieferten scharfsinnige militärpolitische Analysen; insbesondere
Engels macht sich durch seine Schriften einen Namen als einer
der führenden Militärkritiker des 19. Jahrhunderts, Schriften, die
sowohl eine genaue Kenntnis militärischer Sachfragen als auch
ein profundes Verständnis für die tieferliegenden Beziehungen
zwischen gesellschaftlichen Veränderungen und militärischen
Entwicklungen offenbarten. Weder Marx noch Engels hatten das
geringste für den «bürgerlichen Pazifismus» übrig – für die von
britischen und französischen Liberalen in der Tradition der Aufklärung vertretenen Ideale (deren Geschichte übrigens in England noch weiter zurückreicht und in den nonkonformistischen
Kirchen wurzelt), die durch Vertreter wie Richard Cobden und
John Bright eine beachtliche politische Bedeutung errangen. Und
sie hielten auch nichts von den romantischen Revolutionären der
dreißiger Jahre, die glaubten, ein von einer verschworenen Elite
herbeigeführter Umsturz könne die etablierte Gesellschaftsordnung umwälzen. Marx und Engels glaubten, daß Gewalt in den
Angelegenheiten der Menschen immer ein Mittel zu Veränderung
gewesen war und es immer sein würde, daß solche Veränderungen jedoch nur in Übereinstimmung mit bestimmten objektiven
gesellschaftlichen Gesetzmäßigkeiten bewirkt werden könnten.
Eine revolutionäre Situation brauchte zu ihrer Entwicklung Zeit.
Aber daß nun an die Stelle eines Berufsheers – bis dato stets ein
unfehlbares Unterdrückungsinstrument in den Händen der bestehenden Ordnung – eine Armee treten würde, in der die Mas-

sen selbst im Umgang mit Feuerwaffen und in der Anwendung militärischer Taktiken vertraut gemacht würden, dies war für die Revolution das beste Omen, das man sich nur wünschen konnte.

Was Marx und Engels gehofft und was das preußische Offizierskorps befürchtet hatte, trat nicht ein – wenigstens nicht bis zur Revolution in Rußland 1917, als das Gebäude der russischen Gesellschaftsordnung unter dem unerträglichen Druck innerer und äußerer Spannungen zusammenbrach. Das deutsche Heer wurde nicht zu einem Instrument des Umsturzes: Eher erwies sich die allgemeine Wehrpflicht – in Deutschland wie auch anderswo – als ein wirksames Mittel zur Militarisierung der Gesellschaft.

Der Begriff des «Militarismus» ist (wie der des «Faschismus») zu einer so vielfach mißbrauchten Parole der allgemeinen Halbbildung geworden, daß der Wissenschaftler vorsichtig damit umgehen muß. Im vorliegenden Zusammenhang ist damit einfach ein Vorgang oder Zustand gemeint, in dem die Werte einer militärischen Subkultur zu allgemein-gesellschaftlichen Leitwerten erhoben sind: so etwa die Befürwortung hierarchischer Ordnungen und Befehlsstrukturen in Organisationen, die Betonung persönlichen Kampfesmuts und persönlicher Opferbereitschaft, die Hervorhebung der Notwendigkeit einer heroischen Führerschaft in extremen Bewährungssituationen sowie, grundlegend für all dies, eine Überzeugung von der Unausweichlichkeit bewaffneter Konflikte innerhalb des internationalen Staatensystems und folglich von der Notwendigkeit der Schaffung der für das Austragen solcher Konflikte erforderlichen Voraussetzungen. Um die Wende zum 20. Jahrhundert war die europäische Gesellschaft zu einer in diesem Sinne sehr weitgehend militarisierten Gesellschaft geworden. Der Krieg wurde nicht länger als Angelegenheit einer feudalen Herrscherklasse oder einer kleinen Gruppe von Berufsmilitärs betrachtet, sondern als eine Sache des ganzen Volkes. Die Streitkräfte galten nicht mehr als Bestandteil des königlichen Haushalts, sondern als Verkörperung der Nation. Monarchen hoben ihre Rolle als nationale Führergestalten dadurch hervor, daß sie so oft wie möglich in Uniform auftraten; und Militärparaden, Militärkapellen und militärische Zeremonien lieferten

der Nation ein Selbstverständnis, mit dem sich alle Klassen identifizieren konnten.

Denn der militaristisch geprägte Nationalismus war kein rein
bürgerliches Phänomen. Als Marx schrieb, der Arbeiter habe kein
Vaterland, mag das für die Arbeiter zur Zeit der ersten industriellen Revolution zutreffend gewesen sein, die aus einer stabilen
ländlichen Sozialordnung herausgerissen worden waren, um unter elenden Bedingungen in Städten zusammengepfercht zu leben, und die noch keine Eigenidentität entwickelt hatten – Menschen, die der Gesellschaft, von der ihre Arbeitskraft ausgebeutet
wurde, wahrhaft entfremdet waren. Aber fünfzig Jahre später
hatte sich unter dem Einfluß des staatlichen Schulwesens, der
gesetzlich zugelassenen und machtvollen Gewerkschaften und –
wichtiger vielleicht als alles andere – der Verbreitung billiger
und tendenziöser Zeitungen die Lage geändert. Zu Beginn des
20. Jahrhunderts waren die Arbeiter gegenüber den Parolen des
Nationalismus mindestens ebenso aufgeschlossen wie gegenüber
denen des Sozialismus, und den größten Erfolg hatten diejenigen
politischen Führer, die die Anziehungskraft beider Strömungen
auf sich vereinigen konnten. Die Appelle an die Klassensolidari-
tät über die nationalen Grenzen hinweg verwehten im Wind, als
1914 die Signalhörner ertönten.

Wenn manche Historiker die These vertreten haben, der frene-
tische und militaristische Nationalismus des frühen 20. Jahrhunderts sei von einer reaktionären herrschenden Klasse entfacht
worden, der es gelang, die Massen soweit zu indoktrinieren, daß
sie ihr Interesse von der Revolution abwandten und sich der Stüt-
zung der etablierten Ordnung verschrieben, so zeugt dies von
einem grob mechanistischen Denken. In Wirklichkeit waren es
die reaktionärsten Elemente innerhalb der herrschenden Klasse,
die dem Nationalismus am meisten mißtrauten. Die Ideen Hegels
und Mazzinis besaßen eigenen Wert und eigene Anziehungskraft,
und die Demokratie und der Nationalismus nährten sich gegenseitig. Je stärker das Gefühl der Teilhabe an den Angelegenheiten
des Staates, desto eher wurde der Staat als Verkörperung jener
einzigartigen und höherstehenden Wertsysteme begriffen, die
ihn konstituierten, und desto stärker wurde das Gefühl, daß man

diesen Staat zu schützen und ihm zu dienen habe. Dazu kam, daß die Nation zu einer Zeit, in der die Macht der organisierten Religion über die Menschen im Abnehmen begriffen war, als Sammelbecken für das kollektive Anlehnungsbedürfnis dienen konnte. Der Nationalkult gab den Völkern Ziele, Farbe, Aufregung und Würde, Völkern, die dem Zeitalter der Wunder entwachsen und in die Ära der Film- und Popstars noch nicht eingetreten waren. Aber eine Nation konnte ihren Wert und ihre Macht nur im Kampf gegen andere Nationen messen. Wie friedvoll ihre verkündeten Absichten, wie hehr ihre Ideale auch sein mochten, es wurde zunehmend schwieriger, an der Schlußfolgerung vorbeizukommen – und eine wachsende Zahl von Denkern der Zeit um die Jahrhundertwende machten gar nicht den Versuch, daran vorbeizukommen –, daß ihre höchste Bestimmung der Krieg war.

Hier finden wir den Ansatz einer Erklärung für die bemerkenswertesten Erscheinungen des Jahres 1914 – die erregten Menschenmengen in den Hauptstraßen aller größeren europäischen Städte; die englischen Freiwilligen, die sich vor den Meldestellen drängten, um rechtzeitig nach Frankreich zu kommen, ehe der Spaß vorüber war; die französischen St.-Cyr-Kadetten, die in ihren Entlassungsuniformen, mit weißen Handschuhen und Schnellfeuergewehren in die Schlacht zogen; die deutschen Reservisten, die im Sommersemester noch studiert hatten und im Herbst singend Arm in Arm ins Feld zogen, um bei Langemarck von britischen Maschinengewehrschützen niedergemäht zu werden; der fast ekstatische Geist, der aus der Literatur jener Zeit aufsteigt. Wie 1789, so war auch 1914 für viele ein historischer Augenblick der Erfüllung und des Aufbruchs, wenngleich manche darin eher den katastrophalen Zusammenbruch eines Systems, vielleicht einer ganzen Zivilisation sahen. Wie 1789 wurden auch 1914 ungeheure Energien freigesetzt, die unbefriedigt brachgelegen hatten. Die von den militärischen Planern benötigten Massen stellten sich freiwillig und mit überschäumender Kampfbereitschaft ein. Sie liefen sich die Absätze ab, um Schlieffens unerreichbare Ziele zu verwirklichen. Sie warfen ohne ein Wort der Klage ihr Leben weg, um Joffres Offensivstrategie zu

erfüllen. Und auch weiterhin kamen Freiwillige. Die Begeisterung, die von 1914 an die europäischen Massenheere beseelte,
begann erst zwei Jahre später abzuebben; und auch dann blieb,
zumindest soweit es England und Deutschland betrifft, noch eine
zähe und verbissene Durchhaltebereitschaft übrig.

Nicht nur bei den Truppen hielt der Enthusiasmus an, sondern
auch quer durch die Gesellschaft, von der sie ja ein Teil waren;
und die volkstümliche Presse spiegelte ihn ebensowohl wider,
wie sie ihn schürte. Auch hier wäre es eine grob mechanistische
und verzerrende Erklärung, wollte man dies einfach der Propa-
ganda- und Manipulationstätigkeit der herrschenden Eliten an-
lasten: In England und Frankreich wurden die Politiker traditionellen Typs, die Asquiths und die Vivianis, die in der ersten
Kriegszeit an der Macht waren, bald und unsanft von derberen
Figuren zur Seite gedrängt, von den Lloyd Georges und den Cle-
menceaus, die der politischen Stimmung der, wie wir heute sagen
würden, radikalen Rechten eher Ausdruck verleihen konnten;
und auch in Deutschland, wo 1917 der zivile Kanzler Bethmann
Hollweg von der Obersten Heeresleitung gestürzt wurde, besaß die darauffolgende Militärdiktatur unter Hindenburg und
Ladendorff eine machtvolle Stütze in der Organisation der Vater-
landspartei, die in allen Schichten der Gesellschaft verankert war,
ihre stärkste Basis aber vermutlich in den unteren Mittelklassen
hatte.

All dies ermöglichte etwas, von dem nur sehr wenige klarsich-
tige Propheten vorhergesehen hatten, daß es notwendig werden,
und von dem noch weniger geglaubt hatten, daß es möglich sein
würde: die totale Mobilisierung aller Energien der Gesellschaft
für einen sich über Jahre hinziehenden Kampf. Die Theoretiker
der Vorkriegszeit hatten sich nicht vorstellen können, daß ein
Krieg der Massen etwas anderes würde sein können als ein kurzer und entscheidender Schlagabtausch, und so, prophezeiten
sie, würden die Kriege des 20. Jahrhunderts aussehen. Wenn alle
Männer im wehrfähigen Alter die Uniform anzogen, wer würde
dann die Felder bestellen und die Fabriken in Gang halten? Und
würde nicht unter dem Zwang, die ungeheuren Geldsummen
aufzutreiben, die der Krieg verschlang, das gesamte staatliche

Finanzsystem zusammenbrechen – wenn es nicht schon vorher zusammenbrach, sobald der Krieg die ineinandergreifenden Strukturen des Welthandels und des internationalen Finanzkartells auseinanderriß? Angesichts dessen *mußte* der Krieg bis Weihnachten 1914 beendet sein, und niemand machte irgendwelche Pläne für den Fall, daß es anders kam.

Es kam anders. Nicht nur an der Westfront fuhr sich der Krieg im militärischen Patt fest, auch im Osten erbrachte ein aufsehenerregender Bewegungskrieg keine entscheidenden Resultate. Im 18. Jahrhundert hätten sich nach einem so kostspieligen, steckengebliebenen Feldzug die Politiker, niemand anderem als ihren Fürsten verantwortlich, vermutlich im Winter zusammengesetzt und ein für alle Seiten annehmbares Friedensabkommen ausgehandelt. Aber 1914 waren starke Kräfte freigesetzt worden: die öffentliche Begeisterung, die öffentliche Erwartung und die öffentliche Entrüstung über den Gegner; und wie 1792, so war es auch diesmal nicht leicht, die einmal mobilisierten Energien wieder unter Kontrolle zu bringen. Die Völker Europas waren nicht in den Krieg gezogen, hatten nicht schon in den ersten Monaten schreckliche Opfer gebracht, um damit nur eine kleine Korrektur im Gleichgewicht der Kräfte zu erreichen. Die Russen verlangten, den Forderungen ihrer erst unlängst errichteten repräsentativen Vertretungen Rechnung tragend, nicht nur Garantien für ihre slawischen Mündel in Südosteuropa – Garantien, die auf eine Auflösung des Habsburgerreiches hinausliefen –, sondern als Beute auch das traditionelle Wunschziel der russischen Außenpolitik: Konstantinopel. Deutschland forderte, gegen den Widerspruch nur weniger couragierter Sozialisten, Gebietserwerbungen, die das Land für alle Zukunft gegen jede vorstellbare Kombination von Gegnern absichern würden; und die Engländer schworen sich mit den Worten von Mr. Asquith, das Schwert nicht eher niederzulegen, als bis die Gefahr des «preußischen Militarismus» endgültig erledigt war – bis also die militärische Niederlage Deutschlands so total war, daß seine Gegner sein politisches System nach ihren Wünschen gestalten konnten.

So mußte der Krieg also weitergehen. 1915 versuchten die Parteien erneut, eine Entscheidung auf dem Schlachtfeld zu erzwin-

gen – die Deutschen im Osten, indem sie tiefe Vorstöße und Umfassungsmanöver unternahmen, die Franzosen im Westen, indem
sie ihre Frontalangriffe fortsetzten, während die Briten ihre
Überlegenheit zur See dadurch ins Spiel zu bringen suchten, daß
sie den Mittelmächten durch eine Landung bei den Dardanellen
in die Flanke fielen. Am Ende dieses Jahres war klar geworden,
daß die napoleonischen Grundsätze, die bei den europäischen
Militärs hundert Jahre lang Allgemeingut gewesen waren – mit
dem zentralen Gedanken der *Niederwerfungsstrategie* –, nicht
mehr galten. Größere Aussagekraft besaßen im historischen Vergleich jene Kriege des 17. und 18. Jahrhunderts, in denen das
strategische Ziel nicht in der Vernichtung der gegnerischen Armeen, sondern in der Erschöpfung der wirtschaftlichen Kräfte
des Feindlandes gelegen hatte; an die Stelle einer Niederwerfungsstrategie trat also eine *Ermattungsstrategie*. Aber während
im 18. Jahrhundert das beste Mittel dieser Strategie die Vermei-
dung von Schlachten gewesen war, strebte man den Erfolg nun
gerade dadurch an, daß man Schlachten provozierte: daß man
angriff, ohne sich davon notwendigerweise einen größeren taktischen Erfolg zu versprechen, vielmehr um den Feind zu zwingen, seine Kraftreserven schneller aufzubrauchen, als man es
selbst tat. Dies war das Kalkül, das hinter dem deutschen Angriff
auf Verdun im Jahre 1916 stand und das den Engländern zur
Rechtfertigung für die Fortsetzung ihrer Angriffe an der Westfront – wenn nicht sogar für die Tatsache dieser Angriffe überhaupt – in den Jahren 1916 und 1917 diente. Wie ein britischer
General es unverhohlen ausdrückte: Gewinnen würde die Partei
mit dem längeren Sparstrumpf.

Die Heere waren also nicht mehr die Stellvertreter oder Mata-
doren kriegführender Nationen. Sie waren vielmehr Instrumente,
mit deren Hilfe die Kriegsgegner sich gegenseitig ausbluten
lassen konnten, sowohl im Hinblick auf Material als auch auf
Menschen. Zugleich war jene andere traditionelle Waffe der Ermattungsstrategie, die Seeblockade, in Anwendung und Absicht
erbarmungsloser geworden. Die beiden Hauptgegner zur See,
England und Deutschland, sagten sich sehr bald von den Beschränkungen los, die in drei Jahrhunderten des Seekriegs verein-

bart und erst 1909 in der Londoner Konvention neuerlich bekräf-
tigt worden waren und die die Blockade ausdrücklich auf solche
Güter begrenzt wissen wollten, die unmittelbar der Kriegführung
dienten. Oder anders gesagt: Sie kamen zu der Auffassung, daß
nunmehr *alle* Einkünfte und Einfuhren eines Landes der Aufrechterhaltung des Krieges dienen konnten und tatsächlich dienten. England und Deutschland machten sich daran, jeweils über
den anderen den Belagerungszustand zu verhängen. Als dem
Krieg ein Ende gemacht wurde, geschah dies nicht so sehr infolge
der auf dem Schlachtfeld errungenen Siege als vielmehr aus wirtschaftlicher und psychischer Erschöpfung.

Die Härten, die diese Art der Kriegführung der zivilen Bevölkerung auferlegte, wurden von dieser zunächst klaglos ertragen.
Ungeheure Summen wurden als Kriegsanleihen aufgebracht. In
den Fabriken und auf den Feldern traten Frauen an die Stelle
der Männer. Die Bürger verzichteten auf Luxus, unterwarfen sich
einer immer strenger werdenden Lebensmittelrationierung und
schnallten den Gürtel enger, als die Auslagen der Geschäfte sich
zu leeren begannen. Im Verlauf dieser Entwicklung vollzogen
sich jedoch innerhalb der kriegführenden Länder grundlegende
gesellschaftliche Veränderungen. Die Regierungen übernahmen
die Kontrolle über bis dahin unabhängige Bereiche des gesellschaftlichen und wirtschaftlichen Lebens. Die Forderung nach
einer breiteren Beteiligung der Bevölkerung an Regierungsent-
scheidungen wurde jetzt lauter und nachdrücklicher und machte
weitgehende Zugeständnisse notwendig. Die Gewerkschaften
mußten als Partner der Regierungen akzeptiert werden und ließen sich ihre Zusammenarbeit – wie es der Adel zwei Jahrhunderte zuvor getan hatte – mit der Anerkennung ihrer Rechte
und ihrer Privilegien in der Gesellschaft bezahlen. Die Kriegsbe-
steuerung nivellierte die krassen wirtschaftlichen Ungleichheiten,
die die alte Ordnung geprägt hatten. Wenn die Militarisierung der
Gesellschaft tatsächlich das bewußt vorangetriebene Werk der
alten Herrschereliten gewesen wäre, hätten sie dabei ein sehr
schlechtes Geschäft gemacht, denn es waren die patriotischen
Völker Europas, die, indem sie dem Streben nach unerreichbaren
Siegen alles opferten, diese Eliten stürzen sollten. Zwischen 1914

und 1918 wurden die dynastisch regierten Staaten Europas, deren Herrscherhäuser und deren führende Adelsfamilien fünfhundert Jahre überdauert hatten, in halb so vielen Wochen von ihren Sockeln gestoßen.

Aber die Berufsoffiziere, die diesen Dynastien gedient hatten, überlebten deren Sturz. In einigen Ländern zogen sie sogar die politische Macht an sich. In anderen stellten sie ihr berufliches Können den nachfolgenden Regierungen zur Verfügung; und sie alle wandten ihre Aufmerksamkeit, nachdem der Friede da war, dem Problem zu, wie man den Krieg (für den Fall, daß ihre politischen Vorgesetzten sich noch einmal entschlossen, zu diesem Mittel zu greifen) in Zukunft geschickter, weniger verlustreich, vor allem aber mit entscheidenden Ergebnissen führen konnte.

7. Die Kriege der Techniker

Man mag sich fragen, wie es kam, daß die Nationen Europas sich 1939, zwanzig Jahre, nachdem sie den größten Krieg ihrer Geschichte ausgefochten und dabei zusammen an die 13 Millionen Menschen verloren hatten, in eine erneute kriegerische Auseinandersetzung verwickelten, die ihnen ein noch größeres Ausmaß der Zerstörung bescherte und ihrer Vorrangstellung in der Welt ein entschiedenes Ende setzte. Wie konnte es zugehen, daß auf jenen Krieg, der nach dem festen Vorsatz der siegreichen Alliierten alle zukünftigen Kriege unmöglich machen sollte, eine so ironische geschichtliche Konsequenz folgte?

Um diese Frage beantworten zu können, müssen wir uns einen Überblick über den Ersten Weltkrieg verschaffen. Im vorigen Kapitel haben wir geschildert, wie die Fortentwicklung der Waffentechnik im 19. Jahrhundert sowohl die zerstörerischen Wirkungen des Krieges als auch die Anforderungen erhöhte, die er im Hinblick auf die Bereitstellung von Menschenpotential an die beteiligten Nationen stellte. Aber um dieses unschöne Bild etwas zu mildern, sollten wir auch feststellen, daß die Verbesserungen im Transportwesen und im medizinischen Bereich, die sich während derselben Zeit vollzogen, zumindest einige der Schrecken milderten, die mit dem Krieg in der vorindustriellen Epoche verbunden gewesen waren. Vor 1870 war es üblicherweise so gewesen, daß für jeden Soldaten, der auf dem Schlachtfeld fiel, fünf an Krankheit oder Epidemien starben. 1918 hatte sich dieses Verhältnis umgekehrt. Und von den im Feld Verwundeten waren vor 1815 noch die weitaus meisten entweder binnen weniger Tage an ihren Wunden gestorben oder zumindest für den Rest ihres Lebens gezeichnet geblieben. In der Zeit danach stieg die Zahl der Verwundeten, die wieder völlig gesundeten, rasch an. Angesichts dessen müssen wir die schauerlichen Verlustlisten aus dem

Ersten Weltkrieg mit großer Sorgfalt überprüfen, um unterscheiden zu können zwischen denen, die auf der Stelle getötet wurden oder an ihren Verwundungen starben, und der großen Zahl derer, die, nur leicht verwundet, an die Front zurückkehrten und vielleicht im Lauf der Zeit mehrmals auf einer Verlustliste auftauchten, ohne größere Verletzungen davonzutragen.

Die Fortschritte im Transportwesen sorgten auch dafür, daß – wenigstens in Westeuropa – keine Truppenteile länger als allerhöchstens einige wenige Wochen lang ununterbrochen äußersten Belastungen ausgesetzt wurden, sondern daß Ruhe- und Erholungszeiten eingeplant wurden. Ferner brachten die aus dem bürgerlichen Leben zu den Waffen gerufenen Männer – von einzelnen schrecklichen Ausnahmen abgesehen – gewisse Normen der Menschlichkeit im Umgang sowohl mit der Zivilbevölkerung als auch mit den Feindsoldaten in den Krieg ein. Seit den Kriegen des mittleren 19. Jahrhunderts waren tatkräftige Versuche im Gang, bestimmte Grundregeln festzulegen, die die Kriegführung menschlicher gestalten würden. Das Internationale Rote Kreuz war nach dem französisch-österreichischen Krieg von 1859 gegründet worden. In Genf 1864 und 1906 und in Den Haag 1899 und 1907 waren internationale Konferenzen zusammengetreten, um Regelungen für die Behandlung von Zivilisten, Verwundeten und Kriegsgefangenen sowie (mit weit geringerem Erfolg) über die Zerstörungskraft der verwendeten Waffen zu beschließen. Es war zum Teil diesen humanitären Aktivitäten und dem Fortbestand der in ihnen zum Ausdruck kommenden Geisteshaltung zu verdanken, daß mit dem Zeitalter der «Massenkriege» nicht auch ein neuer Abschnitt der Barbarei anbrach. Das Rote Kreuz genoß im großen und ganzen Respekt. Verwundete Feinde erfuhren eine menschliche Behandlung. Beiderseitige Vorsicht und internationale Überprüfungen sorgten für eine erträgliche Behandlung der Kriegsgefangenen.

Dies hatte zur Folge, daß die Soldaten – selbst an der Front – oft Verhältnisse vorfanden, um die ihre Vorgänger in früherer Zeit sie mit gutem Grund beneidet hätten. Sie wurden regelmäßig und ausreichend ernährt. Manchem ging es dank der Fortschritte im Heeresversorgungswesen sogar besser als zu Hause im Zivilleben. Wenn sich in späteren Jahren in Europa ein Bild des Ersten Weltkriegs als einer Zeit des beinahe ununterbrochenen Schreckens entwickelte, so widersprach dies den Erfahrungen vieler Soldaten, die nach ihrer Rückkehr ins Zivilleben eine Nachkriegswelt vorfanden, die für sie oft nur Enttäuschung und Trostlosigkeit, für manch einen von ihnen auch wirkliche Not bereithielt. Bei Kameradschaftsabenden nach dem Krieg konnten sie sich – vielleicht um so leichter, je älter sie wurden – in der Überzeugung bestärken, daß das Gemeinschaftserlebnis mit seinen Abenteuern, seinen Herausforderungen und seinen siegreichen Augenblicken, seiner die materielle Existenz des Einzelnen sichernden und ihn zivilen und häuslichen Verpflichtungen enthebenden Qualität in der Tat die glücklichste Zeit ihres Lebens gewesen war.[1] Diese rückblickende Verklärung einer verlorenen Welt der Sicherheit, des persönlichen Ansehens und der Sinnhaftigkeit sollte als bedeutsames Element in jenen konfusen politischen Bewegungen wirksam werden, die in den zwanziger Jahren in verschiedene Formen des Faschismus mündeten.

Denn wenn das Erlebnis des Weltkriegs auch in vielen Ländern eine tiefgreifende und verbreitete Reaktion gegen den Militarismus der Vorkriegsjahre hervorrief, so war diese Gegenbewegung doch nicht allgemeine Tendenz. Es gab viele, die sich, aus einer vermeintlich stabilen Welt der nationalen Pflichten und traditionellen Werte in eine von Chaos, Niederlage und Revolution geprägte Wirklichkeit gestoßen, verraten wähnten; die nach Sündenböcken suchten; die den Glanz und die Sicherheit militärischer Hierarchien im Rahmen neuer volkstümlicher Organisationen neu erstehen zu lassen versuchten; und die in der Anwendung von Gewalt einen Weg zur Macht sowohl im Innern als auch in der internationalen Politik sahen. Für diese rechtsradikalen Bewegungen, die nach ihrer italienischen Variante den Gattungsnamen «faschistisch» erhielten, war der Krieg nicht nur ein wirksames Mittel zwischenstaatlicher Politik, sondern vielmehr eine Betätigung, in der sich die Menschheit verwirklichte. Weit entfernt davon, dem militaristischen Nationalismus abzuschwören, von dem Europa vor dem Krieg besessen gewesen, trieben sie ihn auf einen neuen Gipfel der Intensität.

Indes, während der Nationalismus der Vorkriegszeit sich ganz gut mit den Idealen der Französischen Revolution – Freiheit, Gleichheit, Brüderlichkeit – vertragen hatte und die Regierungen ihre Bürger weitgehend unter Berufung auf diese Ideale in die vaterländische Pflicht genommen hatten, profilierte sich der Faschismus in unverhüllter Gegnerschaft gegen sie. Er verkündete die Tugenden nicht der Freiheit, sondern der Führerschaft und Unterwerfung; nicht der Gleichheit, sondern der Hierarchie und des Gehorsams; nicht der Brüderlichkeit, sondern der rassischen Vorherrschaft. Damit vermochte er an solche Elemente in der europäischen Gesellschaft zu appellieren, die im Rahmen früher bestehender, sei es weltlicher, sei es kirchlicher Autoritätsstrukturen die Erfüllung gewisser psychischer Bedürfnisse gefunden hatten, die ihnen erst bewußt wurden, als diese Strukturen zerstört waren. In Deutschland, einem Land, dessen Gesellschaft im Gefolge von Niederlage und Revolution besonders anfällig geworden war, gelangte, indem es sich diese Bedürfnisse zunutze machte, ein Regime an die Macht, welches das internationale politische System ebenso nachhaltig erschüttern sollte wie einst das revolutionäre Frankreich. Nicht nur, indem es das bestehende Gleichgewicht der Kräfte zwischen den Staaten Europas in Frage stellte, sondern vielmehr, indem es den weltanschaulichen Konsens aufkündigte, auf dem das gesamte internationale System beruhte.

Eine vergleichbare ideologische Absage an die traditionellen Werte war freilich bereits von Seiten Rußlands erfolgt. Dort hatte die Revolution von 1917 ein Regime an die Macht gebracht, das sich auf der Grundlage der von Lenin weiterentwickelten Marxschen Lehre als mit der bürgerlichen Welt auf permanentem Kriegsfuß stehend betrachtete. Aber nach dem Ende der ersten Interventionskriege, die unmittelbar auf die Revolution gefolgt waren, fand die Sowjetunion zu einem Zustand mißtrauischer Koexistenz mit ihren westlichen Nachbarn; diese wiederum sahen in dem sowjetischen Staat eine Gefahr für die innere Stabilität ihrer Regime weniger, weil Rußland eine ernstzunehmende militärische Bedrohung dargestellt hätte, sondern wegen des Einflusses, den Moskau auf die einheimischen kommunistischen

Parteien ausübte. Die Furcht, die den herrschenden Klassen Europas in der Zwischenkriegszeit im Nacken saß, war die vor einem Bolschewismus im eigenen Land, weniger die vor einem sowjetischen Angriff. Und sie war groß genug, daß viele den Faschismus als Verbündeten gegen die Gefahr von links begrüßten und die weit ernstere Gefahr nicht sahen, die er für die innere und internationale Stabilität darstellte.

Das Europa der Nachkriegszeit fand sich mithin im Kraftfeld dreier konkurrierender Weltanschauungen gefangen. Dem Anschein nach hatte das Jahr 1918 einen Sieg derjenigen Nationen gebracht, die sich zu den aus der Aufklärung stammenden Grundsätzen der liberalen Demokratie bekannten und den festen Vorsatz hatten, kraft ihres Sieges ein international gültiges Recht durchzusetzen und den Krieg als Mittel der Politik zu ächten. Aufgekeimt und zur Blüte gekommen waren diese Ideen im Lauf des 19. Jahrhunderts auf dem friedlichen und fruchtbaren Nährboden Englands und Nordamerikas. In Wirklichkeit jedoch hatte der Weltkrieg, indem er einen großen Teil der traditionellen Strukturen der europäischen Gesellschaft zerschlug, zu einer beträchtlichen Stärkung der revolutionären Kräfte sowohl der Linken – nach deren Überzeugung das Goldene Zeitalter nicht ohne künftige bewaffnete Konflikte sowohl auf nationaler als auf internationaler Ebene würde anbrechen können – als auch der Rechten geführt, in deren Augen der fortgesetzte internationale Konflikt die unausweichliche Bestimmung der Menschheit darstellte. Die Siegermächte konnten daher ihren Gegnern die eigene Weltanschauung nur soweit nahebringen, wie sie sie ihnen nach Maßgabe ihrer Kräfte aufzwingen konnten, und ohne die Vereinigten Staaten gebrach es ihnen an ausreichenden Kräften. Die Folge war, daß sich die Nationen Europas fünfzehn Jahre nach dem Friedensvertrag von Versailles für einen neuen Krieg rüsteten.

Das Bild des Krieges, wie ihn die Faschisten glorifizierten, zeigte nicht etwa die Massen unglücklicher Wehrfähiger, die von weit hinter der Front sitzenden Generalen in den Kampf geschickt wurden. Es zeigte kleine Gruppen junger heldenhafter Kämpfer, Piloten, Panzerbesatzungen, Sturmtruppen, «Supermänner», die durch kühne und gewaltsame Aktionen jenen befrackten, um ihre grünen Tische versammelten Tattergreisen das Weltgeschick aus der Hand winden und eine saubere, ruhmreichere Zukunft gestalten würden. Der Krieg würde, so hofften sie, in Zukunft eine Aufgabe für Eliten sein. Sie hatten damit nicht ganz unrecht. Hatte die technische Entwicklung im 19. Jahrhundert die Beteiligung der Massen am Krieg sowohl möglich als auch erforderlich gemacht, so sollte sie im 20. Jahrhundert in wachsendem Maße Macht in der Hand weniger hochqualifizierter Techniker konzentrieren. Der Zweite Weltkrieg sollte sich als eine seltsame Mischung aus einem Kampf der Massen einerseits und tödlichen Duellen zwischen technischen Spezialisten auf esoterischer Ebene andererseits erweisen. Von der Mitte des Jahrhunderts an sollten die Kriege der europäischen Nationen fast gänzlich unter Ausschluß ihrer Völker stattfinden, sie sollten, wenn sie geführt wurden, von einer vergleichsweise kleinen Zahl von Militärtechnikern bestritten werden, die über zerstörerische Kräfte fast unvorstellbaren Ausmaßes geboten.

Um verstehen zu können, wie es dazu kam, müssen wir nun ein paar Schritte zurückgehen und uns mit gewissen Entwicklungen in der Kriegführung des 19. Jahrhunderts beschäftigen, auf die wir im vorigen Kapitel nicht eingegangen sind.

Die technische Entwicklung im 19. Jahrhundert hatte die Massenproduktion von Waffen möglich gemacht, die nicht nur von steigender Wirksamkeit, sondern auch einfach zu handhaben waren. Für die Infanterie entfiel durch die Einführung der Patrone die Notwendigkeit, mit Pulver und Kugel zu hantieren; das Hinterladergewehr machte den Ladestock überflüssig; Magazine und Schlagbolzen ermöglichten eine Feuergeschwindigkeit, genau eingestellte Zielvorrichtungen eine Treffgenauigkeit, durch die jeder Rekrut binnen weniger Wochen zu einem Scharfschützen wurde, mit dem sich nicht einmal der erfahrenste Grenadier der Garde Friedrichs des Großen auf einen Wettstreit hätte einlassen können. Entsprechend bei der Artillerie: Hinterladerkanonen und rückstoßunempfindliche Lafetten ließen das beschwerliche Geschäft des Rohrputzens und des Wiedereinrichtens nach jedem Schuß wegfallen, das die alten Kanonen selbst in der Hand von

Fachleuten zu so langsamen und unzuverlässigen Waffen gemacht hatte. Mit wenigen eingedrillten Handbewegungen, einigen einfachen, von einer Tabelle ablesbaren Berechnungen und einem ausreichenden Vorrat an hochexplosiven Granaten konnte ein Feldartillerieregiment 1914 in einem Zielgebiet von wenigen hundert Quadratmetern innerhalb einer Stunde mehr Zerstörung anrichten, als es während der gesamten Dauer der napoleonischen Kriege die Kanonen aller beteiligten Heere getan hatten. Und dies alles konnte von Rekruten ausgeführt werden, die nur ein paar Monate Ausbildung hinter sich hatten. Die Möglichkeit der massenhaften Produktion dieser Waffen zog die Notwendigkeit der massenhaften Produktion von Soldaten nach sich.

In einer wirtschaftlich so eng verflochtenen Gesellschaft wie der europäischen war für eine einzelne Nation der durch die Verfügung über eine technisch überlegene Waffe gegebene Vorteil stets ein vorübergehender und kaum geeignet, allein einen Krieg zu entscheiden. Auf die zahlenmäßige Stärke kam es an. Andererseits gibt es aber eine Grenze, jenseits deren die Überlegenheit an Reichweite und Feuerkraft als solche schon ausreicht, den Sieg zu garantieren; jenseits deren eine technisch unterlegene Macht selbst bei zahlenmäßiger Überlegenheit gar nicht die Gelegenheit bekommt, ihre kämpferischen Qualitäten zu beweisen, und der Ausgang einer Schlacht schon vor ihrem Beginn feststeht.

Einer solchen Überlegenheit erfreuten sich die europäischen Mächte bei ihren Kolonialkriegen im 19. Jahrhundert. Wir haben im 3. Kapitel gesehen, wie es den Portugiesen zu Beginn des 16. Jahrhunderts dank der Tatsache, daß allein sie über Kanonen verfügten, gelang, in das Handelssystem des Indischen Ozeans einzubrechen und es unter ihre Herrschaft zu bringen. Aber in dem Maße, wie der Gebrauch von Feuerwaffen sich auf der ganzen Welt verbreitete, verschwand der Vorteil, den die Europäer aus ihnen zogen. Im 18. Jahrhundert waren es weniger die Waffen, mit denen sie kämpften, die den europäischen Heeren beispielsweise in Indien eine solche Überlegenheit verschafften, sondern vielmehr ihr Professionalismus in Drill und Disziplin und ihr sorgfältig organisiertes Versorgungssystem. Im 19. Jahrhundert jedoch neigte sich die Waagschale entscheidend auf die Seite

der technisch fortgeschritteneren Mächte. Ihre Eisenbahnstrek-
ken erschlossen das innere Afrika und Asien und verschafften
ihren Heeren eine Beweglichkeit, die ihre geringe Truppenstärke
wettmachte; dieser Faktor war für die Kolonisierung Zentral-
asiens durch die Russen und für die Erschließung des amerikanischen Westens ebenso bedeutsam wie für die imperialistische
Expansion der europäischen Mächte. Europäische Artillerie,
Hinterladergewehr und Maschinengewehre machten den Ausgang jeder bewaffneten Auseinandersetzung beinahe zu einer im
voraus feststehenden Angelegenheit.[*]

Es gab jedoch einen Konfliktbereich, in dem die technische
Entwicklung während der letzten Jahrzehnte des 19. Jahrhunderts den Anschein zu erwecken begann, sie könne die Stabilität
Europas ernsthaft untergraben; in dem es so aussah, als könne
eine Nation einen solch großen Vorsprung erlangen, daß sie nicht
nur eine Schlacht, sondern einen ganzen Krieg gewinnen und eine
politische Vormachtstellung neuer Art erlangen konnte. Und dieser Bereich war die Seekriegführung.

Man kommt schwerlich umhin, den Marineoffizieren des
19. Jahrhunderts ihre Gefühle nachzuempfinden: In der Zeitspanne einer einzigen Generation mußten sie ihr Denken, ihre
Schiffe, ihre Waffen und ihre Taktiken von der Ära Nelson auf
die Ära Tirpitz, von Schiffen in der Größenordnung der H. M. S.
Victory auf solche von der Art der *Dreadnought* umstellen, und

---

[*] Beinahe, aber nicht ganz. Die siegesgewisse Versicherung von Hilaire
Bellocs Captain Blood:
  «Wir haben, egal woran's sonst uns gebricht,
  Das Gatling-Gewehr, und die anderen nicht»
traf nicht in allen Fällen zu, wie die britischen Überlebenden des Zulu-
Sieges bei Isandhlwana 1879 und die italienischen Überlebenden des
äthiopischen Sieges bei Adowa 1896 hätten bezeugen können. Auch
überlegene Waffen garantierten, wenn sie ohne taktisches Geschick und
gegen Truppen eingesetzt wurden, die besser geführt waren und tapfer
kämpften, nicht unter allen Umständen den Sieg. Die kolonialen Eroberungen verdankten sich mindestens ebensosehr dem stärkeren Zusam-
menhalt, der besseren Organisation und vor allem dem größeren Selbstvertrauen der Europäer wie ihren überlegenen Waffen.

dies in dem Wissen, daß, wenn sie den Anschluß verpaßten, die Folgen für ihr Land verheerend sein konnten. Ihr Dilemma sollte im 20. Jahrhundert zum Dilemma aller Waffengattungen werden. Jede neue technische Entwicklung von der Dampfmaschine bis zur Kernspaltung barg Konsequenzen für die Kriegführung, die studiert und ausgewertet werden mußten. Die Ausbildung und Qualifikation des Berufssoldaten mußte immer vielseitiger werden; während das Offizierskorps sich einerseits vergrößerte, um als Kader für die neuen Massenarmeen zu fungieren, mußte es andererseits zugleich technische und wissenschaftliche Abteilungen ausbilden, welche die neuen Waffensysteme entwickelten und in Dienst stellten – Abteilungen, deren Tätigkeit im 20. Jahrhundert eine nahezu beherrschende Bedeutung erlangte. Das von W. S. Gilbert gezeichnete Bild eines modernen Generalmajors, dem alle wissenschaftlichen Erkenntnisse seiner Zeit geläufig sind, mag das Publikum der Viktorianischen Epoche noch zum Schmunzeln gebracht haben, aber bald sollte es keine Streitkräfte mehr geben, die in ihren höheren Rängen allzuviel Platz für Offiziere hatten, denen die geistige Beweglichkeit fehlte, mit dem technischen Wandel Schritt zu halten, und die nicht die Gewähr dafür boten, daß ihre Seite als erste aus den neuesten Erkenntnissen Kapital schlug.

Der Flottenwettlauf des 19. Jahrhunderts bietet ein heute vertraut wirkendes Bild. So wie man gegenwärtig davon ausgeht, daß ein Staat durch eine erfolgreiche praktische Nutzung der Erkenntnisse der Kernphysik und der Raketentechnik einen verhängnisvollen Vorsprung gegenüber dem Nachbarn erlangen kann – verhängnisvoll in dem Sinn, daß er diesen Nachbarn vernichten kann, ohne selbst überhaupt kämpfen zu müssen –, so schien sich im 19. Jahrhundert die Möglichkeit abzuzeichnen, daß diejenige Nation, die in ihren Flottenbauprogrammen die progressiven Techniken des Kriegsschiffbaus, der Metallurgie und des Geschützbaus am wirkungsvollsten einsetzte, in der Lage sein würde, eine jede gegnerische Flotte in Schutt und Asche zu schießen, ohne daß die Angegriffenen auch nur einen einzigen Schuß auf die Angreifer abgeben konnten. Schon von 1840 an waren dampfgetriebene Schiffe in bezug auf Geschwindigkeit und Manövrierfähigkeit gegenüber den Seglern entscheidend im Vorteil, besonders in relativ engen Gewässern wie dem Ärmelkanal und dem Mittelmeer, wo die weit größere Abhängigkeit der Dampfer von Versorgungshäfen nicht so ins Gewicht fiel. Besorgten britischen Politikern begann sich der Eindruck aufzudrängen, daß die Vorherrschaft, die Nelson mit seiner Flotte in diesen Gewässern gegenüber den Franzosen errungen hatte, der Vergangenheit angehörte. Durch die Verwendung von Eisen beim Schiffbau wurde es möglich, die durch das Baumaterial Holz gesetzten Schranken zu durchbrechen. Während die größten Schiffe Nelsons 2000 Tonnen Wasserverdrängung hatten, wiesen die Eisenschiffe der sechziger Jahre des 19. Jahrhunderts 9000, die der Jahrhundertwende 20 000 Tonnen auf. Diese Gewichtszunahme beruhte nicht einfach auf einer Vergrößerung der Schiffe, sondern auch darauf, daß die Panzerplatten immer dicker wurden, was wiederum notwendige Folge der zunehmenden Durchschlagskraft und Reichweite der Geschütze war, mit denen die größer werdenden Schiffe bestückt werden konnten; Geschütze, die, weil sie zu schwer waren, um an den Bordseiten aufgebaut zu werden, mittschiffs auf drehbaren Geschütztürmen mit einem Schwenkbereich von bis zu 180° montiert wurden und Reichweiten von bis zu 20 000 Metern erreichten.

Der Fortschritt vom Schlachtensegler zum eisengepanzerten Kriegsschiff war von abenteuerlichen Konstruktionsversuchen geprägt. Die Russen entwarfen zum Beispiel ein kreisrundes Schiff. Ein britischer Prototyp, der Eisenbauweise, Dampfkraft *und* ein komplettes Segelwerk kombinieren sollte, kenterte und sank mit Mann und Maus. Und dieser Fortschritt war auch geprägt von großer und verständlicher Nervosität. Die Russen hatten zu Beginn des Krimkriegs bewiesen, daß eisengepanzerte Schiffe mit Granatfeuer eine ganze Flotte hölzerner Segelschiffe vernichten konnten, und die berühmte Begegnung der beiden Panzerschiffe *Merrimac* und *Monitor* in Hampton Roads 1862, während des amerikanischen Bürgerkriegs, veranlaßte englische Publizisten zu der Feststellung, daß praktisch die gesamte Royal Navy nun als veraltet zu betrachten sei. So erlebte die zweite Hälfte des 19. Jahrhunderts einen entfesselten Wettlauf zwischen

den Briten auf der einen und ihren imperialistischen Hauptkon-
kurrenten, den Franzosen und den Russen, auf der anderen Seite
– einen Wettlauf um schwerere Geschütze, dickere Panzerplatten
und größere Geschwindigkeiten. Kurz vor der Jahrhundertwende
traten auch die Deutschen, die hinter sich die geballte Macht der
fortgeschrittensten Industrie Europas hatten, in den Wettstreit
ein. Und die Japaner setzten nur fünf Jahre, nachdem sie selbst
ebenfalls ins Rennen gegangen waren, mit der Vernichtung der
gesamten russischen Flotte in der Schlacht bei Tsuschima 1904
ein alarmierendes Zeichen dafür, welches Schicksal eine Marine
erwartete, die es zuließ, daß sie technisch ins Hintertreffen geriet.
Der wirkliche Konkurrenzkampf spielte sich nunmehr nicht so
sehr auf See als vielmehr in den Werften ab; und Deutsche und
Engländer machten sich daran, einander mit dem Bau der neuen,
ausschließlich mit schwerem Geschütz bestückten *Dreadnoughts*
und *Super-Dreadnoughts* auszustechen, von deren Besitz die
Seeherrschaft und damit, so glaubte man, die Weltherrschaft nun
abzuhängen schien. Das Schlachtschiff war in der Tat ein einzig-
artiges Symbol nationalen Stolzes und nationaler Macht, und ein
dem industriellen Zeitalter weit angemesseneres Symbol, als es
die Heere waren. Es verkörperte in sich zugleich die technische
Leistungsfähigkeit der Nation als Ganzes, ihre weltumspannende
Reichweite und – mit seinen schweren Geschützen – ihre ungeheuren zerstörerischen Kräfte. Es war ein universell anerkanntes
Statussymbol, auf das zu verzichten sich keine ihrer Bestimmung
bewußte Nation leisten konnte.

Aber es war paradoxerweise das Symbol einer Macht, an deren
Fortdauer alle europäischen Nationen mit zunehmender Furcht
zweifelten. Den Briten war es einerseits eine große Beruhigung,
zu wissen, daß für die Diamond-Jubilee-Parade in Spithead 1897
fünfzig Schlachtschiffe aufgeboten werden konnten, ohne daß
deswegen auch nur ein Überseestützpunkt ohne Schutz blieb;
andererseits wußten sie, daß sie im Begriff waren, die industrielle Führungsrolle zu verlieren, die es ihnen erlaubt hatte,
hundert Jahre lang die Welt zu beherrschen, und sie erkannten,
wie verwundbar sie sein würden, sollten ihre Schiffe je die
Seeherrschaft einbüßen. Die Schiffe des Admirals von Tirpitz

waren die perfekte Verkörperung der Leistungen und Ambitionen des Zweiten Deutschen Reichs – mehr noch der prosperierenden Mittelklassen des westlichen als der grundbesitzenden Militäraristokratie des östlichen Deutschland; aber auch sie halfen den Deutschen nicht über ihr nationales Trauma hinweg: als ein seit jeher zwischen zwei machtvollen Konkurrenten – einem auf Vergeltung für 1870 sinnenden, unversöhnlichen Frankreich und dem russischen Reich mit seinen unerschöpflichen Reserven – eingeklemmtes Volk militärisch besonders verwundbar zu sein. Schlachtschiffe waren ebensowenig geeignet, die Franzosen über ihre bevölkerungsmäßige Unterlegenheit, wie die Russen über ihre technologische Rückständigkeit oder die Österreicher über die Bedrohung hinwegzutrösten, die der Nationalismus für ihr Vielvölkerreich darstellte. Und es konnte für den Wandel, der sich innerhalb des internationalen Systems vollzog, kein deutlicheres Anzeichen geben als den Umstand, daß der letzte Seekrieg des 19. und der erste des 20. Jahrhunderts jeweils mit der Niederlage einer europäischen Flotte gegen eine außereuropäische Seemacht endeten: Spanien wurde 1898 von den Vereinigten Staaten, Rußland 1904 von Japan geschlagen.

Als es 1914 zum Krieg kam, lagen Großbritannien und seine Verbündeten im Flottenwettlauf noch vorne, und Tirpitz' Hochseeflotte konnte nicht mehr ausrichten, als ihren Gegner in einem Katz-und-Maus-Spiel zu binden. Aber die deutsche Ingenieurskunst eröffnete mit der Entwicklung hochseetüchtiger Unterseeboote neue Möglichkeiten. In der Geschichte der Seekriegführung begann damit ein völlig neuer Abschnitt.

Es wurde 1914 allgemein erwartet, daß über die Seeherrschaft wie zu Nelsons Zeiten eine Seeschlacht zwischen den großen Flottenverbänden entscheiden würde. Derjenige, der aus einem solchen Kräftemessen als Sieger hervorging, würde dann, so nahm man an, in der Lage sein, die kleineren Schiffe des Gegners und seine Kaperschiffe vom Meer zu vertreiben und eine Blockade über ihn zu verhängen, die für ein dichtbesiedeltes, von Überseehandel und Lebensmitteleinfuhr abhängiges Land nur tödlich sein konnte. Dies war der Inhalt der Lehre, die der amerikanische Marinehistoriker und -theoretiker Alfred Thayer Mahan predigte, dessen Buch ‹The Influence of Sea Power on History› (1890) um die Jahrhundertwende zur Bibel aller europäischen Marineführungen wurde. Das letzte Ziel bestand zwar in der Zerschlagung des feindlichen Handels, es war jedoch, so lehrte Mahan, ein Fehler, die Flottenmacht, wie es die Franzosen im 17. und 18. Jahrhundert praktiziert hatten, zum direkten Angriff auf diesen Handel einzusetzen. Aufgabe der Flotte war es vielmehr, die Seeherrschaft zu erringen, wodurch man die Meere zu einer Straße für den eigenen Handel und zu einem unüberwindlichen Hindernis für den des Gegners machen konnte; und zufallen würde die Seeherrschaft demjenigen, der über die stärkste Schlachtflotte verfügte.

Die Ereignisse des Ersten Weltkriegs bestätigten Mahans Theorie insofern, als es der britischen Marine gelang, Deutschland einer zunehmend drückenderen Blockade zu unterwerfen, an der zu rütteln die Tirpitzsche Hochseeflotte zu schwach war; einer Blockade, die dem Deutschen Reich den freien Verkehr nicht nur mit seinen im Grunde unbedeutenden Kolonien abschnitt, sondern auch mit so mächtigen neutralen Handelspartnern wie den Vereinigten Staaten, die allerdings sehr große Bedeutung besaßen. Dies führte freilich auch zu einer Verschlechterung der Beziehungen zwischen England und den Vereinigten Staaten, ja, wie hundert Jahre zuvor, beinahe zu ihrem Abbruch. Aber die Entwicklung des Unterseeboots von einer dem Küstenschutz dienenden Waffe mit kleinem Aktionsradius zu einem seetüchtigen Gerät mit einer nach Wochen zu messenden Einsatzdauer versetzte Deutschland in die Lage, schreckliche Gegenschläge auszuteilen.

U-Boote konnten zwar eine Blockade durchführen, aber sie konnten sich dabei nicht an die Grundsätze des internationalen Prisenrechts halten, wie sie für das Zeitalter der Segelschiffe niedergelegt worden waren: ein des Transports von Konterbande verdächtiges Schiff aufzubringen, zu durchsuchen und eine Prisenmannschaft an Bord zu belassen, die es zum nächsten Hafen steuerte, wo ein Prisengericht darüber befinden konnte, ob eine Beschlagnahme seiner Ladung angemessen war. Die Besatzung eines U-Boots konnte ein aufgebrachtes Schiff im besten Fall durchsuchen und seiner Mannschaft Zeit geben, in die Rettungs-boote zu steigen, ehe sie es versenkte. Andererseits bot jedoch ein U-Boot beim Auftauchen selbst einem kleinen bewaffneten Han-delsschiff ein verwundbares Ziel. Die Versuchung, ein gesichtetes Feindschiff ohne Federlesens zu versenken und erst hinterher Fragen zu stellen, war deshalb überwältigend. Wenn Deutschland seine U-Boot-Kommandanten zur Zurückhaltung mahnte, dann eher aus taktischen als aus humanitären Rücksichten: Vereinzelte Vorfälle wie die Versenkung der *Lusitania* im Jahre 1915 (die vermutlich Konterbande mitführte, gewiß aber eine Anzahl amerikanischer Staatsbürger an Bord hatte) machten deutlich, daß der uneingeschränkte U-Boot-Krieg die Vereinigten Staaten in die ohnehin schon lange Liste der deutschen Kriegsgegner ein-reihen würde. Aber Anfang 1917 schienen die Aussichten, Eng-land mit dem Mittel der Seeblockade vollständig niederringen zu können, so vielversprechend und die Chancen für eine Entschei-dung im Landkrieg so dürftig, daß die deutsche Heeresleitung sich entschloß, das Risiko einzugehen. Kurze Zeit später erklär-ten die Vereinigten Staaten Deutschland den Krieg.

Was den Krieg entschied, war nicht so sehr der materielle Bei-trag, den die amerikanischen Streitkräfte nach ihrem Eintreffen in Europa 1918 leisteten; es war vielmehr der moralische Auftrieb, den die Alliierten durch die Aussicht erhielten, nun über die ame-rikanischen Hilfsquellen verfügen zu können. Freilich, wäre man der U-Boot-Gefahr nicht 1917 Herr geworden, dann hätte es vielleicht ein Jahr später keine Alliierten mehr gegeben, denen die Amerikaner hätten zu Hilfe eilen können. Ein erfolgreicher Feldzug gegen die deutschen Unterseeboote setzte nicht nur die Entwicklung von Spezialgeräten und -verfahren wie der Wasser-bombe und der Echolot-Ortung, sondern auch eine Revolution im britischen Seekriegskonzept voraus. Er erforderte eine Be-kehrung zu der Einsicht, daß den U-Booten durch eine defensive Strategie größerer Schaden zuzufügen war als mit offensiven Mitteln, daß Handelsflotten ein Schutzgeleit erhalten sollten, nicht nur zu ihrer Sicherheit, sondern auch, um dem Feind einen Köder anzubieten, daß leichte Schiffe wie etwa Zerstörer wirkungsvoller in solchen Geleitzügen eingesetzt werden konnten als zum Schutz der großen Schlachtflotte. Und er machte die Vervollkommnung von Nachrichtentechniken und die Störung des feindlichen Informationssystems erforderlich – Techniken, die sich durch die Erfindung des Rundfunks praktisch zu einer vierten Dimension des Krieges zu entwickeln begannen.

Der Seekrieg fand also ohne Beteiligung der Bevölkerungsmassen statt. Er war ein Kräftemessen zwischen dem Mut und der Ausdauer jener kleiner Gruppen von Berufskriegern, welche die Besatzungen der Schiffe selbst und auch der Flugzeuge bildeten, die bald zu einem Bestandteil des Arsenals der U-Boot-Jäger werden sollten; ferner zwischen dem Erfindungsgeist jener noch kleineren Gruppen von Wissenschaftlern, Technikern und Verschlüsselungsexperten, die für die Weiterentwicklung von Waffen- und Kommunikationssystemen verantwortlich zeichneten; und schließlich zwischen der taktischen Meisterschaft und Urteilskraft jener Befehlshaber und Stäbe, die die Feldzüge planten und leiteten. Elektrotechnisches Fachwissen war mindestens ebenso wichtig wie seemännisches Können. Der Erfolg fiel letzten Endes der Seite zu, die in der Lage war, die Bewegungen des Gegners aufzuspüren und seine Signale zu entziffern, während sie zugleich ihre eigenen geheim hielt; und bis zum Zweiten Weltkrieg wurden Radar- und Funkabhörtechniken entwickelt, die dies möglich machten. Die Mannschaften in den U-Booten und die der sie jagenden Schiffe und Flugzeuge wurden zu Marionetten in einem tödlichen Versteck- und Suchspiel, dessen Ausgang möglicherweise über Verlust oder Gewinn des Krieges entscheiden konnte.

Ein gleichartiges Muster der Auseinandersetzung zwischen kleinen Gruppen hochqualifizierter, komplexe Waffensysteme bedienender Kriegsingenieure, miteinander wetteifernder Techniker und aus sehr großer Entfernung das Geschehen diktierender Kommandeure sollte sich im Zuge der Entwicklung des Luftkriegs ergeben.

Der Luftkrieg hatte seinen Ursprung im Ersten Weltkrieg als ein ergänzendes Moment zum Landkrieg genommen: Die gegnerischen Flugzeuge hatten einander bekämpft, um den Weg für eine ungestörte Ausübung ihrer eigentlichen Aufgabe, der Erkundung, freizumachen. Erst mit der allmählichen Zunahme der Reichweite, Geschwindigkeit und Bewaffnung der Flugzeuge wurde langsam deutlich, daß eine Luftwaffe, die den Luftraum über dem Schlachtfeld beherrschte, möglicherweise nicht nur als Auge der Artillerie dienen, sondern diese in der Tat ersetzen konnte, und dies in einem Maßstab, angesichts dessen jede Bewegung auf und hinter dem Schlachtfeld unmöglich werden könnte. In bezug auf den Seekrieg brach sich die Erkenntnis von der Bedeutung der Luftherrschaft ebenso langsam Bahn. Für Erkundungszwecke und nadelstichartige Angriffe waren Flugzeuge ganz offenkundig geeignet, aber daß sie in der Lage sein könnten, Schiffe, selbst Schlachtschiffe zu versenken – allen Abwehrmaßnahmen zum Trotz, die man gegen sie ergreifen mochte –, dies einzusehen und einzugestehen, kam die Flottenbefehlshaber verständlicherweise hart an. Die Zwischenkriegsjahre hallten laut wider vom Gezänk zwischen Luftwaffengeneralen, die beständig die Möglichkeiten ihrer Waffengattung überschätzten, und Admiralen, die uneinsichtig fortfuhren, sie zu unterschätzen; eine Konstellation, die angesichts des technischen Entwicklungstempos und der Unmöglichkeit, in Friedenszeiten realistische Einsatzbedingungen zu simulieren, sehr verständlich war. Erst die Erfahrungen des Krieges im Pazifik nach 1941 sollten endgültig zeigen, daß der Flugzeugträger das Schlachtschiff als wichtigstes Werkzeug der Seeherrschaft abgelöst hatte.

Ein besseres Verständnis für die Möglichkeiten der Luftwaffe im Krieg zur See und zu Lande wurde vielleicht auch dadurch erschwert und verzögert, daß die Luftwaffenstrategen dem Problem nur widerstrebend ihre volle Aufmerksamkeit zuwandten. Den ersten Enthusiasten des Luftkampfs kam es weniger darauf an, zu zeigen, daß die Luftwaffe das Wesen des See- und Landkrieges verändern, als vielmehr darauf, zu beweisen, daß sie beide überflüssig machen würde. Der Verlauf des Ersten Weltkriegs hatte, so argumentierten sie, deutlich gemacht, daß Kriege nicht mehr durch die traditionellen militärischen Tugenden entschieden wurden. Er hatte gezeigt, daß ein modernes Heer im Feld nicht besiegt werden konnte, solange seine Versorgung mit Menschen und Munition sichergestellt war. Der Krieg des 20. Jahrhunderts war nicht mehr, wie in der Vergangenheit, eine Auseinandersetzung allein zwischen nationalen Streitkräften oder gar zwischen Staatskassen. In ihm standen sich vielmehr die Willenskraft und die Moral der Bevölkerung der kriegführenden Länder gegenüber. Was schließlich zur Beendigung des Krieges geführt hatte, war nicht ein eigentlicher militärischer Sieg gewesen, sondern der Verfall dessen, was man nun als «die Heimatfront» zu bezeichnen begann: der Verfall der solidarischen Gefolgschaft der Zivilbevölkerung gegenüber ihren Führern, ihrer Bereitschaft, die Last der Entbehrungen und Leiden, die der Kraftakt des Krieges ihr abforderte, weiter zu tragen. Der Friede war, so meinte sie, eine Frucht der Revolution oder der Angst vor einer Revolution gewesen, nicht das Ergebnis eines im Felde errungenen Sieges.

Wenn aber der Schwerpunkt der Kriegsanstrengung nicht im Heer, sondern in der Zivilbevölkerung zu suchen war, und wenn das Ziel des Kampfes nunmehr darin bestand, die Bevölkerung des Feindlandes dadurch, daß man dessen Armeen sich verbluten ließ, einer unerträglichen Zerreißprobe aussetzte, war es dann nicht günstiger, diesen Schwerpunkt, die Bevölkerung selbst direkt anzugreifen, anstatt es mittels eines Abnutzungskrieges zu versuchen, aus dem die Sieger schließlich nahezu ebenso erschöpft und verschuldet hervorgingen wie die Besiegten? Und wäre die Summe des Leidens, da sie ja in einem solchen Fall eher nach Tagen und Wochen als nach Jahren berechnet würde, nicht um ein Vielfaches geringer? Und vor allem, würde nicht die Angst vor solchen Angriffen, gegen die es nach allem Ermessen keinen Schutz gab, die denkbar abschreckendste Wirkung auf jede Macht ausüben, die mit dem Gedanken an einen Friedensbruch spielte?

So argumentierte unter vielen anderen der italienische Hauptmann Giulio Douhet, dessen Buch über die Führung des Luftkriegs in den zwanziger Jahren in breiten Kreisen gelesen wurde. Ebenso argumentierten auch die Gründungsväter der britischen Royal Air Force, insbesondere der Marschall der Luftwaffe Hugh Trenchard, der auf diese Weise die Schaffung einer in ihrer strategischen Rolle von den Bodenstreitkräften vollkommen unab-

hängigen Luftwaffe rechtfertigte. Auf dem Festland taten sich
die Fürsprecher der Luftwaffe schwerer, denjenigen Kräften zu
widerstehen, die ihre Unterordnung unter die machtvollen Land-
heere betrieben, auf deren Leistungen die nationale Sicherheit
im herkömmlichen Verständnis beruhte; in England dagegen
hatte man die durch den Weltkrieg bedingte Vergrößerung der
kleinen Gendarmerietruppe, die als Friedensheer fungierte, zu
einer kriegsfähigen Streitmacht kontinentalen Ausmaßes als ein
ausnahmsweises und nicht wünschenswertes Experiment betrachtet, das sich unter keinen Umständen wiederholen sollte
(und dieser Meinung waren nicht zuletzt die Soldaten selbst). Als
daher die Engländer in den dreißiger Jahren mit ungeheurem
Widerstreben wiederaufzurüsten begannen, pumpten sie ihre
Mittel nicht in ein für die Führung eines traditionellen Landkriegs
gerüstetes Heer, sondern in eine Luftwaffe, die in der Lage
war, den Feind in Angst und Schrecken zu versetzen – und deren
Zerstörungspotential Deutschland, wie man hoffte, von der An-
zettelung eines Krieges abschrecken würde.

Es stellte sich jedoch heraus, daß die englische Luftfahrt-
industrie nicht mit der deutschen mithalten könnte, und so war
es Deutschland, das als erstes Land eine Luftwaffe aufbaute, die
allem Anschein nach fähig war, die Städte seiner Nachbarländer
mit blitzartigen und unabwendbaren Angriffen zu vernichten;
eine bedrohliche Aussicht, deren Wirkung Hitler bei der Durchführung seiner Politik mit gutem Erfolg ausnutzte. Es galt als
ausgemacht, daß es gegen Luftangriffe keinen Schutz gab – daß
der Bomber, mit den Worten Stanley Baldwins, immer durch-
kommen würde. Man ging auch davon aus – weitgehend aufgrund
der Erfahrung zweier deutscher Luftangriffe auf London im
Juli 1917 –, daß Bomber, wenn sie durchkamen, in großflächigem
und untragbarem Ausmaß Zerstörungen anrichten würden. Die
Zukunft sollte erweisen, daß beide Annahmen, wenn nicht falsch,
so doch viel zu pessimistisch waren. Durch die Entwicklung
schnellsteigender, tiefflügeliger Eindecker-Flugzeuge und der
Radartechnik zur frühzeitigen Erkennung feindlicher Angriffe
gegen Ende der dreißiger Jahre wurde es den Abwehrkräften
möglich, Bomberverbände, die bei Tag tief in ihr Land einzu-

dringen versuchten, untragbar hohe Verluste zuzufügen. Als die Angreifer zu nächtlichen Bombereinsätzen übergingen, lernten sie nach einiger Zeit, die Radartechnik offensiv, das heißt im Dienst einer zuverlässigen Blindflugnavigation zu nutzen und mit Hilfe von Abtastverfahren die Topographie des Bodens bei Dunkelheit oder auch durch Wolkendecken hindurch zu erkennen. Aber dann wurden zur Abwehr Nachtjäger entwickelt und Verfahren, mit denen man die elektronischen Richtungssignale stören konnte, auf die die Angreifer sich verlassen mußten. Wie der Seekrieg, so wurde auch der Luftkrieg zu einem höchst ausgeklügelten Wettstreit der taktischen und technischen Finessen, bei dem die Berufssoldaten mindestens so sehr vom Können der Wissenschaftler und Techniker wie von ihren eigenen Fähigkeiten abhängig waren. Erst in den letzten Jahren des Zweiten Weltkriegs, nach einem Kampf, der den vollen Einsatz der Luftstreitkräfte der Vereinigten Staaten und Englands erforderte, vermochten sich die Alliierten eine Luftherrschaft über Deutschland zu sichern, die ausreichte, den Städten des Feindes jenen Grad an Zerstörung zuzufügen, den die Propheten des Luftkrieges vorausgesagt hatten. Und selbst dann blieb die Moral der Zivilbevölkerung ungebrochen. Das deutsche Volk ging mit stoischem Gleichmut seiner Arbeit nach und leistete seiner Regierung Gehorsam, bis der Krieg zu Ende war.

Auf den Krieg zu Lande hatte der technische Wandel weniger prägnante Auswirkungen. Binnen weniger Monate nach Kriegsausbruch 1914 hatte man erkannt, daß sich mit Verbrennungsmotoren ebensogut Kampffahrzeuge wie Transportfahrzeuge antreiben ließen. Innerhalb von zwei Jahren traten die ersten Panzer in Aktion. Aber diese frühen gepanzerten Kampffahrzeuge waren in Gestaltung und Einsatz auf die Bedürfnisse des Grabenkriegs zugeschnitten. Man sah in ihnen in erster Linie ein bewegliches Geschütz, das den Angreifern half, die feindlichen Abwehrlinien zu durchbrechen; und nachdem der erste taktische Überraschungseffekt einmal vorüber war, bereitete es keine allzu großen Schwierigkeiten, Konterwaffen gegen sie zu finden. Der spektakulärste Durchbruch des ganzen Krieges, nämlich der, der den Deutschen im März 1918 an der Westfront gelang, war überhaupt nicht das Werk von Panzern, sondern von Infanterietruppen. Die Deutschen stellten sich nicht in langgestreckten Schützenreihen auf, wie es bis dahin immer üblich gewesen war, sondern in kleinen Gruppen, sogenannten Sturmtruppen, die mit Mörsern, leichten Maschinengewehren und Granaten bewaffnet waren. Gegnerische Stützpunkte umgehend und vordringend, wo immer sie eine schwache Stelle fanden, operierten sie mit einer Selbständigkeit und Beweglichkeit, wie man sie in Europa seit den Vorfeld-Scharmützeln in den frühen Feldzügen der französischen Revolutionstruppen kaum mehr erlebt hatte. Aber sowohl die gepanzerten Kampffahrzeuge als auch diese Sturmtruppen waren in dem Augenblick, so sie ihre Nachschubwege und ihre Artilleriedeckung hinter sich ließen, nur noch von begrenztem Wert; die ersteren waren auf leicht verletzliche Feldtelefonverbindungen, die zweitgenannten auf Feldgeschütze angewiesen, die über ein verwüstetes Schlachtfeld bewegt und auf immer neue Ziele eingestellt werden mußten.

Praktische Probleme dieser Art sorgten dafür, daß die europäischen Armeen in der Zwischenkriegszeit den ehrgeizigeren Gedankengängen solcher Propheten des Panzerkriegs wie J. F. C. Fuller und B. H. Liddell Hart in England, Charles de Gaulle in Frankreich, Heinrich Guderian in Deutschland und Marschall Tuchatschewski in der Sowjetunion reserviert gegenüberstanden. Das Bild, das diese Denker entwarfen – ganze Panzerdivisionen, die den gegnerischen Abwehrgürtel durchbrachen und sich in einer «anschwellenden Flut» durch die gerissenen Lücken ins Hinterland ergossen, um sich der Schaltzentralen des Feindes zu bemächtigen – war erfrischend, aber es ließ eine große Zahl von Fragen unbeantwortet. Wie sollten diese Einheiten Verbindung nach hinten halten? Wie sollte ihre Versorgung sichergestellt werden? Wie stand es mit der Unterstützung durch schwere Artillerie? Wie verhindern, daß sie umzingelt und abgeschnitten wurden? Wenn Panzer eine Bresche in die Front schlagen konnten, eigneten sie sich dann nicht umgekehrt ebensogut für den Gegner, um die Front abzuriegeln? Die technische Entwicklung half mit, einige dieser Probleme zu lösen; ohne die Fortschritte in der Funktechnik beispielsweise wäre ein Bewegungskrieg dieser Art nicht denkbar gewesen. Dennoch war die Skepsis selbst der deutschen Heeresleitung so groß, daß es einer persönlichen Intervention Hitlers bedurfte, ehe 1934 die ersten Panzerdivisionen aufgebaut wurden. Und an der Schlagkraft solcher Divisionen meldeten noch 1938 nicht nur die Oberkommandierenden des französischen Heeres, sondern auch einer der geistigen Väter des Panzerkriegs, der englische Experte B. H. Liddell Hart, Zweifel an; letzterer war zu dieser Zeit schon damit beschäftigt, sich Möglichkeiten zur offensiven Abwehr von Panzerangriffen – mit Hilfe einer Kombination von Minenfeldern, Panzerabwehrkanonen und Panzer-Gegenangriffen – auszudenken.

Die «Blitzkrieg»-Taktiken von 1940 und 1941 mußten gewiß nicht notwendigerweise so erfolgreich funktionieren, wie sie es tatsächlich taten. Die Risiken, die das deutsche Heer bei seinem Angriff im Westen im Mai 1940 einging, waren sehr groß – so groß, daß die dem Angriff zugrundeliegende strategische Konzeption vom deutschen Oberkommando zunächst rundweg zurückgewiesen worden war und es wiederum Hitlers Intervention bedurfte, um die Generale zu überzeugen. Hätte es auf der Gegenseite fähige Feldherren gegeben, die ruhiges Blut bewahrt hätten, dann hätten die von den gepanzerten Speerspitzen des deutschen Heers in den Ardennen erzielten Durchbrüche vielleicht abgedichtet werden können, und der Feldzug wäre als katastrophal fehlgeschlagenes Vabanquespiel in die Geschichte eingegangen. Wie die Siege Napoleons verdankte auch er seinen Erfolg vorwiegend dem Zusammenbruch der Kampfmoral eines Gegners, der sich nach dem gemächlichen Tempo, mit dem frühere Kriege angegangen worden waren, nicht rasch genug auf Taktiken einzustellen vermochte, die so stark auf Geschwindigkeit, Konzentration und Überraschung angelegt waren. Und 1941 war der deutsche Erfolg gegen ein sowjetisches Heer, dessen Funktionsfähigkeit durch die massive politische «Säuberung» seines Offizierskorps drei Jahre zuvor schon erheblich geschwächt war, von noch größerer Tragweite.

Freilich konnte man mit derartigen Überfalltaktiken rasche und entscheidende Durchbrüche nur gegen einen unvorbereiteten Feind erzielen. Die Skeptiker behielten auf lange Sicht recht.

Wenn Panzerverbände ein Werkzeug des Angriffs sein konnten, dann konnten sie auch eines des Gegenangriffs sein. Man konnte eine Kampfzone so mit Minen und Panzerabwehrwaffen präparieren, daß es kaum noch Operationsmöglichkeiten für Panzer gab; und dazu kam in jedem Fall, daß ein erfolgreiches Operieren auch weitgehend davon abhängig war, ob man die Luftherrschaft über dem Kampfgebiet innehatte. Und schließlich konnte die Panzerwaffe wenig ausrichten, wenn sie nicht eng mit hervorragend trainierten, zu raschem Vormarschtempo fähigen Infanterieeinheiten zusammenwirkte – und auch für die Artillerie mußten Transportmöglichkeiten vorhanden sein, damit sie nicht zurückblieb. All dies erforderte Hunderte von Fahrzeugen, zu deren Versorgung mit Treibstoff, Munition und sonstigen Bedarfsgütern wiederum eine noch vielfach höhere Transportkapazität nötig war. Der in der Zwischenkriegszeit geträumte Traum von kleinen, flinken, hochqualifizierten Einheiten, die gegen die feindlichen Nachschublinien operierten und mit einem Minimum an Kosten ein Maximum an Wirkung erzielten, verwandelte sich in eine Realität, die von riesigen Armeen gekennzeichnet war, deren jede einen umfangreichen «Troß» hinter sich herzog, mit dem zusammen sie gegnerischen Angriffen ein höchst verwundbares Ziel bot und nur unter Aufbietung beträchtlicher logistischer Geschicklichkeit überhaupt in Bewegung gehalten werden konnte.

Mithin war die Schlagkraft der Armeen des Zweiten Weltkriegs wie derjenigen des Ersten in hohem Maße davon abhängig, welche Zahl von Rekruten für den Kriegsdienst zur Verfügung standen, und zwar nicht, weil man an sich zahlenmäßig starke Armeen benötigt hätte, sondern vielmehr wegen der Komplexität der modernen Kriegsführung. Die Heere des Ersten Weltkriegs hatten vorwiegend aus numerisch starken Infanterieverbänden bestanden, die mit einem begrenzten Arsenal von Standardwaffen ausgerüstet waren und deren logistische Bedürfnisse zum allergrößten Teil durch die Eisenbahn sowie einen einfachen Pendelverkehr zwischen den Schienenendpunkten und einer in der Regel ziemlich beständigen Front befriedigt werden konnten. Im Zweiten Weltkrieg hingegen herrschte innerhalb der kämpfenden Einheiten eine breitgestreute Spezialisierung. Zum Bestand eines einfachen Infanteriebataillons gehörten nicht nur Gewehre und Granaten, sondern darüber hinaus zwei Typen von Mörsern, zwei Arten von Maschinengewehren, leichte Kettenfahrzeuge, Panzerabwehrkanonen, Panzerfäuste und verschiedenartige Minen. Panzerverbände stellten an ihre Ausrüstung noch weitaus komplexere Anforderungen; und in noch einmal gesteigertem Maß galt dies für Truppen mit Amphibienfahrzeugen und für Fliegereinheiten. Es war daher, zumindest in den westeuropäischen Heeren, ein weit größerer Teil der insgesamt zum Kriege Eingezogenen bei der technischen Betreuung und Versorgung der kämpfenden Truppe eingesetzt als im unmittelbaren Frontdienst: bei Reparatur- und Wartungsmannschaften für die Fahrzeuge, Waffen und Nachrichtensysteme, in den Nachschubkolonnen und -lagern, in den Krankenhäusern und in all jenen Einrichtungen, deren Aufgabe es war, den ganzen ungeheuren Koloß zu verwalten, zu ernähren und zu besolden.* Wenngleich im Landkrieg nicht dieselbe totale Abhängigkeit von auf dem letzten Stand der Forschung arbeitenden und sich um einen entscheidenden technischen Vorsprung bemühenden Wissenschaftlern herrschte wie im See- und Luftkrieg, waren die Armeen doch, um überhaupt weiterkämpfen zu können, darauf angewiesen, daß die Technik auf jeder Ebene und in allen Waffengattungen funktionierte. Der beste Soldat geriet in eine hilflose Lage, wenn seine Funkverbindungen abrissen oder sein Transportfahrzeug liegenblieb; und die erfolgreichsten Generale waren oftmals die, deren Nachrichtenoffiziere es am besten verstanden, den gegnerischen Funksprechverkehr abzuhören und prompte und genaue Informationen über die Absichten des Feindes zu erlangen.

* In der Roten Armee war das Verhältnis von kämpfender Truppe zu «Troß» lange nicht so stark zugunsten des letzteren verschoben: Das Gros der Infanterietruppen operierte in Größenordnungen und mit Waffen, die sich mit den Verhältnissen an der Westfront im Ersten Weltkrieg vergleichen ließen, und war für Transportzwecke fast ausschließlich auf die Pferdekraft angewiesen. Nur die Elitetruppen der Infanterie und die Panzerdivisionen bewegten sich annähernd auf dem technischen Niveau, das im Westen gang und gäbe war.

So kam es, daß ein sehr großer Teil der zu den Streitkräften einberufenen Männer und Frauen sich vor dieselben Tätigkeiten gestellt sah – als Automechaniker, Funktechniker, Kellnerinnen oder Köche –, die sie in Friedenszeiten ausgeübt hatten. Diejenigen, die nicht einberufen wurden, verschonte man hauptsächlich deswegen, weil man den Beitrag, den sie im Zivilleben als Bergleute, Landarbeiter, Dreher oder Beamte für den Krieg leisteten, höher veranschlagte als das, was sie in Uniform hätten vollbringen können. Die klassische Unterscheidung zwischen Soldat und Zivilist, die im 18. und 19. Jahrhundert so eindeutig gewesen war und selbst noch den Ersten Weltkrieg überlebt hatte, verwischte sich erneut, insbesondere da der Luftkrieg für die Zivilbevölkerung Gefahren brachte, wie sie schlimmer allenfalls ein kleiner Teil der aktiven Soldaten zu gewärtigen hatte. Als Lagerarbeiter in einem Geschützdepot oder als Ober im Offizierskasino eines frontfernen Standorts konnte man sich weit sicherer fühlen, als es ein Werftarbeiter oder eine Verkäuferin in Liverpool oder Hamburg durften.

So war der Zweite Weltkrieg, obgleich die Ära der von einer fanatisch nationalistischen Bevölkerung vorwärtsgetriebenen Massenheere vorbei war, doch in einem weit radikaleren Sinn eine Auseinandersetzung zwischen ganzen Völkerschaften, geführt mit einer Konsequenz, wie wir sie absoluter nur aus der Frühgeschichte der Menschheit kennen: ein Kampf, in dem jeder Einzelne sein persönliches Wertsystem und sein physisches Überleben von feindlich gesonnenen Kräften bedroht sah, mit denen weder eine Verständigung noch ein Kompromiß möglich war. Dies sollte sich am schrankenlosesten an der Ostfront zeigen, wo die Führer des Dritten Reichs dieselben Ziele verfolgten wie ihre Vorfahren tausend Jahre zuvor – die Eroberung und Besiedlung neuer Gebiete und die Vernichtung oder Versklavung der dort ansässigen Bevölkerung. Nur weil es der Sowjetregierung gelang, die ungeheuren moralischen und materiellen Reserven der sowjetischen Völker für einen lebensentscheidenden Kampf gegen die Eindringlinge bis zur letzten Faser zu mobilisieren, und nicht dank irgendwelcher strategischer Großtaten ihrer Generale oder irgendwelcher Wunder ihrer Technik, vermochte sie das Blatt zu wenden. Wie seinerzeit Napoleon, so vertrauten auch die Deutschen darauf, daß die schiere Kraft und Dynamik ihres Angriffs ihnen einen entscheidenden Sieg bringen würde, und ermangelten, als dieser ausblieb, der Kraft- und Materialreserven, die nötig gewesen wären, um einen langwierigen Kampf gegen Widersacher von der Größenordnung der Sowjetunion oder gar der Vereinigten Staaten durchzustehen.

Dennoch: Die Technik hatte den Krieg um einen Faktor erweitert, den es in der napoleonischen Ära noch nicht gegeben hatte und der alle Vergleiche mit der Vergangenheit höchst fragwürdig werden ließ. Hätten sich die Deutschen ein wenig stärker auf die Entwicklung des Düsenflugzeugs konzentriert, wer weiß, ob der Luftkrieg nicht ganz anders verlaufen wäre. Hätten sie mehr Mittel für die Raketentechnik aufgewendet, wer weiß, ob sie nicht Raketenwaffen hätten herstellen können, die die Londoner Innenstadt verwüstet und die alliierte Landung in der Normandie unmöglich gemacht hätten. Und hätte ihre Kernforschung eine andere Richtung genommen und stärkere politische Unterstützung erhalten, vielleicht hätten sie Nuklearwaffen entwickelt, angesichts derer der Heldenmut der sowjetischen Völker und die imposanten Flotten der Westalliierten ebenso machtlos gewesen wären wie seinerzeit bei Omdurman die Sturmläufe der Mahdi-Krieger gegen die Armeen Kitcheners.

Tatsächlich fielen die ersten beiden Atombomben im August 1945, von den Amerikanern abgeworfen, auf Japan und zerstörten jeweils eine mittelgroße Stadt, wobei insgesamt 130 000 Menschen auf der Stelle umkamen. Diese Bomben, von einer außereuropäischen Macht gegen eine andere, ebenfalls außereuropäische Macht zur Beendigung eines Konflikts eingesetzt, mit dem die Europäer nur am Rande zu tun hatten, markierten das Ende jener Ära europäischer Weltherrschaft, die mit den Fahrten eines Kolumbus und eines Vasco da Gama nahezu fünfhundert Jahre zuvor begonnen hatte. Und sie markierten ebenso das Ende des Zeitalters der Massenkriege, jener unter voller Mobilisierung der Bevölkerung industrialisierter Länder und aller ihrer nationalen Kraftquellen geführten und auf die Niederwerfung der jeweils anderen Seite zielenden Kriege. Es sollte nur wenige Jahre dauern, bis thermonukleare Waffen entwickelt wurden, von denen jede eine größere Zerstörungskraft besaß als alle Waffen zusammen, die die Menschheit in ihrer überlieferten Geschichte abgefeuert hatte; und dazu Trägerraketen, die in der Lage waren, diese Waffen in Minutenschnelle an jeden Punkt der Erdoberfläche zu befördern. Sollte es im nuklearen Zeitalter noch eine sinnvolle Funktion für die traditionellen Qualitäten der Berufsmilitärs oder für die loyale Einsatzbereitschaft patriotischer Völker geben? Oder sollte es den «Krieg», wie die Europäer ihn tausend Jahre lang verstanden und geführt hatten, nicht mehr geben?

8. Das nukleare Zeitalter

Es wäre voreilig, auch nur den Versuch zu machen, die am Ende des vorhergehenden Kapitels gestellten Fragen zu beantworten. Seit dem Ende des Zweiten Weltkrieges sind erst fünfunddreißig Jahre vergangen. Nach den napoleonischen Kriegen vergingen vierzig Jahre, ehe es unter den großen europäischen Mächten wieder zu ersten, freilich beschränkten Konflikten kam, nahezu hundert Jahre, ehe ein neuer großer Krieg ausbrach, an dem sie alle beteiligt waren. Gewiß, 1945 war wenig von der für das Jahr 1918 so charakteristischen Überzeugung zu spüren, daß man den Krieg hinter sich habe, der alle zukünftigen Kriege unmöglich machen würde, und daß der Menschheit ein neues, glücklicheres Zeitalter winkte. Kaum hatte sich die kurze Euphorie des Sieges gelegt, trat die ideologische Gegnerschaft zwischen der Sowjetunion und der Welt des liberalen Kapitalismus in alter Unversöhnlichkeit hervor. Binnen weniger Monate kam es zu Mißhelligkeiten, die zur Aufkündigung der Zusammenarbeit führten; binnen weniger Jahre führte die Weigerung zur Zusammenarbeit in die militärische Konfrontation und in eine in Friedenszeiten bis dahin nicht gekannte Aufrüstung hinein. In den fünfziger Jahren hatte es den Anschein, als sei ein «empfindliches Gleichgewicht des Schreckens», wie es Albert Wohlstetter, ein führender amerikanischer Militäranalytiker, nannte, zur tragenden Säule der internationalen Ordnung geworden.

Die seitdem verflossene Zeit erlaubt uns, mit aller Vorsicht zu behaupten, daß der Friede auf einer etwas weniger explosiven Grundlage beruhte: auf der Anerkennung des *Status quo* durch die großen Weltmächte als des einzigen denkbaren Rahmens für die Verwirklichung ihrer Politik und auf einer ihnen allen gemeinsamen Abneigung gegen größere Störungen in der bestehenden Kräfteverteilung. Es ist dies die gleiche Grundlage, auf der

auch der fünfzigjährige europäische Friede nach den napoleonischen Kriegen beruhte. Aber die Erhaltung der politischen Stabilität auf eine unbegrenzte Zeit hinaus verlangt in einer Periode
so raschen wirtschaftlichen und sozialen Wandels, wie wir ihn
seit 1945 erlebt haben, eine Klugheit des politischen Entwurfs
und ein Geschick in seiner Ausführung, wie die Vorsehung sie bis
heute nur sehr sparsam ausgeteilt hat. Immerhin können wir mit
einem vertretbaren Maß an Gewißheit davon ausgehen, daß jeder
zukünftige Krieg, der im Rahmen des gegenwärtigen europäischen Systems ausgefochten wird, aus zwei sehr guten Gründen
einen grundlegend anderen Charakter annehmen wird, als ihn die
Kriege aufwiesen, deren Entwicklung wir in diesem Buch nach-
verfolgt haben.

   Zunächst einmal hat «Europa» als ein in sich selbst ruhendes
Staatensystem aufgehört zu existieren, ähnlich wie das italienische Staatensystem zu existieren aufhörte, als gegen Ende des
15. Jahrhunderts jene von seinen untereinander zerstrittenen Mit-
gliedern zu Hilfe gerufenen mächtigen Verbündeten, das Haus
Habsburg und das Haus Valois, auf den Plan traten und die Halbinsel zwischen sich aufteilten. Die «Geschichte Europas» endete
innerhalb einer einzigen Woche im Dezember 1941, als die ersten
Gegenangriffe der Roten Armee nördlich von Moskau die im-
mensen Kraftreserven der Sowjetunion enthüllten und der japanische Überfall auf Pearl Harbor die Vereinigten Staaten zum
Kriegseintritt veranlaßte. Diese zwei Länder, die beide mit ihrem
kulturellen Erbe in Europa wurzelten, aber über Ressourcen von
einer Größenordnung verfügten, die geeignet war, alle europäischen Staaten in den Schatten zu stellen, sollten neue politische
und wirtschaftliche Systeme aufbauen, deren jeweiligen Mittel-
punkt sie selbst bildeten und deren Berührungslinie zu einer Mitteleuropa entlang den östlichen Rändern des alten Karolinger-
reichs durchschneidenden Grenze werden sollte. Wie bei den
alten italienischen Staaten würde in Zukunft auch jeder Konflikt
zwischen europäischen Staaten, bei dem es um Fragen von mehr
als nur äußerst beschränkter lokaler Bedeutung ging, die Ein-
mischung ihrer Schutzmächte nach sich ziehen und umgekehrt.
Ein Krieg in Europa würde sich als lokaler Konflikt im Rahmen

einer Auseinandersetzung globalen Ausmaßes abspielen, und jede einen solchen Krieg betreffende Überlegung oder Planung würde von dieser Voraussetzung ausgehen müssen.

Dazu kommt als zweites, daß Europa nicht nur als ein in sich selbst ruhendes Staatensystem zu bestehen aufgehört, sondern daß es auch seine Rolle als Zentrum des weltpolitischen Systems verloren hatte. Bis zum 15. Jahrhundert hatte das europäische System neben den vielen anderen auf der Erde existierenden Systemen bestanden, wobei seine Verbindungen zu den meisten dieser Systeme sporadischer oder nichtexistenter Natur waren. Dann aber dehnte Europa zunächst seine geographischen Kenntnisse, dann seinen Handel, dann seine militärische Macht aus, bis am Ende des 19. Jahrhunderts ein einziges politisches Weltsystem entstanden war, dessen unbestrittene Schaltzentrale und Führungskraft Europa war; und nur sehr wenige Elemente dieses Systems vermochten sich unbeteiligt abseits zu halten, wenn in Europa ein Krieg entbrannte. Nach dem Zweiten Weltkrieg verschwand dieses Weltsystem und machte einer neuen Struktur Platz, deren Komplexität mit Ausdrücken wie «Bipolarität» oder «Multipolarität» nur sehr unzureichend beschreibbar ist. Innerhalb dieses neuen Systems sollten die Staaten Europas eine gewichtige wirtschaftliche Bedeutung bewahren, da ihr Erdteil nach wie vor eines der reichsten Gebiete auf der Erde blieb, aber ihre politische Bedeutung sollte sich in erster Linie von ihrer geographischen Lage, von ihrer Einbezogenheit in die empfindlichste Berührungszone zwischen den beiden «Supermächten» herleiten. Gerade diese Empfindlichkeit sollte dafür sorgen, daß Konflikte in Europa eingedämmt blieben. Fast überall gab es hin und wieder Krieg, nur hier nicht; aber da Kriege hauptsächlich in jenen ehemaligen europäischen Einflußzonen ausbrachen, in denen die Gewalt bei der Geburt neuer Staaten und neuer Regime als Hebamme dienen mußte, bewahrten die europäischen Mächte noch lange Zeit ein gewisses Restinteresse an ihrem Verlauf – wenn nicht als unmittelbar Beteiligte, so doch als Berater, Ausbilder oder Waffenlieferanten für die in sie verwickelten Streitkräfte.

Beim Anbruch des letzten Viertels des 20. Jahrhunderts hatten sich die internationalen bewaffneten Konflikte zu einer fast unüberschaubaren Vielfalt von Erscheinungsformen erweitert. Einen zentralen Platz nahmen dabei diejenigen «konventionellen» Konflikte ein, die mit Waffen ausgetragen wurden, in denen man Abkömmlinge der im Zweiten Weltkrieg verwendeten Geräte erkennen konnte, wenngleich sie technisch ausgefeilter und teurer geworden waren und es Jahr für Jahr weiter werden, entsprechend der beständig vorangetriebenen raketentechnischen und elektronischen Forschung. Insbesondere die Entwicklung ferngelenkter Flugkörper, deren Abschußvorrichtungen sich im Kampfgebiet rasch fortbewegen ließen, ja sogar von Infanteristen getragen werden konnten, begann in den siebziger Jahren Zweifel an zwei der am meisten hochgehaltenen, aus dem Zweiten Weltkrieg herrührenden Glaubenssätze aufzuwerfen: daß die Luftherrschaft über dem Kampfgebiet durch das bemannte Flugzeug und die Herrschaft auf dem Schlachtfeld durch den schweren Kampfpanzer entschieden werden. Aber die Generalstäbe befanden sich in der gleichen Ungewißheit wie ihre Vorgänger hundert Jahre zuvor. Sie wußten, daß die Erfahrungen, aus denen sie extrapolieren mußten, veraltet waren; aber die einzige Gelegenheit, die sie zu ihrer Überprüfung hatten, boten kurze, begrenzte Kriege, vorwiegend in Nahost und auf dem indischen Subkontinent, und dort herrschten eigentümliche Bedingungen, die es schwierig machten, gültige Schlüsse zu ziehen.

Eines wurde freilich deutlich: Waffen der neuen Generation – Raketen, Überschallflugzeuge, atomgetriebene U-Boote und U-Boot-Abwehr-Fregatten – konnten nur von den technisch fortgeschrittensten Ländern hergestellt, nur von Streitkräften mit einem sehr hohen Bildungsstandard bedient und funktionstüchtig erhalten und nur von den reichsten Staaten in nennenswerter Menge angeschafft werden. Von daher ergab sich die paradoxe Situation, daß dank der relativen Stabilität der industrialisierten Welt diejenigen Staaten, die am besten in der Lage waren, solche Waffen herzustellen, zugleich die waren, die sie am wenigsten benötigten, während die Länder, die am ehesten einen bewaffneten Konflikt mit ihren Nachbarn zu gewärtigen hatten, sich den Besitz und Einsatz dieser Waffen nur in sehr beschränktem Maß leisten konnten und von den Lieferungen der wohlhabenden

Staaten der nördlichen Hemisphäre abhängig waren. In der Tat wurde in vielen jungen Nationen der Besitz wenigstens einer kleinen Anzahl solcher fortgeschrittener Waffen zu einem Statussymbol, vergleichbar den winzigen, aber tadellosen Heeren, welche die deutschen Duodezfürsten des 18. Jahrhunderts unterhielten.

An der Spitze der waffentechnischen Entwicklung standen die Kernwaffen, auf deren Besitz sich die Länder, die über sie verfügten, mit beachtlichem Erfolg ein Monopol zu erhalten versuchten, die andererseits aber dem Land, das sie besaß, ein so großes internationales Prestige bescherten, daß das Monopol immer schwerer zu bewahren war. Die Sowjetunion zog 1949 mit den Vereinigten Staaten auf dem Gebiet der Atombomben (mit einer Sprengkraft im Kilotonnenbereich) gleich. In der Folge lieferten sich die beiden Supermächte ein Kopf-an-Kopf-Rennen um die Entwicklung thermonuklearer Bomben, ferngelenkter Interkontinentalraketen, unterseeischer Abschußbasen, atomarer Mehrfachsprengköpfe und jenes ganzen übrigen Zerstörungsapparats, dessen Vernichtungskraft so gigantisch ist, daß selbst die fruchtbarste Phantasie sich schwertun würde, die politischen Umstände auszumalen, unter denen es angebracht wäre, ihn einzusetzen. Freilich stand hinter der Entwicklung dieses Apparats auch nicht der Gedanke des Einsatzes, sondern der der «Abschreckung», der Schaffung eines Zustandes, in dem jeder Seite klar ist, daß sie mit dem Einsatz von Kernwaffen einen sofortigen, unausweichlichen und nicht zu verschmerzenden Gegenschlag der anderen Seite auslösen würde.

Wollten die beiden Supermächte nicht inmitten ihrer Raketen- und Nuklearrüstung zur Unbeweglichkeit erstarren – wie Millionäre, denen es nicht gelingt, ihre Reichtümer in gangbare Währung umzuwechseln –, benötigten sie daneben auch noch Streitkräfte, die ihren politischen Zielen und den Problemen der realen Welt eher dienlich waren. Für die Vereinigten Staaten rechtfertigte die Tatsache, daß sie in allen Teilen der Welt über abhängige Verbündete verfügten, die Aufrechterhaltung einer Marine, deren bloße Existenz wiederum für die Sowjetunion Grund genug war, ein Gegengewicht dazu zu schaffen. Für die

Sowjetunion mit ihren langen, verwundbaren Landgrenzen im Osten und im Westen und mit ihren aufbegehrenden europäischen Satellitenstaaten, die der Überwachung bedurften, war es undenkbar, etwa an die Auflösung ihrer großen Armee zu denken. Die Anwesenheit der Sowjettruppen vor ihrer Türschwelle schuf aber wiederum große Probleme für die Staaten Westeuropas. Wohlhabend und bevölkerungsreich wie sie waren, erwiesen sie sich doch als unfähig, den Grad an politischer und wirtschaftlicher Einheit zu verwirklichen, der sie allein in die Lage versetzt hätte, eine der Sowjetarmee ebenbürtige Streitmacht aufzustellen. Nach einem halbherzigen Versuch in dieser Richtung zu Beginn der fünfziger Jahre fielen sie in ihre Abhängigkeit von der Abschreckungswirkung der amerikanischen Nuklearrüstung zurück.

Innerhalb eines Jahrzehnts hatte sich die Sowjetunion in eine Position gebracht, aus der heraus sie nicht nur Westeuropa mit ihren konventionellen Streitkräften einschüchtern, sondern auch die Vereinigten Staaten mit ihrem nuklearen Potential bedrohen konnte, und die Verteidigung Westeuropas wurde so zu einer schwierigeren Angelegenheit. England und Frankreich legten sich ein eigenes kleines Nukleararsenal zu, konnten damit aber keine glaubhafte Abschreckungswirkung erzielen oder doch höchstens, soweit es Angriffe auf ihr eigenes Territorium betraf. Die Vereinigten Staaten rüsteten ihre europäischen Verbündeten mit «taktischen» Kernwaffen aus – mit Bomben oder Flugkörpern so weit beschränkter Sprengkraft, daß ihr Einsatz auf einem konventionellen Schlachtfeld möglich war; aber da selbst diese beschränkte Sprengkraft im Ernstfall wahrscheinlich für Millionen von Zivilisten den Tod bedeuten würde, wurde niemals völlig klargestellt, unter welchen Umständen man sich ihrer bedienen würde. Vermutlich war es das beste, daß man dies im unklaren ließ. Die Widersprüchlichkeit der strategischen Planungen des Westens war vielleicht gar nicht so wichtig, wie sie diesem oder jenem besorgten Analytiker manchmal vorgekommen sein mag. Worauf es vor allem ankam, war, die Gewähr dafür zu bieten, daß ein sowjetischer Angriff auf sofortige und erbitterte Gegenwehr stoßen würde. Es mochte nicht mit Gewißheit feststehen, daß diese Gegenwehr sofort oder zu einem späteren Zeitpunkt den Einsatz von Kernwaffen beinhalten würde, aber es stand ebensowenig fest, daß ein solcher Einsatz ausgeschlossen war.

Wie dem auch sei, die Streitkräfte der beiden europäischen Siegermächte des Zweiten Weltkriegs, England und Frankreich, mußten sich in den ersten fünfzehn Jahren nach Kriegsende mit einem drängenderen Problem herumschlagen. Sie mußten versuchen, Kolonialreiche zusammenzuhalten, deren Zerfall die Sowjetunion und die Vereinigten Staaten im Wetteifer miteinander zu beschleunigen suchten. Es war dies eine Aufgabe, bei deren Lösung die fortgeschrittene Waffentechnik keinen Ersatz für grundlegendere politische Kunstfertigkeiten bieten konnte. Überall in Afrika und Asien – und besonders in Asien – lebten nationalistische Bewegungen auf, stabilisiert durch marxistische Kader, die von Lenin die Techniken der revolutionären Organisation gelernt hatten und von Mao Tse-tung lernen sollten, wie man eine solche Organisation mit einem Guerillakrieg gegen ein unpopuläres, von ausländischen Truppen gestütztes Ausbeuterregime verbindet.

Mao hatte seine Techniken für den Kampf gegen die Japaner entwickelt, die China zwischen 1937 und 1945 besetzt hielten; ihren letzten Schliff erhielten sie dann in seinen Feldzügen gegen die von Amerika ausgerüsteten Streitkräfte Tschiang Kai-scheks zwischen 1946 und 1949. Der Vietnamese Ho Tschi-minh sollte sie sich im Kampf gegen die französischen Kolonialherren in Indochina zwischen 1946 und 1954 mit aufsehenerregendem Erfolg zu eigen machen. In Malaya und Singapur dagegen gelang es den Engländern dank ihres geduldigen Taktierens, ihres politischen Geschicks und gewisser günstiger örtlicher Bedingungen, die aufflackernden Befreiungsbewegungen niederzuschlagen. Das französische Heer beschloß, aus seiner Niederlage in Indochina zu lernen; seine Führer studierten die Theorie des *guerre révolutionnaire* und entwarfen Gegenstrategien, die sie bei der Unterdrückung des algerischen Unabhängigkeitskampfes, der seit 1945 auf der Tagesordnung stand, in die Praxis umzusetzen versuchten. Sie scheiterten, teilweise aufgrund der hartnäckigen Weigerung der in Algerien heimischen Franzosen, Partei zu ergreifen, zum Teil weil das französische Volk deutlich erkennen ließ, daß es nicht bereit war, erneut einen langwierigen, manchmal mit höchst unsauberen Mitteln geführten Kolonialkrieg zu unterstützen, und zum Teil wegen der unversöhnlichen Konfrontation, in die sie mit ihrer Parole *l'Algérie française* gerieten. Die Algerier waren nicht mehr bereit, sich von den Franzosen regieren zu lassen, ebensowenig wie die Inder bereit waren, die britische Herrschaft fortdauern zu lassen, oder wie ein Jahrhundert früher die Italiener willens gewesen waren, sich auf immer und ewig mit den Österreichern abzufinden. Aber auch einheimischen Regierungen, die sich auf ausländische Waffen, Ratgeber und Kapitalien stützten, fiel es nicht leichter, sich eine breite Zustimmung in ihrem Volk zu verschaffen, wie die Amerikaner später in Vietnam erfahren sollten.

Infolge dieser Entwicklungen waren die Streitkräfte der europäischen Staaten, als das letzte Drittel des 20. Jahrhunderts anbrach, wieder an ihren ursprünglichen Wirkungskreis zurückverwiesen: an die Verteidigung ihres eigenen nationalen Territoriums – was seinerseits, wie wir gesehen haben, keineswegs eine leichte Aufgabe war. Die Probleme, die sich dabei stellten, sollten ebensowohl gesellschaftlicher und politischer wie militärischer Natur sein. Die Streitkräfte galten in ihren Heimatländern nicht mehr, wie in den zurückliegenden eineinhalb Jahrhunderten, als die Verkörperung des nationalen Stolzes, als Führungselite einer Nation in Waffen. Die Entwicklung hochtechnisierter Waffensysteme, die auf den letzten Seiten nachgezeichnet wurde, hatte sie immer mehr zu technischen Spezialisten werden lassen, deren Effektivität weniger auf den Leistungen von Menschen als auf dem Funktionieren von Waffen beruhte; und obwohl die Staaten des europäischen Festlands an der Wehrdienstpflicht als nationaler Einrichtung festhielten, mußten die zentralen Kader der Streitkräfte doch aus den Reihen hochspezialisierter Techniker rekrutiert werden, deren Dienste auch in anderen volkswirtschaftlichen Bereichen gefragt waren und die sich nicht leicht für das Heer gewinnen oder erhalten ließen.

Dazu kam, daß die Tatsache eines ununterbrochenen fünfunddreißigjährigen Friedens dazu führte, daß, wie auch in der Zeit nach den napoleonischen Kriegen, eine Generation heranwuchs, die sich nicht für militärische Angelegenheiten interessierte, die militärischen Werten skeptisch gegenüberstand und die Streitkräfte mit einer Mischung aus Mißtrauen, Verständnislosigkeit und Geringschätzung betrachtete. Besonders in Deutschland, wo das Militär sein traditionelles Ansehen befleckt hatte, fiel es den Streitkräften schwer, das Interesse und die Unterstützung der Jungen für sich zu gewinnen; aber auch in der ganzen übrigen westlichen Welt bemühte sich eine junge Generation, die im Frieden geboren und nicht in der Lage war, sich einen anderen Zustand als den des Friedens vorzustellen, nach Kräften, sich durch nachlässige Kleidung, lange Haare und einen lockeren Lebensstil von allem militärischen Gehabe zu distanzieren. Die Botschaft *make love, not war* leuchtete ihnen als ganz selbstverständlich ein. Die politisch Bewußteren unter ihnen richteten ihr Augenmerk weit stärker auf die Ungleichheiten innerhalb des eigenen gesellschaftlichen und politischen Systems und andere Mißstände auf der Welt, die sie berührten, als auf irgendwelche Gefahren, die ihr Land möglicherweise bedrohten. Für viele von ihnen war der Gedanke, bei der Verteidigung dieses Systems mitzuwirken, besonders wenn dazu der Gebrauch von Massenvernichtungswaffen oder auch nur dessen stillschweigende Duldung gehörte, gleichbedeutend damit, daß man sich an den von den Regierungen begangenen oder gutgeheißenen Ungerechtigkeiten mitschuldig machte.

Da die Kriegführung im nuklearen Zeitalter nicht mehr auf Massen von militärisch gedrillten und mit militärischen Einstellungen indoktrinierten Reservisten angewiesen war, blieb die Verbreitung skeptischer, gleichgültiger oder feindseliger Einstellungen gegenüber dem Militär ohne unmittelbare Folgen für die militärische Stärke Westeuropas. Aber auf lange Sicht wird sich dieses Denken bemerkbar machen. Es ist durchaus denkbar, daß es das Selbstbewußtsein der militärischen Institutionen von innen her untergraben und den Widerstand gegen die hohen Verteidigungsausgaben stärken wird, welche die Streitkräfte angesichts der immer teurer werdenden Waffen vom Staat zu fordern gezwungen sind. Man darf einerseits mit einer gewissen Genug-

tuung vermerken, daß sich in Europa nach einem von bewaffneten Konflikten geprägten Jahrtausend eine Gesellschaft entwickelt
hat, die sich sicher genug fühlt, um den überlieferten militärischen
Tugenden den Rücken zu kehren; aber diese Genugtuung muß
durch die Erkenntnis gedämpft werden, daß soviel Friedenszu-
versicht sich in einer Welt, die so heterogene und unberechenbare
Züge trägt wie die unsere, vielleicht als verfrüht erweisen wird.
Seit 1945 ist nichts eingetreten, das zu dem Glauben Anlaß gäbe,
der Krieg – oder die Drohung mit dem Krieg – könne heute kein
wirksames Mittel staatlicher Politik mehr sein. Gegen Völker, die
womöglich nicht dafür gerüstet sind, sich selbst zu verteidigen,
könnte er sich allemal noch als ein höchst wirksames Mittel
erweisen.

Epilog:
Das Ende der europäischen Ära

In diesem Buch geht es um den «Krieg in der europäischen Geschichte», nicht um eine Geschichte des Krieges; der Leser sollte daher nicht erwarten, in diesem Epilog einen Überblick über die Entwicklung der Kriegführung in der zweiten Hälfte des 20. Jahrhunderts geboten zu bekommen, etwa gar in ähnlicher Ausführlichkeit wie in den vorangegangenen Kapiteln. Die Länder Europas haben im zurückliegenden halben Jahrhundert nicht gegeneinander gekämpft und werden es mit großer Wahrscheinlichkeit auch nicht wieder tun; aber selbst wenn sie es täten, gäbe es gute Gründe dafür, das Jahr 1945 als eine Zäsur zu betrachten, die das Ende einer Ära markierte.

Im letzten Jahrzehnt des 20. Jahrhunderts schuf der Zusammenbruch der Sowjetunion 1990 die Voraussetzung dafür, daß Europa sich von der Unterordnung unter die «Supermächte» emanzipieren konnte. Das bis dahin geteilte Deutschland vereinigte sich wieder. Die Staaten Osteuropas beeilten sich, kaum daß sie sich von der sowjetischen Hegemonie befreit sahen, den Schulterschluß mit ihren westlichen Nachbarn zu suchen, zu deren Wohlstand aufzuschließen und sich des Schutzes der USA vor einem potentiell wieder bedrohlich erstarkenden Russland zu versichern. Was den Wohlstand betraf, so verhieß ihn die Europäische Union, während für den Schutz die North Atlantic Treaty Organisation (NATO) zuständig war, die seit 1949 den Schutzschirm der amerikanischen Militärmacht über die Länder Westeuropas gespannt hatte. Freilich betrieben weder die EU noch die NATO eine Wiedergeburt Europas als selbständiger militärischer Akteur auf der Weltbühne. Bemühungen vor allem der Franzosen, der Europäischen Union eine militärische Dimension zu verleihen, scheiterten wiederholt. Die Vergrößerung der

NATO von 14 auf 26 Mitgliedsländer hat indessen vor allem die Entscheidungsprozesse verkompliziert, was eher zur Schwächung als zur Stärkung einer Organisation geführt hat, die sich schon vorher, in den 1990er Jahren, bei ihren militärischen Eingriffen zur Wiederherstellung einer gewissen Ordnung in den Ländern des zerfallenden Jugoslawien als viel zu kopflastig erwiesen hatte. Heute fristet die NATO hauptsächlich noch das Dasein einer schwer steuerbaren Gruppe von Juniorpartnern der Vereinigten Staaten, die eher politische als militärische Beiträge leisten.

Zugrunde liegt diesem militärischen Niedergang ein grundlegender Kulturwandel in den europäischen Ländern. Die Völker Europas haben aufgehört, im Krieg ein allen Ernstes einsetzbares «Werkzeug der Politik» zu sehen oder gar ein unausweichliches Schicksal der Menschheit. Schon 1939 hatten sie eingedenk der furchtbaren Erfahrung des Ersten Weltkriegs nur mit höchstem Widerwillen erneut zu den Waffen gegriffen – von dem tief gedemütigten und nach Revanche trachtenden Deutschland als einziger Ausnahme abgesehen. Die Deutschen wurden indes durch den Verlauf und die Geschehnisse des Zweiten Weltkriegs – die Vernichtung ihrer Armeen in Russland, die Zerstörung ihrer Städte aus der Luft – zu noch größeren Pazifisten als ihre Nachbarn. Den Russen graute es nach zwei fürchterlichen Invasionen innerhalb der Spanne eines Menschenlebens vor einem weiteren Krieg ebenso wie allen anderen, doch die Furcht vor einem wieder erstarkenden Deutschland – mit der Nuklearmacht der Amerikaner im Rücken – hielt sie in einem Zustand ständiger Mobilmachung. Auf der anderen Seite fühlten sich die Länder Westeuropas aus Furcht vor einer sowjetischen Invasion gezwungen, sich wieder zu bewaffnen, und taten dies wenige Jahre nach Ende des Zweiten Weltkriegs, und sei es nur, um damit ihren Obolus für den ihnen von den Amerikanern gewährten Schutz zu entrichten.

Allein, die Entwicklung der nuklearen Waffenarsenale stellte die *raison d'être* der «konventionellen» Streitkräfte der europäischen Länder zunehmend in Frage. Im Verlauf der 1950er Jahre entwickelten die USA, dicht gefolgt von der Sowjetunion, thermonukleare Waffen von tausend mal größerer Zerstörungskraft als die Atombomben, die Hiroshima und Nagasaki zerstört hatten. Langstreckenbomber und später Interkontinentalraketen waren in der Lage, genug nukleare Sprengköpfe ins Land des Gegners zu tragen, um einen Großteil der Bevölkerung auszulöschen und den Überlebenden ein organisiertes Weiterleben unmöglich zu machen. Das strategische Ziel konnte unter diesen Umständen für die beiden Supermächte nicht darin bestehen, einen möglichst wirksamen Einsatz ihres nuklearen Arsenals vorzubereiten, sondern nur darin, den Gegner von einem atomaren Angriff abzuhalten. Die Staaten Westeuropas standen vor der Frage, wie sie sicherstellen konnten, daß der amerikanische Verbündete glaubwürdig den Einsatz seiner Atomwaffen androhte, um die Sowjetunion von einem «konventionellen» militärischen Vorrücken in Europa abzuschrecken, obwohl die Großstädte der USA anfällig für nukleare Vergeltungsschläge der Sowjets waren. Großbritannien und Frankreich suchten sich abzusichern, indem sie eigene Nuklearwaffen entwickelten, doch die Bundesrepublik Deutschland blieb verwundbar. Dreißig Jahre lang zerbrachen sich Strategen die Köpfe darüber, wie man die Deutschen genug von der Verläßlichkeit des amerikanischen nuklearen Schutzschirms überzeugen konnte, um sie nicht auch nur auf den Gedanken kommen zu lassen, eigene Atomwaffen zu entwickeln. Zwar war die Wahrscheinlichkeit, daß sie dies tun würden, gering, aber die enorme Fülle von Literatur, die das Thema hervorbrachte, erreichte immerhin einen verblüffenden Grad an intellektueller Komplexität.

Die Rolle der konventionellen Streitkräfte der europäischen Staaten reduzierte sich infolgedessen darauf, gewissermaßen als «Stolperdrähte» zu fungieren, die eine nukleare Reaktion der Amerikaner auslösen würden; zu keiner Zeit konnte man davon ausgehen, daß sie jemals die Fähigkeit erlangen würden, einen sowjetischen Vorstoß länger als ein paar Tage aufzuhalten. Diese Aussicht erfüllte die Militärs nicht gerade mit Begeisterung, wogegen das bloße Gespenst eines nuklearen Holocaust starke Protestbewegungen innerhalb der Zivilbevölkerung aufleben ließ – die freilich bei aller verständlichen Kritik am Konzept der atomaren Abschreckung nicht in der Lage waren, eine plausible Alternative zu präsentieren. Wie auch immer, die Abschreckung funktionierte. Vierzig Jahre lang genoß Europa einen, wenn auch stets gefährdet erscheinenden, Frieden und wurde dabei sehr wohlhabend. Eine Generation wuchs heran, die allem Militärischen Gleichgültigkeit, wenn nicht höchste Skepsis entgegen brachte. Die Wehrpflicht blieb bestehen, zwar mehr aus gesellschaftlichen und politischen als aus militärischen Gründen – die meisten kontinentaleuropäischen Länder hatten gute historische Gründe, Berufsarmeen zu mißtrauen –, doch tat man alles Erdenkliche, um sie möglichst erträglich zu gestalten. Sie diente eher dem Zweck, das Militär zu zivilisieren, als die Zivilbevölkerung zu militarisieren. Die Briten kehrten zu ihrer traditionellen Berufsarmee für Auslandseinsätze zurück, doch selbst bei ihnen wurde in der Folge der Tod auch nur eines einzigen Soldaten zu einer Angelegenheit von höchstem öffentlichen Interesse.

Die Briten und ihre Nachbarn, die Franzosen, hatten jeweils ihre ganz eigenen Probleme. Beide sahen sich mit unerledigten Aufgaben in ihren überseeischen Herrschaftsgebieten konfrontiert. Die Briten, wirtschaftlich erschöpft und von den Japanern im Zweiten Weltkrieg so gedemütigt, daß nicht einmal die erfolgreiche Rückeroberung Burmas die Schmach zu tilgen vermochte, begriffen schnell, daß sie es nicht schaffen würden, ihr Regiment über den indischen Subkontinent aufrecht zu erhalten, und überließen Indien sich selbst – wohl wissend, daß sie damit den indischen Streitkräften, die ihnen erst den Status einer global operierenden Militärmacht verliehen hatten, den Laufpaß gaben. Ihre holländischen Nachbarn lieferten in Indonesien ein hartnäckigeres Rückzugsgefecht, räumten dann aber doch schnell das Feld, als deutlich wurde, daß sie nicht mit amerikanischer Unterstützung rechnen konnten. Die Briten bemühten sich in zwei Regionen, dem Fernen und dem Nahen Osten, etwas von ihrer imperialen Hegemonie zu bewahren. Wo ihnen amerikanische Hilfe zuteil wurde, gelang dies. Wo diese Hilfe ausblieb, scheiterten sie kläglich.

Ganz offensichtlich war ihr Scheitern im Nahen Osten; hier versuchten die Briten die Stellung zu halten, zum einen um nicht den Zugriff auf die zunehmend wichtiger werdenden Erdölreserven der Region zu verlieren, zum andern um nicht zuzulassen, daß die Sowjetunion dort an Einfluß gewann. Die Kontrolle über Palästina gaben sie rasch preis, weil sie einer knallhart vorgehenden jüdischen Widerstandsbewegung, die finanzielle und politische Unterstützung aus den USA erhielt, letzten Endes nichts entgegenzusetzen hatten. Doch am Suezkanal, der seit jeher als «Lebensader» des britischen Empires gegolten hatte, konnten sie immerhin eine *place d'armes* errichten. Als 1956 in Ägypten ein nationalistisches Regime unter Oberst Abdul Nasser Anspruch auf die Hoheit über den Kanal erhob, starteten die Briten im Verein mit den Franzosen – aber ohne vorher die Vereinigten Staaten zu konsultieren – eine wenig aussichtsreiche Invasion mit dem Ziel, das Nasser-Regime zu stürzen. Die Amerikaner, die dem britischen Kolonialismus in der Region ebenso ablehnend gegenüberstanden wie dem sowjetischen Expansionsdrang, zwangen die Briten zum Rückzug und übernahmen alsbald deren Platz als Hegemonialmacht im Nahen Osten. Danach wagten die Briten kein vergleichbares militärisches Abenteuer mehr – von einer bizarren Ausnahme abgesehen: 1982 ließ eine in Argentinien amtierende Militärregierung die Falkland-Inseln besetzen, eine britische Kolonie, die nur 250 Seemeilen vor der argentinischen Küste liegt und auf die Argentinien schon immer Anspruch erhoben hatte. Trotz ihrer stark geschwächten Flottenmacht setzten die Briten eine Armada in Marsch, die achttausend Meilen weit durch den Atlantik pflügte und eine Landungstruppe absetzte, die die Inselgruppe binnen 24 Tagen zurückeroberte. Während die US-Regierung sich ambivalent verhielt – der stramme Antikommunismus der argentinischen Regierung machte diese in den Augen des State Department zu einem wertvollen Verbündeten –, leistete das US-Verteidigungsministerium bedeutsame militärische Unterstützung. Die Aktion verlief bemerkenswert erfolgreich, doch die dafür aufgewendete Kraftanstrengung war so unverhältnismäßig und die Umstände so außergewöhnlich, daß es sehr schwer fällt, in diesem militärischen Unternehmen ein mögliches Vorbild für künftige Operationen dieser Art zu sehen.

Im Fernen Osten konnten die Briten eine solidere Erfolgs-
bilanz vorweisen. Während sie Burma, wie Indien, fallen ließen,
waren ihre Besitzungen auf der malaiischen Halbinsel zu wertvoll, um sie kampflos preiszugeben. Wie anderswo in ihrem Empire, machten den Briten auch hier einheimische Bewegungen
die Herrschaft streitig, deren treibende Motive zum einen eine
Abneigung gegen jede Fremdherrschaft und zum anderen eine
kommunistische Ideologie waren, die sich weniger an Moskau als
an China orientierte. Den ersten Regungen des Widerstands be-
gegneten die Briten mit dem glaubhaften Versprechen, den Malaien in absehbarer Zeit Autonomie zu gewähren, dem zweiten
Ansturm mit einer Kombination aus militärischen Operationen
gegen kommunistische Guerillakräfte und politischen und gesellschaftlichen Reformen, die der Bevölkerung all die sozialen und
wirtschaftlichen Segnungen bescherten, die die Kommunisten
ihnen versprochen hatten. Diese Kampagne, die «Herzen und
Köpfe» der Malaien zu gewinnen, beschäftigte britische Truppen
noch 20 Jahre lang und führte am Ende zu dem anvisierten Ziel.
Dieser Erfolg stand in bedauerlichem Kontrast zu dem, was ein
Stück weiter nördlich die Franzosen erlebten, als sie versuchten,
in Indochina (besser bekannt als Vietnam) ihre Kolonialherr-
schaft wieder aufzurichten.

Möglicherweise führte der Beitrag, den Großbritannien zum
Sieg der Alliierten über Hitlerdeutschland geleistet hatte, dazu,
daß die Briten zu einer großzügigeren – und realistischeren – Einsicht in die Notwendigkeit fanden, ihre imperialen Besitzungen
in die Unabhängigkeit zu entlassen, solange das noch mit An-
stand möglich war. Die Franzosen hatten aus dem Zweiten Weltkrieg zu ihrem Unglück andere Lehren gezogen. Ihre Streitkräfte
waren jetzt von dem Drang beseelt, ihre schmähliche Niederlage
von 1940 ebenso vergessen zu machen wie die zwiespältige Rolle,
die sie unter dem Vichy-Regime und danach bis Kriegsende gespielt hatten – nicht zuletzt auch in Fernost, wo sie sich auf Ab-
sprachen mit den Japanern hatten einlassen müssen. In Vietnam
wurden die Franzosen von einer starken, gut organisierten Unab-
hängigkeitsbewegung, der Viet-Minh, herausgefordert; sie antworteten darauf mit einer Politik der militärischen Rückerobe-

rung und griffen dabei zu Methoden, die die Zivilbevölkerung nur noch mehr gegen sie aufbrachte. Es gelang der Viet-Minh, die in Ho Chi Minh über einen brillanten politischen Kopf und in Vo Nguyen Gap über einen herausragenden militärischen Strategen verfügte, nicht nur, die politische Herrschaft der Franzosen über Vietnam zu untergraben, sondern sie lehrte auch die französische Armee direkt das Fürchten, indem sie ihr 1954 bei Dien Bien Phu eine vernichtende Niederlage zufügte. Daraufhin gaben die Franzosen diesen an der Heimatfront ohnehin seit jeher höchst unpopulär gewesenen Krieg verloren, zogen sich zurück und überließen es den Amerikanern, den Kampf gegen die Viet-Minh noch 20 Jahre lang weiter zu führen.

Der Leidensweg Frankreichs war noch nicht zu Ende: Die revolutionären Umtriebe griffen auf die französischen Besitzungen in Nordafrika über. Ließ sich der Verlust Vietnams, das auf der anderen Seite der Erdkugel lag, noch verschmerzen, so kam das bei Algerien mit seiner großen französischen Bevölkerungsgruppe nicht in Frage. Algerien war zudem keine Kolonie im strengen Sinn des Wortes, sondern eher ein exterritoriales Department und weitgehend in die Staats- und Verwaltungsstrukturen des französischen Mutterlandes integriert. Schon wenige Wochen nach Ende des Zweiten Weltkriegs war es in Algerien zu Revolten gekommen; der Rückzug der Franzosen aus Vietnam verlieh der Rebellenbewegung dann starken Auftrieb. Die französischen Streitkräfte hatten ihre Lehren aus Vietnam gezogen und entwickelten ausgeklügelte Techniken der Aufstandsbekämpfung, die jedoch nicht funktionierten. Zum einen konnte die französische Regierung nicht die Unabhängigkeit Algeriens in Aussicht stellen, ohne es sich mit der französischen Bevölkerungsgruppe in Algerien zu verderben und politische Zerwürfnisse in Frankreich selbst zu provozieren. Zum anderen sorgte die Grausamkeit, mit der die Streitkräfte vorgingen, für noch mehr Unruhe, nicht nur im Mutterland, sondern auch innerhalb der Truppe selbst, in der, anders als in Vietnam, nun auch Wehrpflichtige dienten. Der Krieg in Algerien steigerte sich in immer tiefere Abgründe der Erbitterung – eine Spirale, die erst die brutale Kaltblütigkeit Charles de Gaulles 1962 durchbrach, wo-

bei Frankreich allerdings knapp an einem Bürgerkrieg vorbei-
schrammte.

Der Vollständigkeit halber sollte nicht unerwähnt bleiben, daß
Belgien sich 1960 seiner kolonialen Besitzungen im Kongo ent-
ledigte – und dabei ein Chaos hinterließ, das anschließend die
Vereinten Nationen bereinigen mußten – und daß Portugal seine
Kolonialgebiete in Mosambik und Angola, die ältesten aller europäischen Kolonien, 1975 in die Unabhängigkeit entließ. Man
kann getrost feststellen, daß Europa, nachdem es seine Kolonien
über Bord geworfen hatte, ein gesünderer und glücklicher Kontinent wurde. Leider läßt sich das Gleiche nicht von allen ehemaligen europäischen Kolonien sagen.

Die betreffenden europäischen Länder mögen in ihren überseeischen Militäraktionen Rückzugsgefechte zur Wahrung ihrer
imperialen Souveränität gesehen haben, doch in Washington
deutete man sie zunehmend als Frontkämpfe in einem globalen
Krieg gegen den Weltkommunismus. Schon bevor sich in Europa
die Konfrontation mit der Sowjetunion eingependelt hatte,
flammte der Krieg im Fernen Osten auf, was die Vereinigten
Staaten dazu bewog, auf den Modus der ständigen Kriegsbereit-
schaft umzuschalten und dasselbe auch von ihren europäischen
Juniorpartnern zu verlangen. Für die Dauer der nächsten zwei
Jahrzehnte stand der Ferne Osten im Brennpunkt des globalen
Konfliktgeschehens; das Hauptinteresse der europäischen Mächte
bestand in dieser Zeit darin, sicherzustellen, daß die Aufmerksamkeit der Amerikaner nicht so stark von dieser Region in Anspruch genommen würde, daß sie darüber die Verteidigung
Europas vernachlässigen.

Es hatte in Washington schon immer eine einflußreiche Lobby
gegeben, die nicht damit einverstanden gewesen war, daß die USA
im Zweiten Weltkrieg dem europäischen Kriegsschauplatz Prio-
rität eingeräumt hatten – auf Kosten der Rückgewinnung amerikanischer Besitzungen im pazifischen Raum, der Unterstützung
des amerikanischen Günstlings Chiang Kai-shek in China und
der Niederringung Japans. Japan war zwar schließlich besiegt
worden, aber unmittelbar danach hatten die USA China «verloren» – der kommunistische Guerillaführer Mao Zedong wandte

die Erfahrungen und Taktiken des ab 1937 geführten Guerilla-
krieges gegen die japanischen Besatzer nunmehr gegen das kor-
rupte und ineffektive Regime Chiangs an. Er zwang dieses 1949
zum Rückzug auf die Insel Taiwan und errichtete auf dem Festland die kommunistische Volksrepublik China. In Washington
wertete man das als Katastrophe, aber es sollte noch schlimmer
kommen: Die japanische Kolonie auf dem chinesischen Festland,
die Halbinsel Korea, war bei Kriegsende in eine amerikanische
und eine sowjetische Besatzungszone aufgeteilt worden, wobei
der 38. Breitengrad als Demarkationslinie fungierte. Beide Besat-
zungsmächte setzten ein ihnen genehmes einheimisches Regime
ein. 1950 eskalierten Animositäten zwischen den beiden Zonen,
so daß es zum Eindringen nordkoreanischer Kräfte ins südkorea-
nische Territorium kam. Die Machthaber in Nordkorea wähnten,
die Vereinigten Staaten hätten an Korea kein Interesse. Ihre Paten
in Moskau machten keine Anstalten, sie zurückzuhalten. Die
Vereinigten Staaten wandten sich an die Vereinten Nationen und
erreichten, daß diese die nordkoreanische Aggression als An-
griffskrieg verurteilten. Allerdings hatten die Nordkoreaner zu
diesem Zeitpunkt die auf einen Krieg nicht vorbereiteten amerikanischen Besatzungstruppen fast schon von der Halbinsel ge-
fegt. Ein glänzender Gegenangriff unter Führung des altgedien-
ten Generals Douglas McArthur brachte sie jedoch wieder zurück
und ließ sie Richtung chinesische Grenze vorrücken, woraufhin
die Chinesen in den Krieg eintraten und die Amerikaner hinter
den 38. Breitengrad zurückdrängten. Die Kontrahenten waren
einander ebenbürtig: Die Luftherrschaft und die überlegene
Feuerkraft der Amerikaner und ihrer von den Vereinten Nationen entsandten Waffenbrüder (zu denen Kontingente aus Großbritannien und dem Commonwealth gehörten) machten die Chinesen durch größeres Geschick in der Nutzung des Geländes
und durch ihre Bereitschaft wett, schwere Verluste in Kauf zu
nehmen. Nicht wenige fürchteten damals, der Krieg in Korea sei
der Beginn des Dritten Weltkriegs, und das hätte sich auch be-
wahrheiten können, wenn General McArthur sich mit seinem
Plan durchgesetzt hätte, den Krieg nach China hineinzutragen
und Atomwaffen einzusetzen. Tatsächlich blieb der Krieg be-

grenzt, und schließlich setzte ein Waffenstillstand, der 1953 in Panmunjon unterzeichnet wurde, den Kämpfen ein Ende.

Für die Dauer von zwei weiteren Jahrzehnten sahen sich die Vereinigten Staaten in einem virtuellen Kriegszustand mit China. Sie hatten Frankreich in seinem Kampf gegen den Verlust Vietnams unterstützt. Als das Land, nachdem die Franzosen 1954 sich doch zurückzogen, in einen kommunistischen Nordteil mit Hanoi als Machtzentrum und einen Südteil mit einem westlich orientierten Regime mit Sitz in Saigon zerfallen war, hatten die USA letzterem bescheinigt, das einzig legitime Vietnam zu sein. Allein, das Saigoner Regime vermochte sich die Loyalität der Bevölkerung ebenso wenig zu sichern wie zuvor der amerikanische Protégé in China, Chiang Kai-shek, und bei Anbruch der 1960er Jahre stand es vor dem Kollaps. Washington, das in Südvietnam eine Bastion gegen den Vormarsch des Weltkommunismus sah, stützte Saigon zunächst mit Wirtschaftshilfe, schickte dann Militärberater und leistete dem Regime schließlich massive militärische Hilfe. Die amerikanischen Streitkräfte versuchten unter Einsatz von Hubschraubern und Kampfbombern die Bodenherrschaft zu erringen. Die Luftwaffe arbeitete mit massiven Flächenbombardements im Stil des Zweiten Weltkriegs, sowohl auf den Schlachtfeldern im Süden als auch gegen Ziele in Nordvietnam. Aber die Amerikaner kamen damit letztlich nicht weiter als die Franzosen. Der Bombenkrieg, der gegen eine westliche Armee oder ein Industrieland womöglich verheerende Wirkungen gezeitigt hätte, richtete gegen Truppen, deren Soldaten von einer Handvoll Reis lebten und deren Logistik auf menschlichen Lastenträgern beruhte, wenig aus. Amerikanische Einheiten konnten Dorfbewohnern, deren Sprache sie nicht verstanden und deren Sympathien naturgemäß eher ihren Landsleuten galten als ausländischen Soldaten, keinen wirksamen Schutz gewähren. Vor allem aber konnten die Amerikaner bei allem Enthusiasmus, mit dem sie angetreten sein mochten, eine Regierung, die hoffnungslos lethargisch und korrupt zu sein schien, nicht motivieren. 1969 «vietnamisierten» die Amerikaner den Krieg: Sie überließen die Kriegführung den Streitkräften Südvietnams und zogen den Großteil ihrer eigenen Truppen ab. Fünf weitere Jahre lang

verhandelte Washington mit den Nordvietnamesen über eine
«ehrenhafte Lösung», aber als 1973 der Widerstand der Südviet-
namesen unter dem Druck einer massiven Offensive des Nordens
zusammenbrach, blieb den USA nichts anderes mehr übrig,
als einen Schlußstrich unter ihr verlustreiches Engagement zu
ziehen.

Die Folgen waren weniger katastrophal als befürchtet. Nach
der Wiedervereinigung Vietnams stellte sich ein neues Gleichgewicht in der Region ein; in dessen Rahmen betrachtete Vietnam
nunmehr die Volksrepublik China als seinen größten Kontrahenten und suchte Schutz vor dieser durch eine Annäherung an
die Sowjetunion. Gegen Ende des Jahrhunderts bemühte sich
Vietnam zunehmend um Akzeptanz bei seinen wohlhabenderen
kapitalistischen Nachbarn – bei Malaysia, Singapur, Indonesien
und den Philippinen. Die These erscheint plausibel, daß der jahr-
zehntelange Kampf in und um Vietnam diesen Staaten eine Atempause gewährt hatte, die sie genutzt hatten, um ihre postkoloniale
staatliche Ordnung zu konsolidieren und ihre Volkswirtschaften
zu entwickeln; dessen ungeachtet hatten die europäischen Verbündeten der USA das amerikanische Engagement in Vietnam
durchgängig mit Skepsis, wenn nicht mit ausdrücklicher Mißbil-
ligung quittiert und es abgelehnt, sich hineinziehen zu lassen.

Von größerem Belang für die Europäer war das, was sich im
Nahen Osten abspielte. Dort hatte Israel in drei siegreichen Kriegen gegen seine arabischen Nachbarn (1948, 1956 und 1967) seine
Position gestärkt und stabilisiert, was mit der Vertreibung großer
Teile der eingeborenen arabischen Bevölkerung einhergegangen
war und in weiten Teilen der islamischen Welt Ressentiments
geweckt hatte. Die arabischen Nachbarn Israels gaben sich keinerlei Mühe, die Flüchtlinge aus Palästina zu integrieren, die in
überfüllten Behelfssiedlungen entlang der Grenzen zu Israel ein-
gepfercht blieben und auf Rache sannen. Die Flüchtlingslager
brachten junge Aktivisten hervor, die sich dem Terrorismus zuwandten – der Waffe der Schwachen –, um die Welt auf ihre Not
aufmerksam zu machen, und Europa wurde zum Teil des globalen Schlachtfelds, auf dem sie den Kampf um die Befreiung Palästinas führten. Zum schlimmsten Zwischenfall kam es im Sep-

tember 1972, als während der Olympischen Spiele in München palästinensische Terroristen das Quartier der israelischen Sportler überfielen, eine Reihe von Athleten als Geiseln nahmen und diese im Verlauf einer stümperhaften Rettungsaktion der deutschen Polizei ermordeten. 1985 enterte eine andere Gruppe das italienische Kreuzfahrtschiff *Achille Lauro,* mißhandelte die Passagiere und warf einen über Bord. Es ging den Initiatoren solcher terroristischer Aktivitäten inzwischen nicht mehr nur um die Befreiung Palästinas; sie verfolgten ein weitergehendes Ziel: die Bekämpfung und die Niederlage der Schutzmacht Israels, der Vereinigten Staaten. Deren Vorherrschaft im Nahen Osten sollte gebrochen werden, und manche gaben sogar die Parole aus, daß der säkularen Dominanz der USA über die gesamte Welt ein Ende gesetzt werden müsse.

Es ist nicht unplausibel zu sagen, die erste Phase des «Krieges gegen den Terror» (wie er allerdings erst später genannt wurde) habe mit dem Sturz des von den USA gestützten Schah-Regimes im Iran 1979 begonnen, an dessen Stelle eine Islamische Republik unter dem diktatorischen Regime des Ayatollah Khomeini trat. Dieser rief in der Folge die gesamte islamische Welt auf, mit dem Iran zusammen den Islam vom Einfluß der Vereinigten Staaten, des «großen Satans», zu säubern. Angesichts dessen rührten die USA kaum einen Finger, als der Nachbar und Rivale Irans, der Irak unter seinem weltlichen Diktator Saddam Hussein, in iranisches Territorium einmarschierte und einen Krieg vom Zaun brach, der ein Jahrzehnt dauern sollte. Saddam erhob auch Besitzansprüche auf das ölreiche benachbarte Scheichtum Kuwait und ließ es 1989 durch irakische Truppen besetzen. Allein, der Zeitpunkt war aus irakischer Sicht schlecht gewählt. Der Kollaps der Sowjetunion einige Monate zuvor hatte die Handlungsfähigkeit der Vereinten Nationen wieder hergestellt, so daß es den Vereinigten Staaten gelang, eine Koalition zu schmieden, die zum ersten Mal seit dem Koreakrieg den Grundsatz der «kollektiven Sicherheit» in militärische Gewalt umsetzte. In einem Blitzfeldzug warfen UN-Truppen unter amerikanischer Führung die irakische Invasionsarmee aus Kuwait hinaus. Die arabischen Verbündeten hinderten die USA daran, die Gunst der Stunde für weitergehende militärische Schritte zu nutzen, so daß sich Saddam im Irak an der Macht halten konnte.

Die Verstärkung der amerikanischen Militärpräsenz im Nahen Osten verschärfte den Ingrimm islamischer Extremisten in der gesamten Region. Es war ein Ayatollah aus dem Land des loyalsten Verbündeten der USA, Saudi-Arabien, Osama bin Laden, der eine *Fatwah* erließ, die die Jugend der gesamten islamischen Welt aufrief, die Waffen gegen die USA und Israel zu ergreifen und sie aus den «Heiligtümern des Islam» zu vertreiben. In der Folge häuften sich Selbstmordanschläge sowohl auf israelische als auch auf amerikanische Ziele; sie kulminierten in der Zerstörung des World Trade Center in New York am 11. September 2001, die fast 3000 Menschen das Leben kostete. Dieser verheerende Anschlag markierte den Beginn einer neuen, schrecklicheren Epoche in der Geschichte der Kriegführung – und mit ihr der Geschichte Europas.

Der Präsident der Vereinigten Staaten, George W. Bush, reagierte auf die Anschläge vom 11. 9. 2001 unverzüglich mit der Ausrufung eines «Krieges gegen den Terror» und ließ sich mit uneingeschränkter militärischer Kommandogewalt ausstatten. Der Anschlag hatte zwar die Verwundbarkeit der amerikanischen Infrastruktur – ja im Grunde der ganzen westlichen Welt – offenbart, aber er hatte ein Amerika getroffen, das sich so stark fühlte wie seit 1945 nicht mehr und dessen Rolle als Führungsmacht der «Freien Welt» unangefochten war. Nach der Abdankung der Sowjetunion waren die USA die einzige verbliebene militärische Supermacht. Dank technischer Fortschritte hatten die Amerikaner, wie sie es nannten, eine «Revolution der Kriegführung» innerhalb ihrer Streitkräfte vollbracht: Sie waren in der Lage, den Nachrichtenverkehr ihrer Gegner abzufangen und zu überwachen und deren Absichten und Bewegungen frühzeitig zu erkennen und zu konterkarieren. Die Tatsache, daß sie über präzise steuerbare, von Plattformen abseits des Schlachtfelds abgefeuerte Raketen verfügten, versetzte sie, wie sich bereits im Krieg von 1990 gegen den Irak gezeigt hatte, in die Lage, feindliche Ziele mit minimalen Kollateralschäden und maximaler Schockwirkung zu zerstören, und das ohne die Gefahr eigener

Verluste. Es dauerte nur wenige Wochen, bis die USA den Aus-
gangspunkt der terroristischen Verschwörung in Afghanistan
und den benachbarten Grenzregionen lokalisiert und sie mittels
einer Kombination aus Luftherrschaft, Spezialtruppen und lokalen Hilfstruppen in alle Winde zerstreut hatten. Voller Selbstvertrauen beschloß Präsident Bush nunmehr, die unerledigten
Aufgaben im Irak zu Ende zu bringen. Wie seine Berater ihm
versicherten, würden die Niederwerfung Saddam Husseins und
die Neugründung des irakischen Staates als parlamentarische
Demokratie nicht nur die Vorherrschaft der USA in der Region
sichern, sondern ihnen auch eine dauerhafte Dominanz über all
ihre Widersacher bescheren. So fielen amerikanische Truppen im
März 2003 in den Irak ein. Wie nicht anders zu erwarten, schalte-
ten sie die Streitkräfte Saddam Husseins innerhalb weniger Tage
aus.

Die Völker Westeuropas hatten die Ereignisse vom 11. September mit Entsetzen verfolgt, und ihre politischen Führer hatten
den Vereinigten Staaten ihre Unterstützung versichert. Der Umstand, daß die Attentäter vom 11. September die Vorkehrungen
für den Anschlag in Deutschland getroffen hatten, zeigte die
transnationale Natur der Verschwörung und der potentiellen
Anschlagsziele. Dennoch gab es Vorbehalte gegen den von den
Amerikanern erklärten «Krieg gegen den Terror». Die meisten
Westeuropäer sahen in den Ereignissen vom 11. September nicht
mehr als eine monströse Eskalation der Anschläge, von denen
viele ihrer Länder schon früher betroffen gewesen waren, und
werteten sie als ein Verbrechen, dessen Aufklärung und Ahndung
eine polizeiliche und geheimdienstliche Aufgabe war, keinesfalls
aber ein zwingender Anlaß für ein militärisches Vorgehen. Diese
Länder leisteten bereitwillig Unterstützung, solange und sofern
es nur darum ging, Terrorverdächtige aufzuspüren und dingfest
zu machen – zu bereitwillig, wie ein nicht geringer Teil ihres liberalen Bürgertums meinte –, und sie beteiligten sich eifrig an dem
Feldzug in Afghanistan, bis hin zur Entsendung eigener Truppen.
Der Besetzung des Irak standen sie hingegen mit tiefster Skepsis
gegenüber. Sie bezweifelten die Legitimität dieses Krieges, seine
Relevanz für das Problem des internationalen Terrorismus und

daß es politisch klug war, ihn zu führen. Großbritannien hielt seinem amerikanischen Bündnispartner die Treue, allerdings um den Preis eines tiefen Risses, der durch die öffentliche Meinung des Landes ging. Dagegen betrachteten die meisten anderen europäischen Staaten, genau wie viele Mitgliedsländer der Vereinten Nationen, das Unterfangen als schlecht durchdacht und hielten sich davon fern.

Die weitere Entwicklung sollte ihnen recht geben. Wie in Vietnam, wurden auch im Irak die guten Absichten der Amerikaner und die technische Überlegenheit ihrer Streitkräfte weitgehend entwertet durch eine Unvereinbarkeit der Kulturen, die das Verhältnis zur irakischen Bevölkerung innerhalb kurzer Zeit untergrub. Hinzu kamen massive politische Fehleinschätzungen. Die «Revolution im Militärwesen» mochte die Amerikaner in die Lage versetzen, jede Schlacht zu gewinnen, aber sie war nur von begrenztem Nutzen, wenn es um das Führen von Kriegen ging, die neben einer überlegenen Kommunikations- und Waffentechnik auch noch politisches Fingerspitzengefühl erforderten. Daß die Amerikaner es versäumten, Pläne für die Zeit nach dem militärischen Sieg auszuarbeiten, hatte zur Folge, daß der Irak rasch im Bürgerkrieg versank. Ressentiments gegen eine Besatzungsmacht, deren Inkompetenz nichts anderes bewirkte, als daß eine blutige Anarchie an die Stelle einer blutigen Diktatur getreten war, breiteten sich aus. Diese Entwicklung gab natürlich den islamistischen Extremisten nicht nur in der Region selbst Auftrieb, sondern auch ihren Sympathisanten in der islamischen Diaspora in Europa, deren Integration in die jeweilige einheimische Bevölkerung ohnehin schon Probleme bereitete.

Diejenigen, die es mit dem «Krieg gegen den Terror» halten, können die These aufstellen, Europa befinde sich heute erneut im Krieg. Und selbst diejenigen, die anderer Meinung sind, können schwerlich behaupten, der Friede in Europa sei stabil oder habe gute Chancen, es zu bleiben. Wie Leo Trotzki einmal geschrieben hat: «Ihr interessiert euch vielleicht nicht für den Krieg! Aber der Krieg interessiert sich für euch!» – ein Ausspruch, den Europäer, die überzeugt sind, den Krieg endgültig hinter sich gelassen zu haben, sich auf der Zunge zergehen lassen sollten. Mag sein, daß sie keine eigenen Kriege mehr anzetteln und den Rest der Welt damit überziehen, aber sie können ihre Grenzen nicht abschotten gegen übergreifende Konflikte innerhalb eines globalen Systems, dem sie nun einmal auf Gedeih und Verderb angehören.

Anmerkungen

1. Die Kriege der Ritter

1 R. A. Brown, The Origins of Modern Europe, London 1972, S. 93.
2 Vgl. L. White, Medieval Technology and Social Change, Oxford 1966, S. 2.
3 J. Huizinga, Herbst des Mittelalters, Stuttgart [11]1975, passim.
4 M. H. Keen, The Laws of War in the Late Middle Ages, London 1965, S. 154 ff.
5 Sir Charles Oman, The Art of War in the Middle Ages, Bd. II, London 1924, S. 145. Selbst der deutsche Historiker H. Delbrück, der ansonsten von britischen Angaben wenig hält, gibt die französischen Verluste mit 1283 an (Geschichte der Kriegskunst, Bd. III, Berlin 1891, S. 464–473).
6 Ch. Oman, a. a. O., Bd. II, S. 384. F. Lot, L'art militaire et les armées au moyen age, Paris 1946, Bd. II, S. 8–15.

2. Die Kriege der Söldner

1 H. Bonet, L'Arbre des Batailles, hrsg. von G. W. Coopland, Liverpool 1949. Um 1382–87 verfaßt, wurde dieses Buch rasch zu einem Standardwerk und erlebte zahlreiche Veröffentlichungen in Manuskript- und Buchform.
2 Vgl. die Erörterung in: I. Brownlie, International Law and the Use of Force by States, Oxford 1963, S. 8–12.
3 De Jure Belli ac Pacis, hrsg. v. W. Schätzel, Tübingen 1950, Bd. I, S. 37.
4 N. Machiavelli, L'arte della guerra, Buch III, Kap. 7. (deutsch in: Sämtliche Werke. Übers. v. J. Ziegler, Bd. 3, Karlsruhe 1832–1841.) Th. Digges, Four Paradoxes (1604); zit. nach C. H. Firth, Cromwell's Army, London 1902, S. 145.
5 N. Machiavelli, L'arte della guerra, Buch VII, Kap. 1.

3. Die Kriege der Kaufleute

1 Vgl. R. Ehrenberg, Das Zeitalter der Fugger. Geldkapital und Creditverkehr im 16. Jahrhundert, 2 Bde., Jena [3]1922.
2 K. R. Andrews, Elizabethan Privateering 1585–1603, Cambridge 1964, S. 16.

3 C. R. Boxer, The Dutch Seaborne Empire 1600–1800, London 1965, S. 86.

4 Vgl. E. H. Kossmann, The Low Countries, in: The New Cambridge Modern History, Bd. IV, Cambridge 1970, S. 368.

5 Zit. nach H. Richmond, Statesmen and Sea Power, London 1964, S. 9.

6 Zit. nach C. W. Cole, Colbert and a Century of French Mercantilism, New York 1939, Bd. I, S. 343.

7 Zit. nach Ch. Wilson, Profit and Power, London 1957, S. 46.

8 Ch. Wilson, a. a. O., S. 107. Dr. M. Ashley, der Verfasser einer Monck-Biographie, bezweifelt die Authentizität dieses Ausspruchs.

9 Beide Zitate aus R. Pares, War and Trade in the West Indies 1739 bis 63, Oxford 1936, S. 62 f.

10 Ch. Davenant, Essay upon Ways and Means of Supplying the War, London 1695, S. 16; zit. nach E. Silberner, La guerre dans la pensée économique du XVI au XVIII siècle, Paris 1939, S. 69.

11 G. N. Clark, War and Society in the Seventeenth Century, Cambridge 1958.

12 K. R. Andrews, Elizabethian Privateering, a. a. O., S. 171.

13 J. H. Parry, The Age of Reconnaissance, London 1963, S. 324.

14 J. H. Owen, War at Sea under Queen Anne, Cambridge 1938, S. 61–63.

4. Die Kriege der Profis

1 Diese Gedanken hat Prof. S. E. Finer entwickelt; vgl. seinen Beitrag in Ch. Tilly (Hrsg.), The Formation of National States in Western Europe, Princeton 1975.

2 H. Delbrück, Geschichte der Kriegskunst, Bd. IV, Berlin 1920, S. 281.

3 H. Delbrück, a. a. O., S. 280.

4 Marschall Saxe, Rêveries de Guerre (1732); zit. nach T. R. Phillips (Hrsg.), The Roots of Strategy: A Collection of Military Classics, London 1943, S. 161, 173, 213. R. Fester (Hrsg.), Die Instruktion Friedrichs des Großen für seine Generale von 1747, Berlin 1936, S. 15, 113.

5 Comte de Guibert, Essai générale de tactique, Lüttich 1775, Bd. I, S. XIII.

5. Die Kriege der Revolutionäre

1 Eine kompetente Übersicht findet sich bei P. Paret, Yorck and the Era of Prussian Military Reform, Princeton 1966, S. 28–48.

2 Zit. nach R. S. Quimby, The Background of Napoleonic Warfare, New York 1957, S. 296.

3 Zit. nach M. Reinhard, Le Grand Carnot, Paris 1950, Bd. II, S. 100–108.

4 J. Morvan, Le Soldat Impérial, Paris 1904, Bd. I, S. 479 und passim.

5 Philip Henry, Fünfter Earl Stanhope, Notes of Conversations with the Duke of Wellington, 1831–1851, London 1888, S. 81.

6 Zit. nach Yorck von Wartenburg, Napoleon als Feldherr, Erster Teil, Berlin [3]1901, S. 35 f.

7 W. Blackstone, Commentary on the Laws of England, Buch I, Kap. 13, London [4]1777, Bd. I, S. 412.

8 Zit. nach E. F. Heckscher, The Continental System, London 1922, S. 120.

6. Die Kriege der Nationen

1 Carl von Clausewitz, Vom Kriege, Dritter Teil, Berlin 1834, S. 119.

7. Die Kriege der Techniker

1 Als Beispiele hierfür vgl. für Deutschland E. Jünger, In Stahlgewittern (1920), sowie für England G. Chapman, A Passionate Prodigality, London 1933.

Literaturhinweise

Allgemeine Darstellungen

Peter Paret (Hg.), *Makers of modern strategy: from Machiavelli to the nuclear age* (Oxford 1990) und Williamson Murray, MacGregor Knox und Alvin Bernstein (Hgg.), *The making of strategy: rulers, states, and war* (Cambridge/New York 1994) bieten Schlüsseltexte zur westlichen Tradition strategischen Denkens und strategischer Praxis. William Hardy McNeill, *The pursuit of power: technology, armed force, and society since A. D. 1000* (Chicago 1984) und das umfangreiche Werk von Archer Jones, *The art of war in the western world* (Urbana/Ill. 1987) können als die besten allgemeinen Einführungen in die taktischen Entwicklungen dienen. Hew Strachan, *European armies and the conduct of war* (London u. a. 1983) stellt eine kundige Analyse der Entwicklung der Kriegführung vom 17. bis zum 20. Jahrhundert dar, ebenso wie Brian Bond, *The pursuit of victory: from Napoleon to Saddam Hussein* (Oxford 1996), der sich mit der gleichen Epoche beschäftigt. Auch die Aufsätze in MacGregor Knox/Williamson Murray (Hgg.), *The dynamics of military revolution 1300–2050* (Cambridge 2001) vertiefen viele der Aspekte dieses Bandes.

Ein nach wie vor grundlegendes Werk bleibt Hans Delbrück, *Geschichte der Kriegskunst*, 4 Bde. (Neuausg. des Nachdrucks von 1964 Berlin 2000 [1900–1920]). Als aktuelle Einführungen in die Militärgeschichte vgl. Rolf-Dieter Müller, *Militärgeschichte* (Köln/Weimar/Wien 2009); Jutta Nowosadtko, *Krieg, Gewalt und Ordnung. Einführung in die Militärgeschichte* (Tübingen 2002). Zu den Kulturen und Formen des Krieges siehe John Keegan, *Die Kultur des Krieges* (Reinbek bei Hamburg 1997) und Dietrich Beyrau/Michael Hochgeschwender/Dieter Langewiesche (Hgg.), *Formen des Krieges. Von der Antike bis zur Gegenwart* (Paderborn 2007). Die beiden wichtigsten Studien zur Geschichte der Schlachten sind John Keegan, *Das Antlitz des Krieges. Die Schlachten von Azincourt 1415, Waterloo 1815 und an der Somme 1916* (Frankfurt/New York 1991) und John A. Lynn, *Battle. A history of combat and culture from ancient Greece to modern America* (Boulder 2003). Einen guten Überblick über Schlachten geben Stig Förster/Markus Pöhlmann/Dierk Walter (Hg.), *Schlachten der Weltgeschichte. Von Salamis bis Sinai* (München 2001). Zur Geschichte des strategischen Denkens vgl. den Überblick von Beatrice Heuser, *Den Krieg denken. Die Entwicklung der Strategie seit der Antike* (Paderborn 2009) sowie die Anthologie von Werner Hahlweg (Hg.), *Klassiker der Kriegskunst* (Darmstadt 1960).

Die Kriege der Ritter

Zu den Klassikern zählen Jan Frans Verbruggen, *The Art of Warfare in Western Europe during the Middle Ages from the Eighth Century to 1340* (Wood-
bridge 1997) und Philippe Contamine, *War in the middle ages* (Oxford 1984),
die durch eine modernere Behandlung der Epoche ergänzt werden können
von John France, *Western warfare in the age of the Crusades, 1000–1300*
(Ithaca, NY/London 1999) und Helen Nicholson, *Medieval warfare: theory
and practice of war in Europe, 300–1500* (Basingstoke 2004). Aktuelle Überblicke geben Jim Bradbury, *The Routledge companion to medieval warfare*
(London 2004); Malte Prietzel, *Kriegführung in Mittelalter. Handlungen, Er-
innerungen, Bedeutungen* (Paderborn 2006); Ders., *Krieg im Mittelalter*
(Darmstadt 2006); Hans-Henning Kortüm, *Der Krieg im Mittelalter*, Darmstadt 2010 (im Druck). Immer noch einer der besten Überblicke über technische und praktische Fragen der Kriegführung bleibt Volker Schmidtchen,
Kriegswesen im späten Mittelalter. Technik, Taktik, Theorie (Weinheim 1990).
Nützliche Sammelbände bilden Maurice Keen (Hg.), *Medieval Warfare. A
History* (Oxford 1999) und Hans-Henning Kortüm (Hg.), *Krieg im Mittelalter* (Berlin 2001). Eines der neuesten Werke, das sich mit dem Thema befaßt,
ist Clifford J. Rogers, *Soldiers' lives through history: The Middle Ages* (Westport, Conn. 2007), es liefert einen thematisch strukturierten Überblick über
mittelalterliche Kriegführung und Militärwesen zwischen 500 und 1500. Als
wichtige Einzelstudien vgl. Matthew Strickland, *War and chivalry: the conduct and perception of war in England and Normandy, 1066–1217* (Cambridge 1996); Raymond Charles Smail, *Crusading Warfare (1097–1193)* (Cambridge 1956); Malcolm G. Vale, *War and chivalry: warfare and Aristocratic
Culture in England, France and Burgundy at the End of the Middle Ages*
(London 1981); Frederick H. Russell, *The just war in the middle ages* (Cambridge 1975) und Martin Clauss, *Kriegsniederlagen im Mittelalter: Darstellung, Deutung, Bewältigung* (Paderborn 2010). Zu Festungswesen und Belagerungskrieg siehe das jüngst wieder veröffentlichte Werk von Sidney Toy,
A history of fortification from 3000 b.C. to a. D. 1700 (London/Melbourne
1955/2005).

Die Kriege der Söldner

Immer noch das Standardwerk für die Geschichte des Kriegsunternehmer-
tums im Deutschland bleibt die zweibändige Geschichte von Fritz Redlich,
*The German Military Enterpriser and his Work Force. A Study in European
Economic and Social Theory* (Wiesbaden 1964). Zur Kultur der Landsknechte
siehe Reinhard Baumann, *Landsknechte: ihre Geschichte und Kultur vom
späten Mittelalter bis zum Dreißigjährigen Krieg* (München 1994); Michael
Mallett, *Mercenaries and their Masters. Warfare in Renaissance Italy* (London
1974); Robert A. Stradling, *Spanish Monarchy and Irish Mercenaries: the Wild*

Geese in Spain 1618–68 (Blackrock 1993); Kenneth Fowler, *Medieval Mercenaries: The Great Companies* (Oxford 2001); Stephan Selzer, *Deutsche Söldner im Italien des Trecento* (Tübingen 2001) und Uwe Tresp, *Söldner aus Böhmen. Im Dienst deutscher Fürsten: Kriegsgeschäft und Heeresorganisation im
15. Jahrhundert* (Paderborn 2004) widmen sich detailliert verschiedenen Ein-
zelaspekten. J. R. Hale, *War and society in Renaissance Europe, 1450–1620*
(Stroud 1998) ist eine gute Einführung in allgemeine Probleme der Epoche,
während Jeremy Black, *European warfare 1494–1660* (London 2002) besondere Stärken in Bezug auf die militärischen Entwicklungen aufweist. Die or-
ganisatorischen und logistischen Probleme in der Kriegführung werden am
Beispiel des spanischen Heerwesens im Niederländischen Krieg dargestellt
von Geoffrey Parker, *The army of Flanders and the Spanish road, 1567–1659:
the logistics of Spanish victory and defeat in the Low Countries' wars* (Cambridge 1972). Nützliche Informationen enthalten auch Michael Edward Mal-
lett/John R. Hale, *The military organization of a renaissance state: Venice c.
1400 to 1617* (Cambridge 1984) und Simon Pepper/Nicholas Adams, *Fire-
arms & fortifications. Military architecture and siege warfare in 16th-century
Siena* (Chicago 1986). Zu Waffengebrauch und Festungswesen der Zeit siehe
Bert S. Hall, *Weapons and warfare in Renaissance Europe: gunpowder, technology, and tactics* (Baltimore 1997) und Christopher Duffy, *Siege Warfare.
The Fortress in the Early Modern World 1494–1660* (London und Henley
1979). Einen epochenübergreifenden Überblick über die strukturellen Probleme privatisierter Kriegführung gibt Stig Förster u. a. (Hg.), *Rückkehr der
Condottieri? Krieg und Militär zwischen staatlichem Monopol und Privatisie-
rung: von der Antike bis zur Gegenwart* (Paderborn 2010).

Die Kriege der Kaufleute

Zur Geschichte der europäischen Expansion vgl. allg. Wolfgang Reinhard,
Geschichte der europäischen Expansion (4 Bde. Stuttgart 1983–1990); Geoffrey
Vaughn Scammell, *The first imperial age: European overseas expansion c.
1400–1715* (London 1989). Peter Earle, *The Pirate Wars* (London 2004) gibt
einen ausgezeichneten Überblick über den Zusammenhang zwischen Kaper-
fahrern, imperialer Expansion und Piraterie. Die beste Einführung in die Formen des Seekrieges ist Jan Glete, *Warfare at sea, 1500–1650: maritime conflicts
and the transformation of Europe* (London 2000), ebenso hilfreich ist Richard
Harding, *The evolution of the sailing navy 1509–1815* (Basingstoke 1995) und
insbesondere John Francis Guilmartin, *Gunpowder and galleys: changing
technology and Mediterranean warfare at sea in the sixteenth century* (London 1974). Nicholas A. M. Rodger, *The safeguard of the sea: a naval history of
Britain 660–1649* (London/New York 2004) und Ders., *The command
of the ocean. A naval history of Britain 1649–1815* (London/New York 2005)
bilden eine gute Begleitung für Geoffrey Symcox, *The crisis of French sea power 1688–1697: From the Guerre d'Escadre to the Guerre de Course* (Den

Haag 1974). Zum englisch-niederländischen Krieg vgl. hingegen Jonathan I. Israel, *Dutch primacy in world trade: 1585–1740* (Oxford 1989) und James R. Jones, *The Anglo-Dutch wars of the seventeenth century* (London 1996). Zu Portugal vgl. Charles R. Boxer, *The Portuguese seaborne empire 1415–1825* (Manchester 1991); Malyn Newitt, *A history of Portuguese overseas expansion 1400–1668* (London 2004) und António Henrique R. de Oliveira Marques, *Geschichte Portugals und des portugiesischen Weltreichs* (Stuttgart 2001).

Die Kriege der Profis

Für dieses und die beiden vorhergehenden Kapitel grundlegend ist Geoffrey Parker, *Die militärische Revolution. Die Kriegskunst und der Aufstieg des Westens 1500–1800* (Frankfurt a. M. / New York 1990). Zum Beginn der Diskussion um die militärische Revolution vgl. Michael Roberts, *Die militärische Revolution 1560–1660*, in: Ernst Hinrichs (Hg.), *Absolutismus* (Frankfurt a. M. 1986), 273–309. Das Problem wird kritisch diskutiert in Clifford Rogers (Hg.), *The Military Revolution Debate: Readings on the Military Transformation of Modern Europe* (Boulder 1995). Ein einflußreicher Aufsatz zur oranischen Heeresreform ist Gerhard Oestreich, *Der römische Stoizismus und die oranische Heeresreform*, in: Ders.: Geist und Gestalt des frühmodernen Staates (Berlin 1969), 11–34. Die systematisch strukturierte Untersuchung von Frank Tallett, *War and Society in Early Modern Europe 1495–1715* (London 1997) aktualisiert und vervollständigt Christopher Duffy, *The Military Experience in the Age of Reason* (London 1987) und André Corvisier, *Armies and Societies in Europe 1494–1789* (Bloomington 1979). Zur französischen Armee siehe besonders David Parrott, *Richelieu's army: war, government and society in France 1624–1642* (Cambridge 2001); André Corvisier, *Louvois* (Paris 1983) und John A. Lynn, *The wars of Louis XIV: 1667–1714* (London 1999), ein Werk, das wertvollen zusätzlichen Kontext bietet und auf dem folgenden Werk desselben Verfassers aufbaut: *Giant of the grand siècle: the French army 1610–1715* (Cambridge 1997). Ein Klassiker für dieses und die folgenden Kapitel bleibt Gordon A. Craig, *Die preußisch-deutsche Armee 1640–1945. Staat im Staate* (Königstein/Ts. 1980), sollte aber ergänzt werden durch die Lektüre von Dennis E. Showalter, *The wars of Frederick the Great* (London 1996); Philip G. Dwyer, *The rise of Prussia 1700–1830* (Harlow 2000) und insbesondere von Robert M. Citino, *The German way of war: from the Thirty Years' War to the Third Reich* (Lawrence, Kan. 2005). Die grundlegende Studie zur österreichischen Armee im 18. Jahrhundert ist Christopher Duffy, *Sieben Jahre Krieg. 1756–1763. Die Armee Maria Theresias* (Wien 2003); John C. R. Childs, *The Nine Years' War and the British army, 1688–1697: the operations in the Low Countries* (Manchester 1991) und *The British army of William III, 1689–1702* (Manchester 1987) behandeln die britische Armee der Zeit. Zentrale Darstellungen der Kriegführung des Ancien Régime sind Brent Nosworthy, *The anatomy of victory: battle tactics 1689–1763* (New York, NY 1990) und Jürgen Luh, *Kriegskunst in Europa 1650–1800* (Köln/ Weimar/Wien 2004), während Aza Gat, *A history of military thought: from the enlightenment to the Cold War* (Oxford 2001) eine umfassende Behandlung der Entwicklung der Kriegstheorie ausgehend von dieser Epoche liefert, die eine wichtige Lektüre für dieses und alle folgenden Kapitel bildet. Weitere wichtige Einzelstudien liefern Michael Sikora, *Disziplin und Desertion. Strukturprobleme militärischer Organisation im 18. Jahrhundert* (Berlin 1996); Martin Rink, *Vom «Partheygänger» zum Partisanen, Die Konzeption des kleinen Krieges in Preußen 1740–1813* (Frankfurt a. M. u. a. 1999); und Stefan Kroll, *Soldaten im 18. Jahrhundert zwischen Friedensalltag und Kriegserfahrung: Lebenswelten und Kultur in der kursächsischen Armee 1728–1796* (Paderborn 2006).

Die Kriege der Revolutionäre

Geoffrey Wawro, *Warfare and society in Europe 1792–1914* (London 2000) gibt einen guten Überblick über die Epoche und, obgleich wesentlich älter, bleibt Geoffrey Best, *War and society in revolutionary Europe, 1770–1870* (New York 1982), eine brauchbare Untersuchung. Für die Kriege selbst sind Timothy C. W. Blanning, *The French revolutionary wars 1787–1802* (London 1996) und David Gates, *The Napoleonic Wars 1803–1815* (London 1997) die besten allgemeinen Darstellungen. Die beste Studie zu Fragen der Seekriegsführung ist Richard Harding, *Seapower and naval warfare 1650–1830* (London 1999), während Rory Muir, *Britain and the defeat of Napoleon, 1807–1815* (New Haven 1996) gekonnt den ökonomischen und politischen Kontext beleuchtet. Gunther Rothenberg, *Die Napoleonischen Kriege* (Berlin 2000) bietet eine erste Orientierung über die Landkriegsführung, die mit weitreichenden Informationen ergänzt wird von David G. Chandler, *Dictionary of the Napoleonic Wars* (London 1979). Jean-Paul Bertaud, *The army of the French Revolution: from citizen-soldiers to instrument of power* (Princeton 1988) ist besonders stark in Bezug auf die politische Entwicklung der französischen Armee, und Paddy Griffith, *The art of war of revolutionary France 1789–1802* (London 1998) liefert eine detailreiche Untersuchung der Zeit vor Napoleons Aufstieg. *Forward into battle: fighting tactics from Waterloo to the near future* (Novato, CA 1991) vom selben Autor vermittelt einen sehr guten Einblick in die Mechanik einer Schlacht im späten 18. Jahrhundert ebenso wie John A. Lynn, *The bayonets of the republic: motivation and tactics in the army of the revolutionary France 1791–94* (Urbana, Ill. 1984), das eine interessante Diskussion von Motivation und Propaganda beinhaltet. Nützliche Lektüren zum Thema bieten auch Brent Nosworthy, *Battle tactics of Napoleon and his enemies* (London 1995) und Rory Muir, *Tactics and the experience of battle in the age of Napoleon* (New Haven, Conn. 2000). Hinsichtlich der preußischen Armee der Zeit sollten die oben zitierten Arbeiten von Craig und Citino ergänzt werden durch die exzellenten Untersuchungen von Peter Paret, *Clause-witz und der Staat: der Mensch, seine Theorien und seine Zeit* (Bonn 1993) und *Yorck and the era of the Prussian reform: 1807–1815* (Princeton, NJ 1966).

An wichtigen deutschsprachigen Untersuchungen und Sammelbänden siehe Karl J. Mayer, *Napoleons Soldaten: Alltag in der Grande Armée* (Darmstadt 2008); Ute Planert, *Der Mythos vom Befreiungskrieg: Frankreichs Kriege und der deutsche Süden. Alltag – Wahrnehmung – Deutung 1792–1841* (Paderborn 2007); Dies. (Hg.), *Krieg und Umbruch in Mitteleuropa um 1800: Erfahrungsgeschichte(n) auf dem Weg in eine neue Zeit* (Paderborn u. a. 2009); Johannes Kunisch/Herfried Münkler (Hgg.), *Die Wiedergeburt des Krieges aus dem Geist der Revolution. Studien zum bellizistischen Diskurs des ausgehenden 18. und 19. Jahrhunderts* (Berlin 1999); Siegfried Fiedler, *Kriegswesen und Kriegführung im Zeitalter der Revolutionskriege* (Koblenz 1988).

Die Kriege der Nationen

Als Ergänzung zu Wawro, *Warfare and Society in Europe* und Gat (siehe oben) geben Brian Bond, *War and society in Europe 1870–1970* (Leicester 1983) und John Gooch, *Armies in Europe* (London 1980) einen guten Überblick über die Periode. Zum entscheidenden Einfluß von Eisenbahn und Gewehr auf die Praxis der Landkriegsführung siehe Dennis E. Showalter, *Railroads and rifles: Soldiers, technology, and the unification of Germany* (Hamden, Conn. 1975), Klaus-Jürgen Bremm, *Von der Chaussee zur Schiene: Militärstrategie und Eisenbahnen in Preußen von 1833 bis zum Feldzug von 1866* (München 2005), Steven T. Ross, *From flintlock to rifle: infantry tactics 1740–1866* (London 1996); Geoffrey Wawro, *The Austro-Prussian war: Austria's war with Prussia and Italy in 1866* (Cambridge 1996) und Michael Howard, *The Franco-Prussian war: the German invasion of France 1870–1871* (London 1988). Während keine detaillierte Untersuchung Edwin A. Pratt, *The railway revolution. Vol. 7: The rise of rail power in war and conquest: 1833–1914* (London 1915) übertroffen hat, wurde das Thema in breiterer Perspektive erörtert in Martin L. van Creveld, *Supplying war: logistics from Wallenstein to Patton* (2. Aufl. Cambridge 2004). Dieses Buch und John A. Lynn (Hg.), *Feeding Mars: logistics in Western warfare from the Middle Ages to the present* (Boulder 1993) geben eine gute Einführung in dieses wichtige Themenfeld. Zur deutschen Armee dieser Zeit siehe die oben bereits zitierten Arbeiten von Craig und Citino zusammen mit Martin Kitchen, *A military history of Germany: from the eighteenth century to the present day* (London 1975) sowie für weitere Einzelheiten Dierk Walter, *Preußische Heeresreformen 1807–1870: militärische Innovation und der Mythos der «Roonschen Reform»* (Paderborn 2003) und Gerhard Ritter, *Staatskunst und Kriegshandwerk. Das Problem des «Militarismus» in Deutschland*, 4 Bde. (München 1954–1968). Zur französischen Armee vgl. Gary P. Cox, *The halt in the mud:*

French strategic planning from Waterloo to Sedan (Boulder 1994), ferner die immer noch nützliche Arbeit von Richard D. Challener, The *French theory of the nation in arms 1866–1939* (New York 1965) und besonders wichtig Douglas Porch, *The march to the Marne: the French army 1871–1914* (Cambridge 1981). István Deák, *Der K.(u.)K. Offizier: 1848–1918* (2. verb. Aufl. Wien 1995) beschreibt die besonderen Probleme der Doppel-Monarchie.

Nützlich zum Heraufziehen des ersten Weltkriegs sind David G. Herrmann, *The arming of Europe and the making of the First World War* (Princeton, NJ 1996) und David Stevenson, *Armaments and the coming of war: Europe 1904–1914* (Oxford 1996); aber Hew Strachan, *The First World War. Bd. 1: To Arms* (Oxford 2001) ist nun die maßgebliche Geschichte dieser Zeit und des ersten Jahres des Konfliktes. Zwei weitere Bände, welche den Rest des Krieges behandeln, sind geplant. James Joll, *Die Ursprünge des Ersten Weltkriegs* (München 1988) entwirft einen konzisen Überblick und zur Diskussion der operativen Aspekte lese man Arden Bucholz, *Moltke, Schlieffen, and Prussian war planning* (New York 1991) und das wichtige Werk von Robert Foley, *German strategy and the path to Verdun: Erich von Falkenhayn and the development of attrition 1870–1916* (Cambridge 2005). Als allgemeine Geschichten des ersten Weltkrieges siehe David Stevenson, *Der Erste Weltkrieg 1914–1918* (Düsseldorf 2006); Michael Howard, *Kurze Geschichte des ersten Weltkriegs* (München 2004) und John Keegan, *Der erste Weltkrieg. Eine Europäische Tragödie* (Reinbek bei Hamburg 2000). Avner Offer, *The First World War: an agrarian interpretation* (Oxford 1991) und Niall Ferguson, *Der falsche Krieg: der Erste Weltkrieg und das 20. Jahrhundert* (Stuttgart 1999) bieten eine ökonomische Perspektive. Zu taktischen Fragen grundlegend ist Paddy Griffith, *Battle tactics on the western front: the British Army's art of attack 1916–18* (New Haven 1994), während Martin Samuels, *Command or control? Command, training and tactics in the British and German armies 1888–1918* (London 1995) eine anregende vergleichende Analye liefert, die aber in Verbindung gelesen werden sollte mit Gary Sheffield/Dan Todman (Hgg.), *Command and control on the Western Front: the British Army's experience 1914–1918* (Staplehurst 2004). Ian Malcolm Browns exzellente Untersuchung *British logistics on the Western Front: 1914–1919* (Westport, Conn. 1998) ist ebenso grundlegend, um die Kriegführung zu verstehen. Zur französischen Armee siehe Robert A. Doughty, *Pyrrhic victory: French strategy and operations in the Great War* (Cambridge, Mass. 2005) und Anthony Clayton, *Paths of glory : the French Army, 1914–1918* (London 2003). Norman Stone, *The eastern front: 1914–1917* (London 1975) bleibt ein grundlegendes Werk zu diesem immer noch schwach erforschten Bereich und Holger H. Herwig, *The First World War: Germany and Austria-Hungary, 1914–1918* (London 1996) bietet eine Perspektive von der anderen Seite der Gräben. Aspekte der jeweiligen Heimatfront finden sich detailreich in John M. Bourne, *Britain and the Great War 1914–1918* (London 1989); Trevor Wilson, *The myriad faces of war: Britain and the Great War 1914–1918* (Cambridge 1986); Roger Chickering, *Das Deutsche Reich und der Erste Weltkrieg* (München 2002); Ders.,

Freiburg im Ersten Weltkrieg: totaler Krieg und städtischer Alltag 1914–1918
(Paderborn 2009); Laurence Moyer, *Victory must be ours: Germany in the
great war 1914–1918* (London 1995); Jean-Jacques Becker, *The Great War
and the French people* (New York 1985) und Patrick J. Flood, *France 1914–18:
public opinion and the war effort* (Houndmills 1990). Arthur Marwick (Hg.),
Total war and social change (Basingstoke 1988) befaßt sich im Weiteren mit
dem Einfluß beider Weltkriege auf die europäische Gesellschaft.
Wichtige deutsche Forschungsbeiträge und Überblickswerke sind Gerhard
Hirschfeld, Gerd Krumeich und Irina Renz (Hgg.), *Enzyklopädie Erster
Weltkrieg* (Paderborn 2003); Wolfgang J. Mommsen, *Der Erste Weltkrieg:
Anfang vom Ende des bürgerlichen Zeitalters* (Frankfurt a. M. 2004); Michael
Salewski, *Der Erste Weltkrieg* (Paderborn 2003); Volker Berghahn, *Der Erste
Weltkrieg* (München 2003);Wolfgang Kruse, *Der Erste Weltkrieg* (Darmstadt
2009); an Einzeluntersuchungen vgl. Anne Lipp, *Meinungslenkung im Krieg:
Kriegserfahrungen deutscher Soldaten und ihre Deutung 1914–1918* (Göttin-
gen 2003); Markus Pöhlmann, *Kriegsgeschichte und Geschichtspolitik: der Er-
ste Weltkrieg: die amtliche deutsche Militärgeschichtsschreibung 1914–1956*
(Paderborn 2002); Stig Förster (Hg.), *An der Schwelle zum Totalen Krieg. Die
militärische Debatte über den Krieg der Zukunft 1919–1939* (Paderborn 2002);
Gerhard Paul Groß (Hg.), *Die vergessene Front – der Osten 1914/15: Er-
eignis, Wirkung, Nachwirkung* (Paderborn 2006); Hans Ehlert (Hg.), *Der
Schlieffenplan: Analysen und Dokumente* (Paderborn 2006); Nicolas Wolz,
*Das lange Warten: Kriegserfahrungen deutscher und britischer Seeoffiziere
1914 bis 1918* (Paderborn 2008); Stefan Schmidt, *Frankreichs Außenpolitik in
der Julikrise 1914: ein Beitrag zur Geschichte des Ausbruchs des Ersten Weltkrieg* (München 2009); Christian Kehrt, *Moderne Krieger. Die Technikerfah-
rung deutscher Luftwaffenpiloten 1910–1945* (Paderborn 2009); Christian
Stachelbeck, *Militärische Effektivität im ersten Weltkrieg: Die 11. Bayerische
Infanteriedivision 1915–1918* (Paderborn 2010).

Die Kriege der Techniker

Michael S. Neiberg, *Warfare and society in Europe. 1898 to the present* (New
York, NY 2004) stellt den besten Überblick über die Periode dar und enthält
wertvolle bibliographische Angaben. Mehr Details über die Praxis der Kriegführung zu Lande finden sich bei Jonathan M. House, *Combined arms warfare in the twentieth century* (Lawrence, Kan. 2001) und Robert Michael
Citino, *Blitzkrieg to Desert Storm: the evolution of operational warfare* (Lawrence, Kan. 2004). Lawrence Sondhaus, *Naval warfare 1815–1914* (London
2001) und Andrew D. Lambert/Robert Gardiner (Hgg.), *Steam, steel & shell-
fire: the steam warship 1815–1905* (London 1994) geben einen breiten Überblick über die Entwicklungen vor dem ersten Weltkrieg, eine Zeit, für die der
Detailreichtum von Arthur J. Marder, *From the Dreadnought to Scapa Flow:
the Royal Navy in the Fisher era; 1904–1919* (5Bde. London 1961–1970) im-

mer noch unübertroffen ist. Jon T. Sumida, *In defence of naval supremacy: finance, technology and British naval policy 1889–1914* (London 1993) stellt eine Kritik an Marders Werk dar, während Eric J. Grove, *The Royal Navy since 1815: a new short history* (New York 2005) eine konzise und aktuelle Geschichte des Marinedienstes liefert. Theodore Ropp, *The development of a modern navy: French naval policy 1871–1904* (Annapolis/Md. 1987) ist die grundlegende Darstellung der kontinentalen Enticklungen zur gleichen Zeit. Zum U-Boot-Krieg vgl. John Terraine, *Business in great waters: the U-boat wars 1916–1945* (London 1989) und Peter Padfield, *Der U-Boot-Krieg: 1939–1945* (Berlin/Frankfurt/M 1996). Williamson Murray, *Der Luftkrieg von 1914–1945* (Berlin 2000) und John Buckley, *Air power in the age of total war* (Bloomington 1999) geben eine gute Einführung in den Luftkrieg und beinhalten nützliche Hinweise auf weitere Literatur. Richard J. Overy, *The air war 1939–1945* (London 1980) behandelt alle Aspekte des Konflikts, eingeschlossen Kapitel über die Flugzeugherstellung, während Tami Davis Biddle, *Rhetoric and reality in air warfare: the evolution of British and American ideas about strategic bombing 1914–1945* (Princeton 2002) die aktuellste und umfassendste Behandlung des Themas darstellt. John Terraine, *The right of the line: the Royal Air Force in the European War 1939–1945* (London 1985) ist immer noch die beste einbändige Geschichte des Luftwaffendienstes und kann hilfreich zusammen gelesen werden mit Williamson Murray, *The Luftwaffe: 1933–45. Strategy for defeat* (Washington/London 1996). Die beste allgemeine Geschichte des zweiten Weltkriegs ist derzeit Williamson Murray, Alan Millet, *A War to be Won: Fighting the Second World War* (Cambridge 2000), siehe aber auch Gerhard Weinberg, *Eine Welt in Waffen: die globale Geschichte des Zweiten Weltkriegs* (Stuttgart 1995) und Peter Calvocoressi, Guy Wint, John Pritchard, *Total War: The Causes and Courses of the Second World War* (London 1989). Richard J. Overy, *Die Wurzeln des Sieges: Warum die Alliierten den Zweiten Weltkrieg gewannen* (Reinbek bei Hamburg 2002) behandelt die strategische, politische und ökonomische Untermauerung des Sieges der Alliierten. Für mehr Einzelheiten zur britischen Armee siehe David French, *Raising Churchill's Army: The British Army and the War Against Germany, 1919–1945* (Oxford 2000) und den grundlegenden Führer zum britischen militärischen Denken der gleichen Zeit: Brian Holden Reid, *Studies in British Military Thought: Debates with Fuller and Liddell Hart* (Lincoln, Neb. 1998). Zu Deutschland unverzichtbar ist James Corum, *The Roots of Blitzkrieg: Hans von Seeckt and German Military Reform* (Lawrence, Kan. 1992), ebenso wie für Frankreich Robert Doughty, *The Seeds of Disaster: The Development of French Army Doctrine 1919–1939* (Hamden, Conn. 1985). Die Trilogie von John Erickson, *The Soviet High Command: a military-political history 1918–1945* (London 1962); *The Road to Stalingrad* (New York 1975) und *The Road to Berlin* (London 1983) behandelt gemeinsam mit Richard J. Overy, *Russlands Krieg: 1941–1945* (Reinbek bei Hamburg 2003) den Krieg an der Ostfront, während Richard Harrison, *The Russian Way of War: Operational Art 1904–1940* (Lawrence, Kan. 2001) sich detailliert mit der Zwischenkriegszeit beschäftigt. Stephen Budiansky, *Battle of Wits: The Complete Story of Codebreaker in World War II* (London 2000) und Rebecca Ratcliff, *Delusions of Intelligence: Enigma, Ultra and the end of Secure Ciphers* (Cambridge u. a. 2006) behandeln Kryptographie und die geheimdienstlichen Fernmeldeaktivitäten, während ihr operationsgeschichtlicher Einfluß beschrieben wird von Ralph Bennett, *Behind the Battle: Intelligence in the War with Germany, 1939–45* (London 1994).

Aus der deutschen Forschung siehe unter anderem Bernd Wegner, *Hitlers politische Soldaten: die Waffen-SS, 1933–45. Studien zu Leitbild, Struktur und Funktion einer nationalsozialistischen Elite* (Paderborn 1982), Klaus Latzel, *Deutsche Soldaten – nationalsozialistischer Krieg? Kriegserlebnis – Kriegserfahrung, 1939–1945* (Paderborn u. a. 1998); Christoph Rass, *«Menschenmaterial»: deutsche Soldaten an der Ostfront. Innenansichten einer Infanteriedivision 1939–1945* (Paderborn 2003); Thomas Kühne, *Kameradschaft: die Soldaten des nationalsozialistischen Krieges und das 20. Jahrhundert* (Göttingen 2006); Sven Oliver Müller, *Deutsche Soldaten und ihre Feinde: Nationalismus an Front und Heimatfront im Zweiten Weltkrieg* (Frankfurt am Main 2007); Jörg Echternkamp/Stefan Martens (Hgg.), *Der Zweite Weltkrieg in Europa: Erfahrung und Erinnerung* (Paderborn [u.a.] 2007); Peter Lieb, *Konventioneller Krieg oder NS-Weltanschauungskrieg? Kriegführung und Partisanenbekämpfung in Frankreich 1943/44* (München 2007); Felix Römer, *Der Kommissarbefehl: Wehrmacht und NS-Verbrechen an der Ostfront 1941/42* (Paderborn [u. a.] 2008); Christian Hartmann, *Wehrmacht im Ostkrieg: Front und militärisches Hinterland 1941/42* (München 2009); Ders. (Hg.), *Der deutsche Krieg im Osten: 1941–1944. Facetten einer Grenzüberschreitung* (München 2009); John Zimmermann, *Pflicht zum Untergang: die deutsche Kriegführung im Westen des Reiches 1944/45* (Paderborn 2009); Bogdan Musial, *Sowjetische Partisanen 1941–1944: Mythos und Wirklichkeit* (Paderborn 2009).

Epilog: Das Ende der europäischen Ära

Als Zusammenfassung zum Kalten Krieg grundlegend ist John Lewis Gaddis, *Der Kalte Krieg: eine neue Geschichte* (München 2007). Lawrence Freedman, *The Evolution of Nuclear Strategy* (3. Aufl. Houndmills 2003) ist immer noch eine notwendige Lektüre zum Thema. Zum Korea-Krieg siehe Callum MacDonald, *Korea: The War before Vietnam* (Basingstoke, Hampshire u. a. 1986), und für eine allgemeine Geschichte des Falkland-Konflikts Martin Middlebrook, *The Falklands war 1982* (London 2001). Zur Diskussion einer ‹militärischen Revolution› am Ende des 20. Jahrhunderts siehe Tim Benbow, *The magic bullet? Understanding the revolution in military affairs* (London 2004) und insbesondere Colin Gray, *Strategy for Chaos: Revolutions in Military Affairs and the Evidence of History* (London u. a. 2002). Derselbe Verfasser liefert mit *Bloody Century: Future Warfare* (London 2005) einen geistreichen

Überblick über die Herausforderungen der Konflikte des 21. Jahrhunderts, der auch Kapitel über Terrorismus, Massenvernichtungswaffen, Cyber-Kriegführung und den Raum enthält; siehe aber auch Jeremy Black, *War and the New Disorder in the 21st Century* (New York u. a. 2004). Rupert Smith, *The Utility of Force: The Art of War in the Modern World* (London u. a. 2005) und Evan Luard, *The Blunted Sword: The Erosion of Military Power in Modern World Politics* (London 1988) entwickeln nützliche Perspektiven auf die sich wandelnde Natur militärischer Macht, während das prominenteste Buch im Hinblick auf die Entwicklung der vierten Generation von Kriegführung Thomas Hammes, *The Sling and the Stone: On War in the 21st Century* (St. Paul, MN 2006) ist. Die beste Einführung zum Thema Terrorismus ist Bruce Hoffman, *Terrorismus – der unerklärte Krieg. Neue Gefahren politischer Gewalt* (Frankfurt am Main 2006), genauso wie Ian F. W. Beckett, *Modern insurgencies and counterinsurgencies: guerrillas and their opponents since 1750* (London 2001) für die Terrorismus- und Guerillabekämpfung, der die Entwicklung dieser Form der Konfliktführung vom frühen 18. bis zum späten 20. Jahrhundert nachzeichnet. Ein neues Buch von Daniel Marston und Carter Malkasia, *Counterinsurgency in Modern Warfare* (Oxford u. a. 2008) behandelt das 20. Jahrhundert mit mehr Detail und beinhaltet auch Kapitel über Afghanistan und den Irak. Als eine eingehende Untersuchung, wie westliche Armeen in der Vergangenheit mit dem Problem umgegangen sind, siehe John Nagl, *Learning to Eat Soup with a Knife: Counterinsurgency Lessons from Malaya and Vietnam* (Chicago u. a. 2005). Eine allgemeine Geschichte des malaysischen Konfliktes liefert Robert Jackson, *The Malayan Emergency: The Commonwealth's Wars, 1948–1966* (London 1991), während Thomas Mockaitis, *British Counterinsurgency, 1919–1960* (London u. a. 1990) einen Überblick über die Erfahrungen der Briten gibt. Zu Algerien bleibt die beste Darstellung Alistair Horne, *A Savage War of Peace: Algeria 1954–1962* (London 2002), ergänzt mit mehr Einzelheiten durch Martin Alexander, J. F. V. Keiger, *France and the Algerian War, 1954–1962: Strategy, Operations and Diplomacy* (London 2002).

Wichtige deutschsprachige Untersuchungen sind u. a. Bernd Greiner, *Krieg ohne Fronten: die USA in Vietnam* (Hamburg 2007); Herfried Münkler, *Die neuen Kriege* (Reinbek bei Hamburg 2004); Ders., *Der Wandel des Krieges. Von der Symmetrie zur Asymmetrie* (Weilerswist 2006).